PLAZA & JANES

P & J

EPOCA

SOBRE EL VOLCAN

MANUEL LEGUINECHE

PLAZA & JANES EDITORES, S. A.

Primera edición: Marzo, 1985

Editado por PLAZA & JANES EDITORES, S. A.
Virgen de Guadalupe, 21-33. Esplugues de Llobregat (Barcelona)

Printed in Spain – Impreso en España

ISBN: 84-01-33268-0 – Depósito Legal: B. 7046-1985

ÍNDICE

A ISADORA

CENTRO AMÉRICA

«Centro América es una de las regiones más bellas del mundo. Es el istmo que une las dos grandes porciones del continente americano. Bañan sus costas dos inmensos océanos: el Atlántico y el Pacífico. Por su posición incomparable es fácilmente accesible al comercio mundial y a las corrientes de la inmigración. El Canal de Panamá, que atraviesan numerosos barcos, le da una importancia considerable.

»Una cordillera de montañas recorre su suelo de Noroeste a Suroeste; sus pliegues forman mesetas y valles pintorescos. Un sabio llamado Squier comparó a Centro América con el Paraíso Terrenal. El istmo centroamericano tiene majestuosas cordilleras y altos volcanes; vastas y ricas llanuras en las que pace el ganado; ríos caudalosos, como el Motagua y el San Juan; lagos de singular belleza, como el de Nicaragua y el Atitlán; bahías y golfos magníficos y anchurosos, como los de Fonseca y Nicoya.

»Sus selvas son ricas en maderas excelentes, y en ellas hay fieras, pájaros de brillante plumaje y serpientes venenosas. El suelo es muy fértil, la agricultura es la ocupación principal de sus habitantes. El cultivo del café, el cacao, el banano, la caña de azúcar, el algodón, el maíz, el arroz, los frijoles y otros productos de la agricultura proporcionan los medios de subsistencia a una población de más de veinte millones de habitantes.

»Las estaciones del año no están marcadas con exactitud; en realidad, sólo existen dos: la lluviosa, que es la llamada invierno, y la seca, que llamamos verano. La estación lluviosa se inicia en mayo y termina en setiembre. Los países que forman Centro América son seis: Guatemala (capital, Guatemala); Honduras (capital, Tegucigalpa); El Salvador (capital, San Salvador); Nicaragua (capital, Managua); Costa Rica (capital, San José) y Panamá (capital, Panamá).

»Represente en forma gráfica el tamaño relativo de los países centroamericanos: tome un centímetro por cada 10 kilómetros cuadrados y haga seis arbolitos; cada uno representará uno de los países. Guatemala será un pino de 12,5 centímetros y El Salvador será un pinito de 3,4 centímetros de altura» (1).

(1) *Centro América,* libro de lectura para Cuarto Grado. Colección escolar Lehmann, San José, Costa Rica, 1979.

1. «LA VIDA ES UNA ENFERMEDAD HEREDITARIA»

Una bandada de garzas se posó junto al ganado. Eran blancas y grises, de picos largos y altas patas, aves más modestas que el pájaro nacional, el mitológico quetzal, cuya visión está reservada a los dioses y a los pacientes ornitólogos. Después de una prudente aproximación, las garzas evolucionaron sobre el ganado para caer sobre sus espaldas y dar la batalla a los insectos y a las garrapatas. Arriba, los zopilotes, de vuelo concéntrico e ingrávido, planeaban su prisa. El tren, de vía estrecha, no tardaría en meterse de lleno en la fronda. Durante semanas el bosque centroamericano, donde se esconden el puma y la cabra montés, me enseñaría sus criaturas y sus flores; los bejucos; las magnolias; los llamados cachos de venado; el azahar; la higuera o sombrilla del pobre; las dalias; cuajiniquiles y guabas; orquídeas; vainillos y, en las zonas secas, el sangregado; el guanacaste; el roble de sabana; el cortez amarillo; el coyol; la ceiba; el guapinol; el cornizuelo o los cenízaros; los espabeles; las palmas reales; el zotacaballo; el malacahuite, que huele tan bien; las jícaras; los guácimos. Apuntaba todas estas especies en mi libreta con cuidado de naturalista, y con ayuda de los campesinos trataba de identificarlas desde la ventanilla del tren. Hay mañanas, como la de mi partida, en que la espesura, los árboles y las flores, tienen alma. El vagón era ya a los pocos kilómetros de salir de Tecum Uman, en la frontera con México, camino de la Ciudad de Guatemala, el compromiso entre dos olores: en el exterior, el de bosque o páramo, y en el interior, la vaharada de humanidad. Pronto el sudor, el tráfago constante de un vagón a otro de los vendedores ambulantes de fruta, huevos duros, pollos, peces taxidermizados y animales vivos, añadirá nuevas esencias al catálogo de los perfumes. La pituitaria se acostumbra pronto a éstos y otros olores. El resto es disfrute, contemplación, amistad a veces compartida con estos indios melancólicos y algunos mestizos pobres, que son los únicos usuarios del tren costruido por los gringos para controlar el istmo y acarrear plátanos. El viaje ha comenzado bajo la intensa luminosidad del cielo, «no hay otro más azul», según Asturias, con buenos augurios. Habrá que dejar algunas cicatrices en el mapa, como decía aquel personaje de *Los conquistadores*, de Malraux. Tecum Uman no ha sido la primera estación de un viacrucis, sino el comienzo de una larga serie de placeres y descubrimientos. En una pared, una mano irónica ha escrito la siguiente frase: «La vida es una enfermedad hereditaria.» La sonrisa. El descubrimiento es doña Lupe, que, rodeada de seis de sus nietos, plisa una falda, corta un trozo de papaya, distribuye azúcar endurecido, reprende, mima, castiga, acompaña al servicio, advierte y, finalmente, golpea con suavidad. Todo en una ininterrumpida recitación de jaculatorias y exclamaciones dentro de la ortodoxia cristiana. Fue mi primera maestra en arboricultura tropical.

—Un guanacaste —decía yo mientras señalaba hacia un frondoso árbol.

—Primero Dios señorón —respondía doña Lupe—, es un matasano.

—Y aquel de allí un cenízaro.

—Primero Dios, tiene mucho que aprender, señorón, es un coyol.

No hay que perder la moral.

Hemos dejado atrás campamentos de refugiados. Estos caminos de hierro, estas líneas de ferrocarril, están sembrados de refugiados y cadáveres. Guatemala, que es el alcaloide de América Central como la India lo es de Asia, vive la ebullición de una violencia crónica. La mayor densidad de secuestros del mundo, la mayor concentración de terror *per capita*. Algún sociólogo la achaca al desmoronamiento de una sociedad de estructura feudal.

—Vas toda chorreada de mango —dice doña Lupe a su nieta mientras le limpia los labios.

Compro una raja de sandía.

—Dios sea con usted —me dice la vendedora, que se vuelve con la cesta por delante hacia los asientos de derecha e izquierda.

Doña Lupe se ajusta en la cabeza el pañuelo a cuadros. Los tres vagones del tren no tienen cristales. Es la ventilación total para sacos, cestas, canastos de fruta, hortalizas y para los machetes, el instrumento del macho y el machismo. Los dos símbolos de Guatemala son, por este orden, el machete de hoja ancha y filo por un solo lado, y el quetzal, el ave más bella del Nuevo Mundo, de alas de color verde tornasolado y pecho rojo escarlata, que tiene algo del pájaro *pensieroso* de Leopardi. La estructura del vagón está carcomida por las lluvias, los calores, los olores y el tiempo. Vagón 166, tirado por una locomotora.

—Diesel española —me indica el revisor, Juan Pérez Solís.

Pérez Solís tiene una expresión de hastío, de dudosa resignación.

—Son treinta y ocho años los que llevo aquí, catorce horas de ida y catorce de vuelta.

No hace falta que diga más. El oficio repetido hora a hora se refleja en esos ojos grises, en las gastadas líneas del rostro, en los que se lee una vida sin demasiadas ilusiones. Pérez Solís es un ladino tristón y amable. Por decir algo, le felicito por la ventilación.

—Cuando empiezan las lluvias ponemos los vidrios.

Lo que para el viajero es novedad, viaje coral, animación tropical, para Juan Pérez Solís representa tedio y rutina. Viste un uniforme raído, pero limpio. Las novedades del vagón 166 le resbalan, novedades que ahora circulan con discreción y con ligero temor, entre los que tienen alguna curiosidad por lo que pasa alrededor. Los indios maya-quiché no están en la sintonía de esa onda. Ni siquiera confiesan que hablan español, por temor a que les hagan firmar un papel o les requieran para pagar una alcabala. Así ha sido desde don Pedro de Alvarado. Ya se levantan el polvo y la ceniza, son 81 los volcanes de América Central, y penetra el olor a selva maya. Vía estrecha, asientos de madera. Un viajero con sombrero de palma, guayabera y vaqueros, trae noticias estremecedoras de México. Ahora es cuando doña Lupe aguza el oído. Inclina la cabeza, hace pabellón con la mano izquierda y frunce el ceño. Me fijo bien en ella. Toda mujer es, a partir de los cien años, responsable de su cara, y la doña Lupe mestiza y curiosa, un pozo de sabiduría popular, de exorcismos y plantas milagrosas, tiene un oído viejo y unos ojos infantiles, escrutadores.

—En la mera frontera —explica el viajero de México— había un turista de Durango al que en su visita al volcán de Popocatepetl le obligaron unos bandidos a tirarse pecho a tierra y los desnudaron a todos, incluidos a los que iban con él.

—¿Desnudos? —pregunta doña Lupe—. ¿Por completo desnudos?

—Desnudos —responde el viajero, feliz porque su historia ha hecho diana—. Tan desnudos como Dios los trajo. Y los despojaron de todo, hasta de las medallas de la Virgen de Guadalupe.

«Desnudos», «Guadalupe»; la noticia del despojo cruza el vagón hasta el último asiento de madera esmerilado por millones de culos a lo largo de cincuenta años. El calor nos trae el vuelo de los primeros insectos. Doña Lupe los identifica. El mosquito vulgar, el saltamontes, el gusano medidor, los áfidos, el gusano cogullero, el nimiador. El viajero de la frontera sigue pendiente del episodio del volcán.

—A esa gente habría que tenerla siempre colgada de la tripa.

En la página de sucesos de un diario abandonado leo una noticia fechada en Tijuana: «Un hombre arrancó de un mordisco un labio a su novia, en venganza porque la encontró bailando con otra persona, informa la Policía. El hecho ocurrió anoche, cuando Ricardo Mota llegó a una fiesta y descubrió que su novia, Josefina Vega, de 18 años, bailaba con un desconocido. Ricardo sacó a golpes de la fiesta a Josefina, y, según la narración de ésta, cuando parecía que se disponía a pedirle disculpas por ello, acercó su cara y le propinó el mordisco que le desprendió el labio superior. La Policía busca ahora al celoso y violento novio.»

Mi vista vuela sobre la jungla de ceibas y guanacastes hasta las peladas lomas de Tijuana. *Tijuana Brass.* Desde Los Ángeles, un autobús esterilizado, de los que Marilyn toma en las películas, me llevó un día hasta Tijuana, ciudad sin ley. Autopista número 5. El guía desgranaba al pasar por San Diego —la mayor concentración de premios Nobel del mundo— la letanía de sus recomendaciones. Fue un viaje humillante. Al otro lado del cinturón de la asepsia nos esperaban legiones brechtianas de mendigos, putas, rateros, ladrones profesionales, bacterias, contaminaciones bíblicas. El guía era un perfecto imitador de Bob Hope, un perfecto cerdo con gorra de béisbol. No beban esto; no vayan a tal zona de la ciudad; caminen pegados a la acera; cuidado en las aglomeraciones; la fruta puede estar envenenada; atención a lo que compran; puede ser mercancía averiada; eviten los bares de la calle central; guarden su dinero en los zapatos; agarren bien sus bolsas de viaje; no acepten cigarrillos.

Cuando el autobús nos dejó en Tijuana, sonaban mariachis de todos los estilos. Y hubo, entre los turistas gringos, quienes se negaron a bajar, tal había sido la cantidad de las advertencias. Una procesión de la Virgen de Guadalupe cruzaba la calle con su cortejo de mujeres enlutadas. Puro Buñuel. Los compañeros de viaje se dispersaron con precaución por el bulevar Agua Caliente para cumplir con el rito de los 15 millones de turistas que visitan Tijuana al año, 150.000 sólo en los fines de semana. Los mexicanos la llaman «el pozo del mundo». Es la ciudad del pecado. Sodoma bajo mariachis. Como es natural, los gringos se han apropiado de los casinos, los hoteles más caros, los cabarets, los despachos de abogado que conceden el divorcio al minuto. Incluso merece la pena llegar a Tijuana para empastarse los dientes, taponarse las caries con un oro más barato. Se juega en el frontón, hay corridas de toros a orillas del mar, y *hippies* de ojos perdidos y andar vacilante mendigan unos dólares para un rayazo. Hay que hacerse una fotografía sobre un pollino pintado de cebra, con un sombrero grande como el de Jorge Negrete y con una leyenda en rojo subido que reza: *Kissme*. Noventa bares, cientos de burdeles, ambulatorios que anuncian un rápido remedio al cáncer, relojes japoneses, navajas suizas, perfumes franceses, iguanas disecadas, elefantes de cartón piedra, Cristos de terracota, mendigos, polvo, drogas a la venta. Todas las caricaturas de México para suscitar las emociones del gringo. Por todos lados cinturones de miseria, de hambre y mierda. En los rincones, los aspirantes a «espalda mojada» esperan su oportunidad para cruzar a nado el Río Grande, la línea alambrada y saltar al otro lado. Allí está la tierra prometida, pero los policías gringos no dejan pasar; y los contrabandistas de carne humana se echan atrás, aunque no devuelven el mordisco.

—¡Señor, señor! —grita un joven guía improvisado—. Aquí, en Agua Caliente, bailaba Rita Hayworth desnuda. ¿Desea el señor una hermanita Rita Hayworth limpia, hermosa, inteligente?

Tijuana es la escuela de prostitución. Por lo general, las noticias de las páginas de sucesos en Tijuana no son tan muelles, tan delicadas como un mordisco en un labio de una novia infiel. En aquellas fechas, por ejemplo, tres hermanas habían vendido a dos mil chicas a los prostíbulos mexicanos por cincuenta o cien dólares cada una. Las que se resistieron a ser reclutadas fueron torturadas y asesinadas, y la Policía descubrió en el lugar de los hechos cien cadáveres de mujeres y niños.

El tren a Guatemala City avanza ahora a velocidad de crucero. Dos asientos por delante, Efraín lanza con relativa puntería un lapo cada vez que cruzamos el puente sobre un río. Las carreteras centroamericanas están sembradas de cruces que recuerdan el accidente y los muertos. Pero observo que hay también cruces de difuntos a la orilla del raíl.

—¿Difuntos a esta velocidad, doña Lupe?

—Sí, también, señorón.

—¿Voluntarios o involuntarios?

—Asigún. De todo hay en la viña del señor.

Galleras, palenques de gallos.

—El tren llega muy luego —se resigna doña Lupe, que a estas alturas ha perdido ya por completo el control de sus nietos.

Un brusco topetazo y el tren se detiene. El voceador de periódicos entra a voz en grito: «Patrulleros y guerrilleros que mueren abatidos a *balasos.*»

Aquí la violencia no impresiona ni a los más timoratos. Soy el único que compra un ejemplar, pero el diario *La Palabra,* portavoz de una secta evangélica de las que inundan América Central, no trae nada de *balasos* ni guerrilleros muertos. Es tarde para reclamar, porque el tren ha arrancado ya. En Coatepeque, Efraín, el rey del escupitajo, lo tiene ganado: Ríos de Guatemala, 3 - Efraín, 8. Desde un transistor vecino llega el boletín de noticias. Crímenes en medio país, secuestros fallidos o exitosos, asaltos a Bancos, cadáveres anónimos y mutilados. «Guatemala sólo se parece a sí misma», decía el Nobel local Miguel Ángel Asturias. Para los militares, el enemigo está dentro, es el enemigo interior. La consigna es matar según el código que enseñaban en la escuela especializada del canal de Panamá. «El proceso necesita una selección regular de las víctimas, que son eliminadas de acuerdo a diversas escalas de destrucción; o sea, que el objetivo primario del terror no es la destrucción de un grupo social o individuo determinado, sino el control a través de la intimidación inducida por los ejemplos de los actos de destrucción.» Los «Cuchillos del Rey», formados por 19 organizaciones clandestinas anticomunistas, mataron por doquier a millares de personas por ideas de izquierda, o por tener parentesco o lazos de amistad con los perseguidos, o por rivalidades sentimentales, o por negocios, o por disputas de tierras, o por envidias tradicionales, o por ajustes de cuentas. En las ciudades se pegaban carteles con las fotografías de los condenados a muerte. El 1.° de abril de 1967 arrojó la siguiente cifra, que no hará sino crecer con el paso de los años: 43 secuestrados y 13 cadáveres. La «Mano Blanca» lanzaba a los cuatro vientos sus proclamas de cruzada nacional: «La gangrena impone la amputación de los miembros afectados, y el cáncer comunista, la extirpación de sus raíces. Pelotones de ajusticiamiento diseminados por todo el país: los traidores comunistas deben morir como perros rabiosos, y sus inmundos cadáveres no deben ser cobijados por la bendita tierra de Guatemala, sino que deben servir para hartazgo de las aves de rapiña.» La estudiante de arquitectura y reina de la belleza Rogelia Cruz Martínez fue secuestrada y asesinada por los escuadrones de extrema derecha. Su cuerpo apareció desnudo bajo un puente, «para que su belleza muerta recibiera el homenaje de los buitres».

La gran matanza estaba en marcha. «No importa quién caiga en esta lucha, con tal de lograr nuestra sagrada misión de liberar a Guatemala del comunismo. Como prueba de que hablamos con la verdad —añadía la octavilla de la Mano Blanca—, tenemos treinta mil tumbas campesinas y clandestinas como testigos. Primero los militantes; después, los simpatizantes; finalmente, los indiferentes» (1975). Los enmascarados vestidos de negro y con una mano blanca pintada a la espalda ahogaban a los hombres en los ríos, a las mujeres las ahorcaban, y a los niños les fracturaban la columna vertebral «y aun así apalean a los que quedan y les quitan las tierras». Los testimonios que había recogido en anteriores viajes a Guatemala merecían pasar a un museo del horror.

Un periodista:

«A raíz de mi actividad periodística al desarrollarse la violencia de la década de los 70, empecé a recibir amenazas de muerte, por lo cual opté por armarme y portar constantemente dos pistolas, una, calibre 45, grande, y una pequeña, calibre 32. Me encontraba circulando con mi automóvil, cuando me percaté de que era seguido por un vehículo americano, en el cual viajaban varios individuos con sombrero de petate. Traté de eludir a mis perseguidores corriendo velozmente, pero después de algunas cuadras de recorrido, mi vehículo pasó por encima de algún obstáculo y, al saltar, se desconectó un cable en el motor y el vehículo se detuvo. Por lo tanto, opté por salir del coche con la pistola 45 en la mano y traté de correr hacia una clínica de un médico amigo que estaba cerca. Pensé que al llegar a la clínica podría parapetarme y hacer fuego contra mis perseguidores. Sin embargo, no había corrido ni media cuadra cuando escuché el estruendo de una ráfaga de ametralladora y sentí como que una pelota me golpeara en la cabeza. Perdí el conocimiento, desperté cuando ya era la madrugada. Primero sentí que estaba totalmente húmedo y me encontraba en medio de la maleza, por lo cual pensé que me habían tirado a un río; me puse de pie trabajosamente y sentí que los zapatos se me llenaban de líquido, pensando que era agua del río, por lo tanto me quité los zapatos y avancé, saliendo de una especie de barranco donde estaba. Me encontraba en una carretera que conduce a El Salvador. Me sentía bastante mal, y salí a la carretera y traté de detener a los pocos vehículos que pasaban a esa hora. Pero nadie quería detenerse, quizá por el estado calamitoso que presentaba. Finalmente hice alto al camión de un lechero. El conductor me preguntó:

»—¿Muchacho, qué te pasó? ¿Por qué estás tan mal?

»—Mire, por favor, lléveme a mi casa.

»—No, no te llevo porque estás muy mal, te podés morir y me van a echar la culpa.

»En eso estaba cuando me metí la mano en la chumpa y me percaté de que, aunque había perdido el arma 45, portaba la 32. Entonces la saqué, le apunté a la cara al lechero y le dije: "Bueno, me llevas o te mato.» Me subí al lado del conductor y, apuntándole con el arma, emprendimos marcha hacia la capital. El camión lechero me dejó cerca de donde estaba mi casa. Entraba en ella cuando me desmayé. Al día siguiente desperté en una clínica, y me informaron los doctores de que tenía rotas varias costillas, un brazo, la nariz y una serie de lesiones en la cara y que había recibido un balazo calibre 9 milímetros en la cabeza, que es el que me había derribado y que me había empapado en sangre; es decir, lo que yo había pensado que era agua, en realidad era sangre que me empapaba el cuerpo. De allí salí al cabo de unos días, pero seguí recibiendo amenazas de muerte por teléfono. Inclusive, trabajaba en dos empresas, y el dueño de una de ellas recibió la amenaza de que sería colocada una bomba si no me despedía, por lo que fui despedido.

»En una de esas noches que llegué a mi casa me di cuenta de que estaba rodeada por varios vehículos policiacos y que varios perros policías estaban frente a la puerta. Pensando qué hacer estaba, cuando en esos momentos se abrió la puerta y salió corriendo uno de mis niños pequeños a recibirme, y uno de los perros policías saltó hacia el niño. Yo reaccioné de inmediato y saqué la pistola 32, hice un disparo que le pegó al perro en la nariz, derribándolo. El niño regresó a la casa, pero varios policías cayeron sobre mí. Me vapulearon y me condujeron preso. Estuve alrededor de dos meses prisionero. Me acusaban de agresión y lesiones a un perro, propiedad de la Policía. Para poder salir de la prisión, tuve que pagar el valor del perro, que fue de 700 quetzales. Y me enteré luego de que al perro no le había matado, sino que sólo le había causado una herida en la nariz.»

Un estudiante:

«Al enterarme del desaparecimiento de mi hermano, visité diferentes cuerpos de Policía y otras dependencias del Gobierno, en donde todas las personas a quienes preguntaba por él, eludían el problema que les era planteado, pero algo que me pareció sorprendente fue que el ministro de Gobernación me contestó de manera cínica, al decirme: "Esperen, que el cadáver de JJ de un momento a otro aparecerá."

«Yo vi por fin el cadáver de mi hermano; tenía tierra en los ojos, oídos, nariz, boca y en todo el cuerpo, parecía que ya lo habían enterrado y luego, por la protesta que se hizo, lo desenterraron para calmar los ánimos. Tenía en todo el pecho y el abdomen las marcas profundas, aparentemente de tornillos como de una pulgada, ya que las marcas redondas tenían una ranura en medio. Parece que lo prensaron con algún aparato. El pecho lo tenía quebrado por completo, ya que se le notaba hundido. La quijada la tenía desgajada. Casi todos los dientes también se los botaron a golpes. La boca no se le distinguía. En la región parietal tenía otro golpe, y parte de la masa encefálica salida. Alguien dijo también que le habían cercenado una mano, pero yo francamente no me fijé. No me explico por qué hicieron esto. Mi familia nunca se ha metido en política. Más bien hemos tenido buenas relaciones con gente de derecha.»

2. PRIMERO DIOS

El secuestro es la industria nacional, la Sociedad Anónima S & R, secuestro y rescate, en la que toman parte gángsters profesionales y aficionados, activistas de izquierda y derecha, policías, militares, agentes de los servicios de seguridad. Los rescates son altos, de cinco millones de dólares y más, pero los hay también modestos, de mil dólares. Las agencias internacionales de seguros, como la Lloyds de Londres, recomiendan a sus agentes que en ningún caso negocien con la Policía, porque muy bien puede estar relacionada con el secuestro. Si la consigna política y social es crear terror como si fuera producto interior bruto, la Naturaleza imita al terror. Guate es una fortaleza. Las noches están prohibidas, salvo para los «bolos», los borrachos y los osados o los que no tienen nada que perder. Los expertos en protección recomiendan los perros de razas más agresivas, pero, sobre todo, a los guardaespaldas israelíes.

El más temible es el secuestro de raíz política. Un «desaparecido» que logró escapar de una base militar después de ser torturado, nos contaba su calvario:

«Recibía toques eléctricos entre las pilas, con agua, le ponían a uno una capucha con cal, lo colgaban a uno de los testículos. Un oficial le rajó la quijada a un muchacho de 17 años por dos partes, le raspó el hueso de la muñeca; al principio gritó, luego perdió el conocimiento. También vi a otro joven al que lo engrilletaron con las manos por atrás, le unieron también por atrás los pies y entre dos lo levantaban y lo dejaban caer, y así es como se quiebran las costillas por la forma en que uno cae, y es así como le pegan a uno grandes patadas.»

La tortura incluye pinchar en la lengua, en los testículos y en las plantas de los pies; cegar a la víctima sacándole los ojos o quemándoselos; colocar una bolsa de gamezán en la frente; barrenar la cabeza; cercenar órganos genitales; enterramiento vivo con la cabeza fuera del suelo; latigazos; cortar la lengua; quemar con metales al rojo, a veces con los de marcar ganado; atar a una persona acompañada de una serpiente venenosa; usar un cilindro con un cátodo electrizado que se introduce por el ano; inmersión en una pila de agua; cortar con hojas de afeitar. Hasta el vagón llega ahora el eco de este furor a través de la radio, «unos quince hombres fuertemente armados y con los rostros cubiertos con gorras de lana asesinaron a balazos a un campesino en el lugar denominado *El Ruiz,* ante la presencia de su familia. El campesino Antonio Guzmán, de 48 años, fue sacado violentamente de su vivienda cuando dormía. Los desconocidos lo ataron a un árbol, rociaron de gasolina la casa y le prendieron fuego. Después fusilaron a Antonio Guzmán ante la presencia de su esposa e hijos y huyeron en cuatro vehículos, según informó la esposa de la víctima».

Doña Lupe escucha la noticia sin interés, como quien oye llover. Para ella, la primera página de *El Gráfico* es, sin duda, más apasionante, más morbosa que la muerte del hombre a mano airada o fusilado en presencia de su familia. La Guatemala de los volcanes y las amebas; los machetes, los cuerpos mutilados y las iglesias coloniales resquebrajadas por los terremotos; el Cristo negro y los indios brutalizados; las ruinas mayas y las guerrillas en la jungla; los campamentos de prisioneros; los golpes de Estado crónicos; los arqueólogos; los tesoros escondidos; los fotógrafos del *National Geographic Magazine* es así, tan diferente. A Doña Lupe le mueve de su asiento, inquieta, la amenaza de las abejas asesinas.

—Se han comido a los chiquillos de los colegios —me dice, mientras me muestra la primera página—. Mire cómo se mueve el animaleo sobre los colegios. Y en la mera capital.

Doña Lupe recorre el vagón con el periódico en la mano y pega la hebra con otra doña alarmada.

—¿Cree usted —pregunta— que las abejas llegarán a la estación de Guate?

—Primero Dios —responde Doña Lupe, con su exorcismo.

—En la finca donde trabaja mi hijo, en un lugar aldeano, en un potrero, en cada árbol hay dos panales con avispas temerosas.

—Es que no fumigan, Doña.

—Sí, de plano, pero el polvo mágico no puede con ellas, se reproducen igual. Las reproduce el diablo.

Ya hemos entrado en las voces y los ámbitos de la superstición, como aquella circular que leí años atrás en Atitlán que decía: «A pesar de todos los conocimientos y trabajos humanos, las devastaciones de la langosta afligirán siempre a los pueblos que han incurrido en la indignación de Dios.» El antídoto estaba al alcance de la mano inocente. «Es preciso —añadía— desarmar su santa mano y aplacar su justicia irritada por nuestros pecados con misas, novenarios y procesiones, y a que se haga concurrir a estas rogativas a los niños, ya que el espectáculo de su inocencia es infinitamente más propio para suavizar la cólera del Omnipresente, que nos envía las plagas de la candelilla, la langosta, el gusano, la ardilla, el ratón o la hormiga.»

Doña Lupe lleva en una cesta dos conejos, uno blanco y otro negro, para un banquete familiar en Guatemala. Los nietos levantan de vez en cuando el lienzo que tapa la cesta, cubierto ya del polvo volcánico, de esta ceniza menuda, tan fina como el talco que penetra en los poros y es el sello de esta tierra. El *souvenir* de sus volcanes —donde los indios elevaban sacrificios humanos a los dioses—, de los terremotos, de la Naturaleza dislocada, en ebullición permanente.

Ahora las vendedoras dicen «enchiladas con chilito y sin chile». Como los chinos, estos guatemaltecos están siempre en movimiento. Son nómadas que comen y comen con chilito o sin chile, huevos, raíces, pollo, ceviches. Es una espectáculo verles andar y comer. Ahora desfilan a nuestro lado las vendedoras de jocotes. Doña Lupe sabe distinguir entre las hierbas buenas y malas. Cuando el tren se detiene lo bastante, baja y recoge su manojo de hierbas y flores. Su cesta será, al fin del viaje, un completo herbolario.

—Los jocotes, señorón —me dice—, serán buenos para la diarrea si hace jarabe de sus frutos maduros. La pulpa del mamey es digestiva. El fruto del mamón es emoliente, laxante, muy aparente para los temperamentos sanguíneos y biliosos. El té de flores de irayol es tónico, el cocimiento de la raíz cura la gonorrea. De la resina se prepara un colirio. El jarabe de icaco cura el catarro de vesícula. El té de corteza de granado es vermífugo; el caulote es bueno contra las inflamaciones.

Para cada fruta que exhiben, doña Lupe tiene una receta curativa.

—¿La guayaba? Fruto astringente. El cocimiento de la raíz, contra la hidropesía. El caimito es pectoral. La manteca de cacao, un remedio eficaz contra la hipocondría. El agua de coco —que también nos pasan en el vagón—, diurética; el copinol en fumigaciones, mano de santo contra la histeria.

—¿Y contra las abejas asesinas? —pregunto—. ¿Algún remedio floral?

—Primero Dios, señorón. Todo tiene sus asigunes.

Doña Lupe se santigua. Hoy es lunes, el día de los brujos junto con el viernes. Doña Lupe está convencida de que las abejas asesinas son hechizos, magia negra. El brujo puede causar la enfermedad de su víctima, matarle al ganado, dañar las tierras a través de ritos mágicos. Entre las coníferas, sobre un túmulo de rocas, a esta hora, por donde pasamos, doña Lupe explica que el brujo trata de comunicarse con el Ser superior, las oraciones al muñeco de cera, al puro, al duende encantado o a los animales, al murciélago, al sapo, al tecolotillo, al cheje, o los conjuros a las plantas, a las del horóscopo, la ruda, las siete monedas, la virtuosa, la piedra de ara, talismán, piedra imán, piedra Matías. Estas oraciones se mezclan con rituales, conjuros diabólicos, apoyatura de alfileres, fotos, puros, ramitos de ruda, romero, albahaca blanca y morada, mirto, chorrito de perfume, octavos de licor, polvos de hueso de difunto, cerveza y frascos para prácticas de enfrascados, pelo y polvos del muerto, padrastros y trozos de uña. Todo este bagaje sobrenatural flota en el aire a menos que el brujo bueno deshaga lo realizado por el brujo malo. Las personas se transforman en animales y hasta en bestias salvajes. El nahualismo identifica al hombre con los animales. El nahual es el animal protector de su persona. Quizás el brujo se ha identificado con las abejas asesinas, ha ofrecido el rito del incienso y la sangre. El nahual de doña Lupe es el balan, el tigre; o sea, de propiedades afines, enojada, franca, físicamente fuerte, hábil.

—¿Y algo salvaje?

—También, señorón, pero eso no me salvará de las abejas.

La Guatemala mágica convive con la macabra de las páginas de sucesos. Ahora, la Radio informa que en El Tumbador trataron de secuestrar a Juan Cristóbal López, de veintiocho años, que intentó huir. Primero le dispararon por la espalda, y luego le dieron un tiro de gracia en el cráneo. En la frontera entre el accidente casual y la delincuencia está lo que le ocurrió en la finca Pangolita al tractorista César Rodas, que fue decapitado al pasarle por encima el tractor de otro compañero. Su cadáver lo han trasladado los bomberos a Retalhuleu, lugar al que ahora llega el tren. «Se supo, dice el locutor con voz tétrica, que el occiso cobró su sueldo y fue visto libando.» Libando: cuanto más amargo el vino, más intensa la borrachera. A veces hay que beber sin sed y hacer el amor de forma frecuente y mecánica, dos cosas que nos distinguen de los animales. Es una forma de ganar la contrarreloj de la muerte que nos acecha de todos lados si alguien nos ha lanzado el mal de ojo, o si los helicópteros de la lucha antisubversiva han despegado hacia el Quiché para exterminar indios.

Menos mal que el brujo nos protege o nos advierte a cambio de un puñado de quetzales.

—El extinto presidente, general Miguel Ydígoras Fuentes —dice doña Lupe— consultaba al brujo de la zona cinco de Guate, para conocer así el destino de su Gobierno.

Guatemala, como la India, está pendiente del astrólogo. El presidente indio Carrera entró en Guate detrás de una bandera con el siguiente lema: «¡Viva la religión y muerte a los extranjeros!» Sabía ya, según cuenta Aldous Huxley, que los instrumentos más eficaces que hay para unir a la gente son la mitología y el odio compartidos. A primera vista los indios guatemaltecos, huidizos, castigados, le recordaban al autor de *Contrapunto* a japoneses o esquimales. Son los «hombres del maíz» de la cultura maya que saben de dónde les vienen los males. «¿De dónde eres tú?», preguntaba Bartolomé de las Casas, el apóstol de los indios. «Yo soy esclavo e hijo de esclavos y en tantos mercados vendido y comprado por esclavos», respondía el indio. Esto es lo que nos dice el *Chilam-Balán*, de Chumayel. «Por el tiempo loco, por los locos sacerdotes entró en nosotros la tristeza, entró en nosotros el cristianismo; porque los muy cristianos llegaron con el verdadero Dios; pero eso fue el principio de la miseria nuestra, el principio del tributo, el principio de la "limosna", la causa de que saliera la discordia oculta, el principio de las peleas con armas de fuego, el principio de los atropellos, el principio de los despojos de todo, el principio de la esclavitud por las deudas, el principio de las deudas a las espaldas, el principio de las continuas reyertas, el principio del padecimiento. Fue el principio de la obra de los españoles y de los "padres", el principio de usarse los caciques, los maestros de la escuela y los fiscales.»

«Que porque eran niños pequeños los muchachos de los pueblos. ¡Y mientras se les martirizaba! ¡Infelices los pobrecitos! Los pobrecitos protestaban contra el que a su sabor los esclavizaba, el anticristo sobre la Tierra, tigre de los pueblos, gato montés, chupador del pobre indio. Pero vendrá el día en el que lleguen hasta Dios las lágrimas de sus ojos y baje la justicia a Dios de un golpe sobre el mundo.» Llegó Pedro de Alvarado para derrotar a los dioses mayas y sepultarlos entre la maleza. Ésta es la amargura y el dolor espiritual y físico que brilla en los ojos de un indio cuando le miras. Un hermetismo en la mirada, una desconfianza, un proyecto de huida. Piensas que le gustaría regresar a la génesis de su mundo que describe el *Popol Vuh,* donde sólo existían el mar en calma y el cielo en toda su extensión. Todo era inmovilidad y silencio. El corazón del cielo se llamaba Huracán, y los padres de la creación dijeron: «¿Sólo silencio e inmovilidad bajo los árboles y los bejucos, con los animales pequeños del monte, los guardianes de los bosques, los genios de la montaña, los venados, los pájaros, leones, tigres, serpientes, culebras, cantiles (víboras), guardianes de los bejucos?» El hombre nació del maíz, como el maíz, pero no está libre de la amenaza y la violencia. Van a recibir aniquilación y muerte, que no es sólo obra de españoles, sino de sus propios mitos. El llamado Xecotcovach llegó y les vació los ojos; Camalotz vino para cortarles la cabeza; y vino Cotzbalam y les devoró las carnes. El Tucumbalam llegó también y les quebró y magulló los huesos y los nervios, les molió y desmoronó los huesos. Con ellos llegó la lluvia negra. Es la rebelión panteísta de los objetos y los animales. Los palos, las piedras, los animales pequeños y grandes golpean los rostros de los mayas. Y se pusieron todos a hablar; sus tinajas, sus comales (ollas), sus perros, sus platos, sus piedras de moler. Todos se levantaron y les golpearon los rostros. Desesperados, corrían de un lado para otro. Querían subirse sobre las casas, y las casas se caían; querían subirse a los árboles, y los árboles los lanzaban a lo lejos; querían entrar en las cavernas, y las cavernas se cerraban ante ellos. Así fue la ruina de los hombres que habían sido creados como muñecos de madera para ser destruidos y aniquilados. Del maíz se hizo la sangre del hombre, que vio la luz entre mazorcas amarillas y mazorcas blancas, de las que Ixmucané hizo nueve bebidas para los cuatro primeros hombres. Surgidos de la masa del maíz. Pero hay que descender con brusquedad de los cielos a la Tierra, porque a doña Lupe se le ha escapado del canasto el conejo negro por este vagón que es reliquia directa de la «Guatemala Railways Company», que un tal Mynor C. Keith y otros socios fundaron en Nueva Jersey en 1904. El régimen de Estrada Cabrera regaló la vía a los gringos y les perdonó los impuestos. Hasta el año 2003, el Gobierno guatemalteco no podría comprar todo lo que le había regalado: muelles, andenes, almacenes, líneas telegráficas, tierras, franjas de playa. Todo, salvo el conejo negro de doña Lupe, que ahora pugnaba por esfumarse bajo los asientos, como si fuera un espíritu.

—¡Maldito! —protesta—, ven aquí.

Los nietos se unen al safari y pronto andamos todos a gatas por el vagón, incluidos el revisor y los vendedores de tamarindo. El indio del machete media luna lo advierte bajo sus pies y lo aprisiona entre sus *caites,* las sandalias de cuero crudo. Recuperado el conejo, doña Lupe invita a palales, ramas dulces. A este paso nos vamos a comer la «United Fruit Company». Hasta un buen golpe de viento fresco merece la celebración; un tamarindo, dos fresas, regaliz, un relleno. Es la pasión de viajar, no la de llegar, la del placer de moverse, de cambiar de metabolismo, de renovarse. Dicen que en el avión no se viaja, se llega. Aquí, con un tren de dudosa marcha, se convive y se conviaja. República bananera: aquella en la que nada funciona y a nadie le importa. En la curva, el tren de los gringos, dinosaurio ferrocarril, se desarticula en acordeón y el brequero, el palafrenero que viaja sobre el techo del vagón contiguo, adopta una postura de Nijinski y mira sin temor hacia la barranca. ¿Qué dirían los japoneses del «tren-bala» si Huracán, el corazón del cielo, les empujara hacia la vía láctea de la ex-«Railways of Central America»?

Entre nubes de mariposas, éxtasis de Vladimir Nabokov y polen de orquídeas los brequeros saltan de un vagón a otro para vigilar ondulaciones y descarrilamientos como hacían los soldados de Pancho Villa en la revolución. Por lo demás, el secreto del tren a Guatemala está en saber mirarse, vigilarse sin morbo, escucharse, echar una oportuna cabezada, no perder de vista el paisaje móvil, verde, azul en las cumbres, ceniciento, muchas ganas de vivir y paz interior al instante. Todo vuelve entonces a su cauce. Estoy seguro de que viajar, para estos campesinos de machete y abuelas de muchos nietos, salvo para el revisor, Pérez Solís, es la única forma de sentirse libres. Doña Lupe me lo cuenta a su manera:

—Nace el pez para nadar, para la guerra el soldado, la liebre para correr, la hierba para el ganado, el ave para volar, el arpa para vibrar y la mujer para el hombre...

—¿Y el hombre?

—El hombre, para ser libre.

La estación de Retalhuleu se anuncia, entre plantaciones de café y caña de azúcar. El viajero desciende aquí para dirigirse a Quetzaltenango y luego a Chichicastenango y al Quiché. Con el macuto al hombro, me despido del pasaje.

—Primero Dios, doña Lupe.

—Primero Dios, señorón.

3. EL MAÍZ SAGRADO

Ligeras abluciones en la «Posada de Don José» para sacar ese pringue que es la carbonilla de la diésel, el polvo volcánico —son 33 los volcanes—, el efluvio de las plantaciones, el olor dulzaino a caña de azúcar, el vapor de la acrimonia. Es noche cerrada cuando llego a la que sus habitantes llaman Quetzaltenango. El autobús me deja en una plaza neoclásica, desierta, sólo cruzada por algún parroquiano ahíto de guaro. Al fondo, una iglesia colonial, en la penumbra de faroles de una luz débil. Me acuerdo de que una vez, no lejos de aquí, en Antigua, la ciudad a la que siempre vuelvo para un nuevo baño de negro sol de la melancolía, alguien me dijo que si los conquistadores españoles hubieran llegado ochenta años antes a Guatemala, esto sería una cadena de ruinas góticas. Una Guatemala gótica, y aquí, también, por sorpresa, fría, con ese punto de ventilación que dan los 2.500 m. Me habían recomendado la pensión «Casa Linda», pero me dejé llevar, casi diría arrastrar, hasta la «Pensión Enríquez», bajo los soportales, a pocos metros de la parada del autobús. La encargada, protegida por una gran estampa de la Virgen de la Candelaria, escucha el transistor. «A las 19,30, se llevaron en vilo a un cajero, Gustavo Alvarado, a punta de pistola, mientras disputaba una partida de ajedrez. El señor Alvarado es presidente de la Asociación Departamental de Ajedrez.»

—Le fregaron la apertura de Capablanca.

—¿Cómo dice?

—Nada, trucos del ajedrez.

—La cuatro —me dice mientras consulta el clavijero.

Me tiende una sábana limpia y un almohadón y apunta mis señas de identidad en una cuaderno escolar en el que flotan dibujos infantiles de indios, machetes, aviones y soldados. Busco con un mechero la habitación cuatro. Al fondo del angosto pasillo, veo una cola de reclutas en calzoncillos. En un cuarto de baño de baldosas inundadas, sobre un inodoro descascarillado, un viejo prostático y de piel olivácea mea con dificultad ante la impaciencia de los jóvenes. Hasta emite un leve quejido.

El pestillo de la cuatro está violentado. Hago la cama al estilo servicio militar, y pronto caigo rendido en el jergón, pero el sueño, hostigado por la fatiga, va a tardar en llegar. El techo es alto, calculo que tendrá siete metros, ideal para un claustrófobo como yo. Es la Sixtina de las goteras. Identifico en el cielo raso, sin esfuerzo, un Pollock, un Saura y un Tàpies, que se diría mismamente su *Línea Diagonal.* Las paredes están llenas de escurrinches, chafarrinones, grafitos. Es la pensión del insomnio. «Recuerdo de Marleni, 8/1972.» Los ladridos, unos, broncos y persistentes; otros, más afinados; otros, histéricos, llegan desde la plaza y se cuelan con el ventarrón. Éste del viento, que choca contra las ventanas, es uno de los sonidos más atractivos que conozco, un viento que se debate, se desgarra, se lamenta y habla a los vivos y a los muertos. El viento de la pesadumbre, que inquieta y hace pensar más que adormecer. Me entretengo en leer las frases escritas por otros viajeros insomnes junto a la cabecera: «Yo soy el comandante O», «Y yo Hernán Cortés», «Seminario 80» y una línea raspada a punzón bajo la cual todavía se lee: «Aquí estuvo el conjunto "Los uracanes del Norte"», y «El vencedor está vencido, y el vencedor ha perdido». Todos los vientos son trasuntos de nuestra vida interior. Las paredes escritas también lo son, y aquí se me reúnen, con la mirada ahora fija en el alto e historiado techo, el viento, que llama con furia a la ventana de la pensión; los ladridos de los perros y las pintadas, esos esfuerzos pictóricos que hace el hombre para alcanzar la inmortalidad y darle un sentido a su viaje. El viento de la primavera es extravagante, juguetón y frívolo. El viento de Quetzaltenango pasa sobre iglesias destechadas, casas despelladas de barro y me prepara con todo su registro de quejas para penetrar en este pueblo el maya-quiche que un día perdió el fuego. Es una religión telúrica, pegada a la tierra y a la Naturaleza, cuyos jefes y sacerdotes buscaban al hombre indicado para recuperar el fuego e interrogar a los dioses. Pero el dios se presenta para exigir algo a cambio de la devolución del fuego. La violencia no aparece sólo con Pedro de Alvarado y su puñado de extremeños. A cambio de la llama que arde de nuevo, el creador exige un sacrificio humano.

Tras el último bostezo, el dios del viento, el que hace con la lluvia germinar el maíz sagrado de los mayas, queda vencido para fundirse en el quetzal, el pájaro sagrado de espalda verde y pecho rojo que protegía al jefe indio Tecum Uman. Para matar al indio Pedro de Alvarado, debió antes atravesar el pecho del quetzal. Al llegar a Chichicastenango, el viento se ha depurado entre iguanas y papagayos. Chichicastenango, que significa algo así como «el lugar de las ortigas», es para mí la capital de la tristeza, apasionada entre montañas. El vencido está vencido, y el vencedor ha perdido. Acertó Huxley al decir que no hay mejores católicos ni mejores paganos que los mil ladinos y los veinte mil indios que bajan el mercado de Chichi. Los indios deben llevar adelante sus oraciones y sus exorcismos entre el despliegue de las cámaras fotográficas. Su respuesta es el asco, el rictus, el rechazo por esta segunda violación de la raza. Casas blancas y tejas rojizas, vírgenes envueltas en sarapes, a las que el indio pide una buena cosecha, y la india, que el indio deje el aguardiente. No hay que olvidar el perfume del incienso, de la resina de copal, las velas, cuantas más velas, más indulgencias, mayor protección, y cohetes, porque el ruido espanta a los malos espíritus. Toda la contención y la vergüenza de los quichés estalla con la pólvora. Corre la pólvora en el mercado y en el atrio de la iglesia. Las procesiones no cesan desde la iglesia o el monasterio dominico en el que el padre Ximénez halló el manuscrito de la epopeya nacional, el *Popol Vuh,* e incluso el dios maya Pascual Abaj, con candelas de copal, pétalos de rosa y agujas de pino. En el interior de la iglesia, indias arrugadas con huipiles de color rojo y azul oscuro rezan en voz alta en un idioma que se diría latín. Los indios hablan veinte idiomas y algo más de cien dialectos. A la puerta de la «Cantina Claveles», un ladino sentado sobre una silla de enea, observa aquella zarabanda de huipiles, tocados, blusas de algodón, perrajes, faldas de colores que con tanto ahínco persiguen los turistas en su búsqueda del color local. El ladino es lo opuesto al indígena. No es necesario que sea blanco o mestizo o indio puro; su cultura es española y viste a la europea:

«hablan el español y comen alimentos que los indios verdaderos rechazan».

Las plegarias a la cruz, al sol y a la cumbre-llanura preceden a la siembra del maíz. «¡Oh, Cruz!, concédeme que la milpa, que está a punto de germinar, produzca panochas muy grandes, a fin de que las sagradas tortillas no falten en mi casa, ni el grano a las gallinas y a los cerdos con los cuales compraré vestidos para mi mujer y mis hijos, el azadón y el machete. Te prometo desde ahora ofrecerte las siete primeras panochas, que depositaré a los pies de la Sagrada Cruz.»

La oración al sol incluye una súplica para que aleje los topos de los sembrados, «que esconda la milpa al olfato del pizote y de la ardilla, a las miradas del zanate (hembra del clarinero, de la familia del mirlo) y de los periquitos. Cuando sea necesario, ocúltate y permite que las nubes produzcan la lluvia benefactora. Pero no lo permitas cuando las panochas se hayan abierto y te necesiten. Perdóname, padre sol, que eres sagrado».

La plegaria al creador Tzul-Takká, que recoge Fellice Belloti en su *Tierra maya* dice así: «Tú, Tzul Takká, que tantas veces eres sagrado, que estás sobre todos los montes y todas las llanuras, que dominas la tormenta y los huracanes, concédeme el permiso de cortar los árboles y las malezas que sean necesarias. No me guía el deseo de causar daño a los árboles, que forman parte de tu cuerpo, sino que me obliga la necesidad de alimentarme, de dar de comer a mi esposa y a mis hijos y a los animales que tú permites que tenga en mi casa. Evita que el bosque tome represalias y me origine males; ordena al ickbolaj (serpiente venenosa) que se aleje de mi camino y de los lugares en los que debo poner mis manos y pies para trabajar la tierra; ordena que se aleje el kanbolaj (el jaguar, según los mayas) de estos lugares y permite que las sombras de mis amigos vengan a visitarme, sin que yo los vea.» El indio echa en cada agujero de la milpa siete semillas, el número sagrado. Una semilla para el venado, otra para la hormiga, una para el zanate, una para el periquito, una para el pizote, una para la ardilla, y la séptima, para que haga germinar el maíz.

Es el puro panteísmo: tras haber talado el árbol, el indio, respetuoso con lo que le rodea, recubre el tronco de resina y tierra «para que no se avergüence». Cuando quita la olla del fogón, quita también la que la sostiene «para no hacerla llorar». Si el perro tose, le pone un ridículo sombrerito en la cabeza, a fin de que quien lo vea se eche a reír, y así la tos pase del perro a él. ¿Por qué toda esta casuística? Belloti se lo pregunta al aldeano y no recibe una respuesta totalizadora: «Porque es la parte del todo», sino esta otra: «Porque es el costumbre.» He visto a un hechicero hacer adivinaciones por el movimiento de las nubes y la dirección del viento. Católicos y paganos, todos tienen un punto de referencia en la Naturaleza, y sus criaturas, en el nahual, el otro yo que acompaña al hombre en su andadura por la vida. Sentado en la escalinata de la iglesia, entre el tufo del copal, observo, en torno mío, mercado, botafumeiros, indios amedrentados y otros ahítos de guaro. Las cantinas, según orden de los españoles, debían vender un mínimo de alcohol; en caso contrario, se les retiraba la licencia. «Si los indios se embriagaban, los amos podían dormir más tranquilos.» A cambio, los indios paganizan a los santos católicos para escapar del anatema o convierten a la virgen en la Diosa madre. Un niño indio, lloroso, se refugió en una hornacina, ocultándose el rostro con la manga de la camisa. Aún no tiene la edad para matar a distancia o echar el mal de ojo. El brujo es capaz de controlar los vientos maléficos y de enviar, con ellos, la enfermedad y la muerte, al acuchillar una imagen. A este brujo se le reconoce por el olor a ajo, tomillo y mirra. Son los fotocopiadores de la muerte y la destrucción. Les basta una fotografía o un cabello para echar el mal de ojo. Su jefe es don Avelín Caballero Sombrerón, el espíritu malo llevado por los españoles a territorio de los mayas. El sombrero negro, del demonio que se abrió sobre la cabeza de un niño. El sombrero roba mozas de trenzas largas y hace nudos en las crines de los caballos. El arcángel san Gabriel se dice que ataca a los niños. Por lo tanto, hay que protegerse de este cúmulo de maldiciones y amenazas que, por si la vida no fuera ya una condenación, la convierten en una pesadilla. Hay que protegerla con talismanes, con la ayuda de los animales sagrados, desde el sapo, la serpiente, la tortuga o el quetzal. Al brujo se le reconoce por la bolsa de raíces y hierbas que, para hacer sus pócimas, se cuelga del cuello. Al fin y al cabo, Quiche significa «tierra de bosques».

Cuando el coronel Castillo Armas dio el enésimo golpe de Estado en Guatemala y derribó el Gobierno legítimo de Arbenz con ayuda de la CIA, pidió a España quince sacerdotes para predicar entre los indios. Aquí, en Chichi, los hechiceros habían invadido la iglesia cuando llegó el párroco español José María Casas, cura y médico. «He querido obtener el título de Medicina —explicó al llegar— para impedir que, en caso de enfermedad, mis fieles tengan que caer en manos de los brujos y los chamanes. El viejo brujo se está quedando sin clientes.» José María escapó de alguna conspiración de los brujos, gracias a la celeridad de su caballo, y la ayuda de los brujos buenos le salvó de más de un linchamiento.

En la escalinata, en los aledaños de la iglesia, los indios, que a veces contratan a un brujo para que rece por ellos, se instalan los altares. El copal arde como ofrenda. Hileras de indios acuden, con unción, hacia el crucifijo de la iglesia, cargados de cestas de maíz, frijoles o flores. Un indio le reprocha a Dios que no le haya dado un hijo varón. De pronto, comienza a soplar un viento perturbador, viento Sur. Como el del Guadarrama, no apaga la luz de un candil, pero puede matar a un hombre. Tiembla la hilera de cirios. Los indios, vestidos como Sancho Panza, se encogen aun más con las cabezas gachas y las manos cruzadas sobre el pecho. Hace unos años, en este mismo lugar y a esta misma hora, escapé de las invitaciones de los vendedores ladinos del mercado, semivacío, entre los eucaliptos y las jacarandas. No les debió de agradar mi huida, porque al llegar a mi coche, una mantilla negra colgaba de la antena de la radio. El brujo-vendedor me enviaba el mal de ojo, ya que, a pocos kilómetros de Chichicastenango, de regreso hacia la capital y en medio de un paisaje de volcanes, jungla y viento Sur, mi coche derrapó en una de las peligrosas curvas y faltó poco para que la mantilla se convirtiera en mortaja. Sentí un leve escalofrío al recordarlo. Tuve que seguir mi ruta en tren hacia Guatemala, y abandoné esas escalinatas, esos peldaños de piedra que son un fetiche esencial de la vida religiosa y social de Chichi. Como dice Huxley, las escalinatas han desempeñado un papel muy importante en todas las religiones organizadas desde Babilonia o el altar a Zeus, en Pérgamo, hasta Tikal o Chichén-Itzá, o Teotihuacán, o a la arquitectura cristiana. El trono y el altar, aliados tradicionales, necesitan peldaños para que el acceso no sea fácil. Dios y el rey son para quienes lo trabajan en los escalones.

Es el momento de dejar esta tierra de indios arrodillados, con altares paganos propios y constantes ejercicios de genuflexión. Se diría que en Chichi sólo son felices los santos, paseados por las cofradías, bamboleados, elevados al cielo entre las volutas de copal, incensados para despejar la atmósfera de miasmas. Me produce la sensación agridulce de siempre. Atracción por un lado y rechazo por otro. Lo mismo ocurre con la India. Desea uno salir de estampida, pero a las pocas semanas piensa uno en volver. A pocos kilómetros de aquí, en el Quiché, los indios buscan la redención con un fusil «Galil» al hombro. El mal de ojo es sustituido por un retrato del Che Guevara, de Mao o de Lenin. El nahual, el otro yo, es un fusil de culata sobada. Por aquí pasan los convoyes del Ejército, con sus uniformes de camuflaje, tipo leopardo, tez india y susto en el cuerpo.

Un vaso de agua en Nejab, en la pensión «Las Gemelitas», para aliviar el polvo acumulado en la garganta, y de nuevo al camión. Los indígenas representaban el 70 % de la población. Un médico por cada 25.000 habitantes. La esperanza de vida es de 50 años. El 81,4 % de los niños menores de cinco años sufre algún grado de desnutrición. El 70 % de las casas tiene suelo de tierra. El 65 % de la población es analfabeta. Se calcula que, entre 1954 y 1982, se han perpetrado más de 80.000 asesinatos políticos. Las organizaciones internacionales calculan que han desaparecido 35.000 personas. Eran indios del Quiché los que en enero de 1980 ocuparon la Embajada española en Guatemala para protestar por las violaciones de los derechos humanos en la zona, por la entrega de las tierras a oficiales del Ejército. Las fuerzas de seguridad asaltaron la Embajada y mataron a 39 personas. El único superviviente de la matanza y del incendio fue mi viejo amigo el embajador Máximo Cajal, al que todavía recuerdo sin gafas y chamuscado por el fuego, con ojos de estupor e indignación.

Hay fiestas en las aldeas. La religión y la mitología son razones de peso para la fiesta. Ritos, magias teogonías, fetichismos. Aquí, Judas es un traidor, pero a pocos kilómetros se le adora como un santo. En Atitlán, donde el lago cambia de color y pasa sin transición del lapislázuli al esmeralda, los del lugar creen que san Juan y Virgen hicieron el amor la noche de la Crucifixión. Para evitar que se repita la escena y con permiso del señor alcalde, la noche de Viernes Santo encerraban a san Juan y a la Virgen en celdas separadas de la cárcel. Al amanecer pagaban una fianza, y el santo y la Virgen volvían a sus altares.

En las representaciones de la Pasión, el público se empeña en cambiar el curso del Evangelio, roban los clavos y el martillo y llama hijueputa a Caifás. A no muchos kilómetros, en Santo Tomás Escondido, crucificaron realmente al que hacía de Cristo y lo dejaron agonizar y morir en la cruz. El veredicto de los jueces en aquel Fuenteovejuna, donde todos se confesaron autores del crimen, estuvo a la altura de la sociología local: «Ha sido una suerte para el infeliz hallar una muerte igual a la del Redentor.» El autobús en el que viajo se eterniza en la carretera. Se llama *Pasión de Cristo número 2.* ¿Qué mejor y más oportuna religión que ésta que permite el trapicheo subteológico del paganismo y promete, a pesar de todo, el cielo?

Cada pocas leguas —aquí cuentan todavía por leguas—, el *Pasión de Cristo número 2* se detiene. Un indio desciende y otro sube, o una india baja, y sube otra con niños pegados a las faldas. En todos la misma cara de «póquer», y ni siquiera la garrafa de aguardiente desatará la lengua ante el forastero. Es taciturnidad, o misantropía, o tal vez una reserva secular. Son como los turcos de quienes habla Durrell, de «serenidad monolítica, con un aire de concentración y silencio propio de los reptiles». El ejemplo es válido, porque aquí la serpiente es un animal sagrado. Es el *kaif* de los árabes, la contemplación que procede del silencio y de la espada de don Pedro de Alvarado, natural de Extremadura y residente en el México de Hernán Cortés. Estos guatemaltecos beben como peces. El autobús se detiene por las subidas y bajadas, pero también a causa de las eses de los borrachos en la carretera poblada de cruces de los que murieron con la redoma puesta, en olor de báquica santidad. Compadres, Dios les tenga en su gloria.

Hay algo tan cierto como la luz del día. A los indios les gusta viajar por el mero placer de hacerlo, porque está demostrado que a doscientos kilómetros de sus montañas venden sus productos al mismo o inferior precio que en el mercado más próximo. La emoción está en viajar, en el autobús reglamentario, en el tren, vehículo de los pobres de solemnidad, venido a menos, o en la caja del camión, entre sacos de café. Su curiosidad es tan insaciable como constante su silencio. A veces viajan para efectuar un trueque: unos pollos por fruta, o flores por un haz de leña para quemar. Como, por ejemplo este indio, con una parte de sangre extremeña que viaja a mi lado en el autobús, de vuelta a Xela, moreno como una nuez y con sombrero sudado hasta las alas, que cabecea rendido por el alcohol y la fatiga y tan pronto descansa sobre mi hombro como es enviado por un golpe de volante al otro lado, donde un ladino, mosqueado, le coloca en su vertical. Cualquiera se atreve a calcular su edad. Tendrá cincuenta o setenta, quién sabe. Bisbisea un monólogo, alza y baja las cejas con rapidez, erupta. Su único asidero con el mundo real parece una carpeta azul con gomas flojas. No se cansa de preguntarme:

—¿Hemos, digo hemos, señor, llegado a San Felipe?

Todo el mundo se empeña en que debo volver a la capital en autobús. El tren es un sistema del siglo XIX, pasado de moda, y actualmente válido para mendigos y excéntricos. En América Central, quizá con razón, existe una conspiración general contra el ferrocarril.

—¿Viaja usted corto de pisto, Don? El pisto es el dinero.

—No necesariamente.

—Entonces, no tiene razón de ser.

—Gracias por el consejo, señor.

Mi compañero de viaje, más incoherente que nunca, próximo al *delirium tremens,* masculla frases donde se confunden Leonor y san Felipe. Cuando el *bus* llega a la estación de Xela, el hombre despierta sobresaltado de sus vapores y, al incorporarse, pierde su tan celosamente guardada carpeta, de la que caen unos folletos impresos en letra gótica. Le ayudo a recogerlos, y no puedo evitar leer lo que en ellos está escrito: «Alcohólicos Anónimos. El alcohol, hermano, puede arruinar una vida.»

Xela, donde crucificaron, repito, crucificaron a un presidente, Cirilo Flores, está como cuando la dejé, agarrada a una niebla densa, pegada a las iglesias góticas de imitación y a las coloniales, cuarteadas por los terremotos, en las que a duras penas se sostienen unos santos toscos, mostrencos. Mendigos arrodillados esperan la salida de los feligreses. Llevan cintas en el pelo, bigotes ralos, hatillos sucios, cachabas. Me embarco hacia Reu en el autobús *Dios es amor.* En Cantel huele a eucalipto. Pasan indios con sulfatadoras a la espalda. Son los ángeles exterminadores de la roya, el virus del café. Cementerios policromados y almacenes en los que se compra ajonjolí y cardamona. Un cartel: «Bien venidos a la capital del mundo.» Sube un mendigo legañoso y de pelo lustroso, una rara mezcla de polvo y brillantina.

—Perdonen la molestia; me dirijo, en mi indigencia, a las personas de buen corazón...

Recorre el autobús y se escucha el tintineo suave, prudente, de algunas monedas.

En la estación del tren, el voceador difunde con voz de barítono las últimas noticias. «*El Gráfico,* once muertos en choques armados.» Los vendedores de refrescos tiran de carritos con botellas de líquidos rojos, todas las gamas del rojo.

—Sandías de a sinco, sandías, sandías de a sinco.

Apenas algún viajero en el andén. Conviene comprar el billete. Hay un aviso advirtiendo que a bordo hay que pagar un recargo de diez centavos. El jefe de estación, único funcionario en su *hinterland,* tocado con la gorra reglamentaria, escribe sobre una «Underwood» tan vieja, al menos, como el tren que ya se aproxima.

—Pocos viajeros...

—Sí, la carretera Panamericana nos ha hecho mucho daño —responde, mientras guillotina, en forma de v, sobre el nombre de Retalhuleu.

Compro una sandía de a sinco.

—Dios esté con usted en su viaje, señor.

Recuerdo a doña Lupe y a su «Primero, Dios», a los que dejé aquí mismo hace pocos días. A esa luz azul o dorada que entra a raudales en el tren de los gringos, un esqueleto de tren, con el viento que trae las mariposas, los saltamontes, los olores de la jungla, los pinos, las paredes de abruptas barrancas. Miguel Ángel Asturias, cuyo hijo, el comandante Gaspar Ilom, se enroló en la guerrilla del ORPA (Organización Revolucionaria del Pueblo en Armas) que, con el Ejército Guerrillero de los Pobres, el FAR y el PGT, combate contra los sucesivos Gobiernos que pasan por Guatemala decía que por aquí se pasa de la Selva Negra a los bosques del Tirol. En este país, la circulación es tan tortuosa como las serpientes que veneran. Aún no sé si hacen caldos con ellas, como los chinos, pero valdría la pena sacralizar el guaro como hacen con el maíz. Hay que olfatear el aire, minas abandonadas, pirámides, ciudades superpuestas o sepultadas, piedras preciosas. Las minas del rey Salomón, pero, como decía el viejo indio Asturias, «entre animales cuyas voces son colores, existe una rigidez de muerte en todas estas cosas vivas». Los indios de estos parajes lo han perdido todo porque todo se lo han quitado, los volcanes, el universo verde, el cenzontle que imita la voz del hombre.

4. FUSIL Y FRIJOLES

Ya está el tren a lo suyo, con el cortejo de mercaderes y corte de los milagros. El revisor suplente, dos asientos por delante, se ha traído a casa los deberes sentimentales: una novia de espaldas anchas y pelo zanahoria. El suplente lleva una gorra oscura de junquillo y tiene el brazo sobre la novia, quien agita el pelo corto, estilo Jean Seberg, como si estuviera acostumbrada a llevar guedejas. El revisor suplente es un estratega de la aproximación a la hembra. El tacto, la sutileza, el toque inocente. Ella, pudibunda, reniega, rechaza, hace arrumacos, se muestra falsamente sorprendida por la audacia del hombre. ¡Lo que se aprende en estos trenes y en estos climas! Me acuerdo de aquel misionero de una película de Rita Hayworth que decía: «Aquí la Naturaleza conspira contra nosotros.» Los misioneros sólo pueden arrojar la toalla tropical o quedarse con ella e inventarse la postura que lleva su nombre. El sustituto, sin apartar el brazo de encima de la muchacha, se asoma a la ventanilla para hacer señas al palafrenero. Después abandona la escena para volver con una ofrenda de papaya, una botella de refresco con la paja o sus dedos untados en esencia de trementina. En tales paréntesis, ella se peina un pelo espolvoreado, a estas alturas de la navegación, duro como el estropajo. Saca un espejillo y se da un toque de carmín. Podría llamarse Graciela.

—Maricón, Maricón —anuncia con voz tenue el revisor principal.

Miro a mi alrededor, por si alguien se da por aludido.

—Vaya nombre para un lugarsito —comenta otra doña Lupe, desde los asientos de atrás.

Es el nombre del pueblo por el que pasamos.

—Doña —pregunto—, ¿maricón significa lo mismo para ustedes que para nosotros los españoles?

—Mire, Don, maricón es el hombre frágil.

—¿Frágil?

—Quiero decir que resiste poco y mal.

—¿Afeminado?

—No necesariamente.

Volvemos a la letanía de las «enchiladas con chilito y sin chile» cubiertas, a pesar de la protección de la hoja de plátano, del condenado polvo de azufre. Al llegar a la estación de Ciudad de Guatemala, el revisor suplente alcanza sus últimos objetivos. Le tiemblan el bigotillo y las gafas «Ray-Ban» de imitación. Graciela, palpitante y enamorada, protegida, somete al fin su anatomía a este Rubinstein tropical. El Alcázar se ha rendido cuando los frenos chirrían.

Un taxista salido de *El tesoro de Sierra Madre* me deja en el primer hospedaje, no lejos de la estación, cuando todavía a estas horas de la noche la Radio insiste en la cotización de la industria del secuestro. Aquí todo es *baleo* y *balacera*. Domina la publicidad de analgésicos. Baterías de taxis oscuros y taxistas adormilados. Los limpiabotas gritan: «¡lustre, lustre!» Enchiladas mexicanas junto al Palacio de Tipografía, revoltijo en la calle 18. Huele a gasolina mala y mal quemada. Es la apoteosis de las canciones rancheras «estoy cansada de tanto besar». Éxito en América Central del pollo frito del difunto coronel Sanders, el de la jeta Buffalo Bill, de la salsa brava y, aquí, de la cerveza «El Gallo».

Al pie de la pensión, Nayo, de once años, vende la revista *Vanidades*, con la vida sexual de Bo Derek y el horóscopo.

—Se lo dejo en dos y medio, se lo dejo en dos, se lo dejo en uno cincuenta. No tengo sencillo.

Pies negros, con asfalto pegado, y una camiseta publicitaria, como todas las que se ven en la calle, con galipote mezclada con betún. En la pensión, cartel de «Sea *brebe*».

—¿Cansela de una ves? —preguntan en recepción.

Se me caen los párpados, pero Nayo insiste en lustrarme los

zapatos. En un viaje anterior a Guatemala encontré a un limpiabotas del parque central que entre el ensordecedor y excesivo canto de los mirlos, confesó que era to-tal-men-te feliz. Pocas confesiones me han impresionado tanto por la imagen que para aquel limpiabotas revestía la idea de felicidad. También Nayo, a sus once años, va camino de esa equívoca idea y no para de hablar. Su biografía en un minuto. Tiene la palabra «insuperable» escrita en el antebrazo. Un anuncio en la piel, tiznada.

—Soy el mejor, Don, vendo tacos a 35 y saco dos quetzales al día; ya sabe, dos dólares.

Su territorio no es el Parque Central o el de la Concordia, donde la competencia arrecia, sino los umbrales de las pensiones, los comedores populares, que huelen a pollo campero, a tortillas y tamales. Gorras de béisbol, criollas insinuantes, transeúntes tristes y amables, Guatemala se extiende en una teoría de casas bajas preparadas para recibir al terremoto. Cerca de Nayo merodea otro colega con caja de lustrar y tatuajes de betún. Durante unos minutos se miran como perros enrabietados. Nayo hace crujir la bayeta sobre mi zapato como lo hacían sus compañeros de Saigón, que veían el mundo, la guerra, en cuclillas. En la pensión hay estampas de montañas, lagos y vacas suizas, el tipo de pintura que más se vende en el mundo. Guatemala aspira también a convertirse en la Suiza de América.

El sueño tarda en llegar porque en el salón, bajo la invocación del Cristo Negro de Esquipulas, los empleados y sus amigos ven una televisión poblada de telefilmes y balaseras. En el duermevela suenan las sirenas de Chicago o de San Francisco, que no sé si proceden de la calle o de la pantalla ardiente de la pensión. La sirena de la Policía o de las ambulancia se ha convertido en todas las ciudades en la metáfora de la violencia urbana, en la primera agresión. Como los niños de Beirut conocen mejor que sus mayores el calibre de las armas y la identificación de las detonaciones, yo he llegado a descubrir la partitura que tocan desde sus coches, con gálibos parpadeantes, las diferentes fuerzas del orden; el morse de sus decibelios; el chirrido de sus neumáticos; la sirena avasalladora de varios registros, de tita-tita-tita prolongado, interrumpido únicamente por el solo de uau-uau-uauauau. Son los imitadores de Kojak, que nos recuerdan que el policía no es sólo el rey de los telefilmes. Pero ahora, cuando despierto, la sirena toca a la puerta de la pensión y a la puerta misma de mi cuarto.

—Abra, Policía.

—Ya voy, ya voy.

En pocos segundos me ponen contra la pared. Es un registro por drogas. El bolso volcado sobre el edredón, las páginas de los libros abiertas, el interior de los zapatos olfateados por los sabuesos, la sirena que no deja de ulular, la máquina de fotos destripada, el tubo del dentífrico exprimido.

—Puede continuar durmiendo.

—Gracias por la generosidad, agentes.

Al cabo de no sé cuántas horas, recupero el hilo conductor de la televisión. La dejé con un tiroteo en San Francisco y la recupero, desde la cama, con un programa-concurso. La todopoderosa y agresiva sirena policial es sustituida por inacabables rancheras lacrimógenas. Aquí manda Negrete. ¡Pobre Guatemala, tan lejos de Dios y tan cerca de los Estados Unidos de México! Salgo. El empleado ha puesto velas nuevas a la Santísima Trinidad. Luego, Enrique de León vuelve al programa *La Campiña,* al tragallamas, a los anuncios de jabón «Casa Dorado», a cinco céntimos la bolsita. Es increíble, el jabón tiene forma física de bomba de mano.

—Prepárese Doñita —dice, meloso, el presentador, Humberto Cabañas—. ¿Cómo se llama?

—Felicitas Romero.

—Felicidades, Felicitas. Al mero, mero Romero. A ver la orquesta. Doña Felicitas canta. Adelante.

Doña Felicitas arranca: *Desde que te fuiste, vivo en las tinieblas.* Se le olvida la letra. La orquesta se detiene, inicia de nuevo el compás.

—Los nervios la han traicionado, doña Felicitas.

Otro concursante. Lupito.

—Lupito, ¿qué tipo de comersio hase?

—Industria típica guatemalteca.

—¿Sabe en qué se parece una marimba a una pulga?

—No, don Humberto.

—En que la marimba es *tipica,* y la pulga, te pica.

La canción que entona Lupito es de un romanticismo zoológico: *Quién me iba a decir que el amor de mi vida ibas a ser tuuuuuú, estoy atado a tu cuerpo como un gorrión.* Jabón «Casita Dorado», dice el anuncio, «el sabor a la primera mordida».

El siguiente. Lázaro.

—Lázaro, saluda el presentador, levántate y canta.

Pero Lázaro se interrumpe, duda, no empieza.

—Vamos a darle otro chansesito. —La orquestina vuelve al

principio—. *Si yo te diera mi amoóoor...*

—Lo siento, Lázaro, así son las cosas —se lamenta Humberto.

Ahora llega el anuncio de los «Kimberley», anillos de promoción para final de curso, grandes como huevos de avestruz, anillos *kitchs* que estarían mejor en el dedo índice de un jeque árabe.

El último del concurso. Ángel.

—Ángel. ¡Qué fina voz, hace usted honor a su barrio! Y dígame, ¿cuántos hermanos angelitos tiene? ¿El título de la canción?

—*Mi primer amor.*

—Música, maestro.

Me tomo una cerveza en el «Centro Vasco», desierto. Carmenchu está detrás de la barra. Es del «mero Bilbao». Pero mis paisanos de Guatemala están llenos de goteras físicas y de querellas político-sociales. Carmenchu se lamenta de la vida, de los muertos «que salen hasta por las cañerías», de la carestía de la vida, de la ausencia de parroquianos.

—El socio que no tiene ciática tiene colesterol, o gota, o artritis, o un cansancio de muerte. Los hijos vienen cada vez menos. Por si eso no bastara, están mal avenidos.

—¿La política, Carmenchu?

—La política lo enreda todo.

Detrás de los amarillentos carteles, un compromiso para hacer compatible el Athletic, la Real, el Osasuna, la subida abertzale al Everest, la entrada de un crucero republicano, lleno de gudaris, en Bizerta (Túnez), Urtain y la espatadantza, está el frontón, de bolsillo.

—Cada vez son menos los pelotaris; una pena —explica Carmenchu desde la barra.

Se diría el bar «Euskadi», del que habla Lowry en *Bajo el volcán.*

No puedo evitar un estremecimiento de nostalgia, el frontón Astelena, de Eibar, el Vitoriano, el de Vergara. Después de la cuarta cerveza, con un baño de melancolía vasca en la distancia al que hay que añadir el que ya fabrica Guatemala. El pueblo dice aquí que es «la familia de los vascos» la que domina; es la dueña de los cuatro quintos de las plantaciones de café. Ahora tocan los periódicos, una hora de contemplación en el parque Central, la visita a la ciudad de Antigua, una noche con sirenas y tiroteos televisivos, y quién sabe si visita de la pasma. Y mañana, San Salvador.

Doña Isabel Méndez —zona uno en el «mero centro» de Guate,

veinticinco años de vida en la acera— me tiende los periódicos. 12 calle y 5 avenida, ¿setenta años? Duerme sobre cartones viejos. Ha sido testigo del estremecimiento, de los espasmos de la calle guatemalteca, de secuestros, atracos, crímenes, robos, asaltos. Podría ser la cronista oficial de la villa.

—Una noche —dice mientras me cobra—, una persona le disparó a otra a pocos metros del negocio, de modo que vino a desplomarse junto a mí. Entonces, el victimario se acercó al herido, le aproximó la pistola a la cabeza para ultimarlo y entonces yo me metí en medio para gritarle «¡mátame a mí primero, porque por Dios que no voy a permitir que le dispare otra vez!».

—¿Y luego?

—El agresor escondió el revólver y escapó a toda prisa. De pronto sonaron muchos aplausos, y es que había gran número de gente que presenciaba la escena.

La memoria de doña Isabel encierra casos que desconoce el archivo de la Policía local.

Parque Central, bajo el canto de los zanates. Los periódicos confirman las noticias que en el tren extendió doña Lupe. La capital sigue bajo el ataque de las abejas asesinas. *La Hora* dice que los vecinos de la zona 6 «podrán ver, con la comodidad que da la experiencia, una de tantas películas que se han filmado a propósito de las abejas asesinas. Millares de avispas concurrieron de nuevo al sector, atraídas por un motivo desconocido; el síndrome de los bichos raros hizo presa de los vecinos del sector, quienes, reaccionando temerosamente, alborotaron a los animalitos... La reacción de éstos no se hizo esperar: ni lentas ni perezosas, las singulares visitantes planearon sobre sus objetivos y procedieron, con la agilidad y exactitud de que han sido dotadas por la Natura, a inocular su dolorosa savia en las carnes derrengadas de los perseguidos. Los bomberos, prestos a salvar a los vecinos, procedieron al SOS inmediato; rociaron con dióxido de carbono a los animalitos; pero el efecto fue contraproducente. Heridas en su amor propio, las avispas atacaron con mayor furia, haciendo huir, despavoridos, a heridos y bomberos. Como dicen los abuelos, «la letra con sangre entra»».

Me atrae el Parque Central no sólo porque los limpiabotas sean felices, sino porque el viajero se instala, sin luz ni sonido, en la historia del país. Al fondo, el Palacio Nacional, el corazón de los golpes de Estado. Palacio Nacional. A Alberto Fuentes Mohr, secuestrado por la extrema izquierda y asesinado por la extrema derecha, ministro de Hacienda y Asuntos Exteriores (1966-1970), le parecía irónico llamar así a este pesado edificio, falsamente colonial, «erigido por el dictador Ubico con vanidad aldeana y prepotencia de faraón». Alguna vez lo visité. Las arañas de cristal, la madera labrada, el brocado, los candelabros de oro, los cuadros de la Colonia, las maderas finas le habían infundido una gran autoridad a aquel ministro de los espadones, a quien una tarde de audiencia le pregunté por los escuadrones de la muerte.

—¿Escuadrones de la muerte, dice usted? ¿Se atreve siquiera a insinuarlo? ¿Usted, que viene de la España de la ETA, del GRAPO, de los crímenes en las calles? Le ruego que salga de mi despacho...

—Lo que usted disponga, Excelencia.

A pocos metros de aquí, el viajero encuentra los cinturones de la miseria, los borrachos cubiertos de moscas, los niños harapientos de vientres hinchados, los desagües fétidos, los buitres que revuelven en los basureros. En los bancos de al lado, los parados escucha la radio, fuman un pitillo, charlan con los limpiabotas, descabezan un leve sueño, ojean un trozo de periódico rescatado de la papelera. El Parque Central es el «Museo del Parado». Algún predicador fundamentalista, de las sectas californianas que han bajado hasta aquí en busca de carnaza evangélica, trata de leerle al parado el capítulo 10 de Josué, «cuando llegaron los Reyes a esta orilla del Jordán». La *Biblian belt*, de los gringos, el cinturón de la Biblia, llega estos años a la América Central. Hasta tuvo su presidente carismático en Ríos Montt. Un cristiano de los llamados nuevos, al que vi llegar al poder una tarde de marzo de 1982. A esa hora me hallaba en la cama de un hotel con la radio encendida y el sueño profundo, porque acababa de llegar de Madrid. El general Ríos Montt dirigía un sermón bíblico para niños y jóvenes. Sus invocaciones a Dios eran tan constantes, que terminaron por llamarle *Dios* Montt y *el Ayatolah* Montt. Las primeras palabras que este excéntrico general, de bigote a lo Rosanno Brazzi, dijo al alcanzar el poder, fueron: «Dios se apiade de nosotros.» Más tarde, «Dios es mi dueño y mi rey.» En seis meses mató a cinco mil indios al grito de las dos efes redentoras de la Humanidad, «frijoles y fusiles», que a fin de año se transformaron en las tres tes de su programa de Gobierno: «techo, trabajo y tortillas»; y tiros.

Entonces, como ahora, mi destino era San Salvador, en plena fiebre preelectoral. Al no haber conexión directa hasta la capital salvadoreña desde Panamá, me dirigí hacia Guatemala, desde donde enlazaría al mediodía, pero el vuelo se retrasó, lo cual resultó providencial para un reportero en busca de emociones y primeras páginas. Al llegar a Guate, mi avión, el último de ese día, había partido hacia San Salvador. El próximo despegaría a primera hora de la mañana.

—Tendrá que pasar la noche en Guatemala —indicó con la acostumbrada sonrisa la empleada de información, mientras me entregaba un folleto turístico con estampas de volcanes, quetzales, cafetales, ruinas y el Palacio Nacional, el Walhalla del golpismo nacional.

Al llegar a la ventanilla de la Policía, un tipo esmirriado y con cara de pocos amigos hizo todo lo posible para que saliera hacia mi destino real.

—No es posible —le expliqué—. Mi avión a San Salvador ha despegado y el próximo sale por la mañana.

—No puede ser, tiene que haber alguna combinación.

Pero la empleada de turismo confirmó lo que ya sabía. Examinó mi pasaporte varias veces y, por fin, se decidió a estampar el sello de entrada.

—Gracias —le dije—. Ambos hemos hecho lo posible para que yo pasara esta noche en San Salvador. Otra vez será.

Aquella escala técnica me permitió vivir minuto a minuto el desarrollo del cuartelazo. Cuando el taxi me llevaba hacia el hotel del Centro, comprobé que la ciudad tenía su aspecto de siempre, con centinelas apostados en las encrucijadas, camiones de soldados, coches de Policía, venta ambulante en las aceras y el sucedáneo de Torre Eiffel con un faro en recuerdo del presidente Barrios, como otra concesión al mal gusto en el país de las ruinas de Tikal. El viaje había sido incómodo, y los ojos se me cerraban. Subí a mi habitación sin rellenar la ficha, me di una ducha de agua caliente y miré el reloj. A aquella hora, era de noche en España. Con gesto mecánico, conecté el transistor, que hablaba de muertos, analgésicos y canciones dedicadas, y caí sobre el jergón cual un bendito, como siempre, con la radio encendida. Mis sueños, por pura deformación profesional, se poblaron de marchas militares, conspiraciones de cuartel y páginas de Curzio Malaparte. Acababa de publicar un libro sobre los golpes de Estado. No era la primera vez que me ocurría, pero en esta ocasión el sueño era estereofónico y en directo. Las marchas militares atronaban en mi cabeza. Eran las mismas que los jesuitas ponían en los recreos para librarnos, armónicamente, de las miasmas del nazismo poco después de la Segunda Guerra Mundial. Dicen los expertos en interpretación de los sueños que escuchar música mientras se duerme trae buena suerte, siempre que sea música afinada. Soñar con hombres armados, pistolas, fusiles de asalto, granadas de mano y helicópteros artillados, prenuncia un acontecimiento vital. Mi última conexión con la realidad había sido una canción de Rocío Dúrcal, dedicada con todo amor de un muchacho a su novia.

Mi regreso a la realidad resultó complicado: mi razón última pugnaba por descubrir la verdad de aquellas canciones bélicas, tan repetidas, mientras que mi fatiga mental, como canto de sirena, me convencía para seguir como estaba, horizontal, inhibido, aprendiz de muerto. Vencieron la deformación profesional, la intriga por las marchas militares y la curiosidad. En un espasmo muscular, levité sobre la cama para descubrir, asombrado, que la música, siempre la primera en los *hit parade* del golpismo internacional, era auténtica. El doctor Jekyll necesitaba un rápido trago para pasar de durmiente a intrépido y ágil corresponsal Mr. Hyde. Mi botella de whisky, con descuento de tienda libre de impuestos, asomaba en la cartera de mano. Pero hay que hacer las cosas bien, disfrutar de cada segundo antes de pasar a la acción. Dediqué un recuerdo a mi amigo, el suizo de Laos Papa Gumiez, que, cuando olfateaba un golpe de Estado en su taberna de Vientian, bajaba con sus amigos a la bodega, cerrada a cal y canto y bebía y jugaba al póquer hasta que sonaban los últimos tiros del nuevo pronunciamiento militar. Cuando se ponía detrás de la barra, un nuevo Gobierno prometía felicidad al instante, lucha sin cuartel a la corrupción administrativa y arroz para todos los laosianos. El reino de Laos disputaba a las Repúblicas bananeras el título de los golpes en el *Guiness* de los récords.

Llamé al servicio de habitaciones para pedir hielo y soda.

—¿Pasa algo? —pregunté con un cierto morbo.

—¿Algo?

—Sí, algo... digamos raro.

—Lo de siempre, señor.

Positivo: estaba en marcha el golpe de Estado. Bebí un trago a gollete. Me asomé a la ventana. A pocos metros se alzaban las antenas de la Radio Nacional. Abajo, en la calle, los jeeps de la Policía y los leopardos del Ejército cortaban la calle. El hotel está situado a dos pasos de la Plaza Central, la zona crítica. Cuando bajé al vestíbulo, una señora catalana telefoneaba a Tarrasa para confirmar que era «lo de siempre».

—Los soldados —decía— han cortado la calle. La Televisión

y las radios emiten música militar. No te preocupes, cariño; haré lo que la última vez: me encierro en la habitación y que sea lo que Dios quiera.

Era el *seny* catalán, que sobrevivía en los azares del trópico. Salí a la calle, que aún no olía a pólvora. En la cosmopolita avenida central, cerraban a toda prisa, echaban el cierre a los comercios. Desde una radio a todo volumen, la emisora nacional reclamaba de las demás que conectaran en cadena. Se leyó una proclama en términos bastante vagos. En ella, capté las primeras referencias a los oficiales jóvenes. El tráfico disminuía a ojos vistas, y sólo circulaban algunas bicicletas. Los uniformes verdes del Ejército y las camisas rojas de la Policía se hacían con el control de la ciudad. Me acerqué a un jeep conectado por radio con el Cuartel General del pronunciamiento. «Busquen al señor general Ríos Montt.» La radio repetía el mensaje, mientras los últimos transeúntes corrían hacia sus casas. De acuerdo con la técnica del golpe de Estado, los insurrectos ocupaban la emisora nacional. El soldado, tan alto o más que su «Galil», me recibió con desapasionamiento.

—Nosotros cumplimos órdenes, señor, nos han mandado que vengamos al cruce de la avenida, y aquí nos tiene.

A paso de marchista mexicano, me dirigí hacia el Parque Central. Al llegar escuché el nombre del llamado a dirigir los destinos del país, el militar del destino manifiesto, Efraín Ríos Montt. En el Parque se vivía una efervescencia de zoco moro. Los oficiales jóvenes emplazaban su artillería, que apuntaba al despacho del dictador general Romeo Lucas. A mi alrededor, los limpiabotas, expulsados de sus lugares de trabajo, ofrecían sus servicios a los curiosos. Los vendedores de lotería pregonaban números de la suerte para el mundial de fútbol, gritando para hacerse oír sobre el estrépito de los aviones y helicópteros que sobrevolaban la ciudad. El coronel Montalbán, jefe del Estado Mayor presidencial, salía de palacio para realizar «una inspección ocular». Débilmente, escuchamos algunas de sus palabras: «No sé bien qué es lo que pasa aquí...» «Pues lo tiene usted a la vista», contestó *sotto voce* un periodista local. Por la Radio y la Televisión, los sublevados pedían constantemente «calma y serenidad» a la población. Todos los golpes de Estado contra la dictadura y la corrupción arrastran un *kamikaze,* un viento divino de «alegría y esperanza». Al fin y al cabo, Efraín Ríos Montt fue candidato con los democristianos en las elecciones de 1974, que le robó por la mano Laugerud García. Los mensajes radiodifundidos por los sublevados ofrecían ahora un color más concreto. Hablaban de la conducta de los «inescrupulosos guatemaltecos». «El Ejército —añadía— reconduce el proceso hacia la meta de la verdadera democracia. El Ejército está decidido a acabar con la minoría corrupta que hasta ahora ha burlado al pueblo.» La letra y la música eran conocidas, familiares.

Los soldados sacaban a los funcionarios del Palacio Nacional. Podía adivinar sus palabras de excusa: «Yo sólo soy un funcionario, un empleado del Gobierno, obedezco a quien me manda.» En el corro de los periodistas, alguien hizo el primer chiste del nuevo orden: «Aquí, lo que van a nombrar es una Junta Militar de *bolas*. Para los guatemaltecos, como para los españoles, *bolas* quiere decir rumores en un sentido y cojones en otro. En el Parque Central, entre el revoloteo de los mirlos y el aterrizaje y despegue de los helicópteros, se sucedían las *bolas,* los rumores, el clamor de cientos de personas que confundían deseos con realidades al gritar a pleno pulmón: «¡Viva el Ejército!» y «¡No queremos más matanzas!». Un oficial que descendía de un auto blindado y que se hacía llamar *Golfo,* nos dio el parte:

—Hemos dado un ultimátum al general Romeo. Si no lo acepta, abriremos fuego contra el Palacio. Retírense a los soportales, porque pueden responder al fuego desde las ventanas de palacio.

Golfo llevaba la manga derecha del uniforme subida hasta el hombro, la contraseña de que estaba implicado en el golpe. Un ayudante del general Ríos me explicaba el currículum del nuevo presidente de la Junta Militar: «Un hombre brillante, honrado y religioso. Descubrió a Dios cuando estaba destinado como agregado militar en España.» Y luego con énfasis, con la retórica propia de estos momentos, en los que se ahoga el miedo en la grandilocuencia, añadió: «Madrid, señor, fue su camino de Damasco.»

En su despacho de brocados y maderas lujosas, el general Romeo Lucas recibió el ultimátum de los insurrectos y apuró hasta el último minuto la media hora de plazo que le concedían para la rendición. Después salió fuertemente custodiado hasta un coche blindado, que le trasladaría hasta el campo de aviación. Ahora el turno era para Ríos Montt, quien apareció en las pantallas de Televisión, bien afeitado, radiante, con ojos de iluminado, de pie y apoyado en las dos palmas de las manos abiertas sobre la mesa de caoba. El protagonista de su discurso a la nación fue Dios, un Dios vengativo, pero indulgente si se cumplían sus condiciones, bueno a las buenas, pero muy malo a las malas, debelador, furioso con los desobedientes. Un Dios a la medida de Efraín, tan moralista, con una jerga teocrática, teogónica, teosófica y expuesta a los guatemaltecos a la manera de Mario Moreno: «Dios nos coja confesados, somos corruptos, llevamos dentro el mal y hay que arrancarlo del corazón; los subversivos deben abandonar las armas y tomar los machetes. Politiqueros, fuera del esquema, Dios no os quiere, habrá elecciones si Dios quiere, pero hay que nulificar lo atingente al proceso electoral.» Llegado al poder, Efraín nos miraba a todos con ojos de fuego, embutido en su traje de campaña, en pleno sermón bíblico, un compromiso entre Mahoma y Cantinflas. Si en su «exilio decoroso» de Madrid encontró a Dios, en Washington, como agregado militar, descubrió el valor de los lemas, las frases comerciales-bíblicas y su aplicación al *marketing* político.

Mientras Efraín estuvo en el poder, Guatemala vivió los mandamientos, «no mentirás, no robarás, no abusarás». Con una mano bendecía a sus fieles del Verbo Divino y con la otra mataba a un indio o a un subversivo. Las sectas protestantes fundamentales habían bajado a la América Central con la fiebre de los buscadores del oro, devino para imponer su contacto directo con Dios de los pobres domesticados. Se contaban ya 160 sectas californianas. Mientras el número de los misioneros católicos desciende, el de los pastores fundamentalistas aumenta. Dicen que el 20 % de los habitantes de la América Central es ya protestante: baptistas, moravos, mormones, testigos de Jehová o asambleístas de Dios. Como extraído de una película del Oeste, el clérigo en hercúlea lucha contra la degradación moral y el abuso del alcohol, los pastores se anuncian en los periódicos y en las radios, abren hospitales e improvisan seminarios. La vida es barata; en la meseta guatemalteca hace un buen clima; millones de guatemaltecos son carne de Evangelio fácil: los fatigados del catolicismo, los necesitados de la Biblia, del regreso a las fuentes. Además, los católicos han traído la teología de la liberación, y conviene crear un cinturón de seguridad en torno al jardín de casa, como llama Reagan a la América Central.

La teología de estos pastores es, por lo general, demagógica, mesiánica e integrista como la de Ríos Montt. Después del sermón, informan a la CIA de sus éxitos. Cada cristiano nuevo es un ser sumiso y agradecido. El día de su llegada al poder, Ríos Montt reanudó el discurso que le había interrumpido el golpe de Estado, preparado, entre otros, por su hijo, un oficial que murió luego en accidente de helicóptero. Era el llamado de Dios para limpiar los establos de Augias. En su condición de centauro divino y armado, salvaba dos veces a su patria: como pastor y como soldado. Es el discurso que repitió en la escuela de su parroquia, en los mensajes televisados, en la visita del Papa, hasta que lo echaron. La oligarquía del país, con el general Mejía Víctores al frente, quería volver al redil de la verdadera Iglesia.

Ríos Montt afirmó que era Dios el que le había llevado al poder, para evitar más fraudes y más políticos oportunistas. «Hace ocho años, en las elecciones, engañaron al pueblo. Hace cuatro años engañaron al pueblo, y hace pocos días engañaron de nuevo al pueblo. Ya no habría las mismas caras, ni muertos en las carreteras.» Según él, Guatemala era un pueblo aterrorizado por Jesse James. Él mismo sufrió en sus propias carnes la pérdida de valores por la corrupción y el engaño. Primero, como protagonista en las elecciones del 74, y después, en un incidente personal que contaba con su Verbo Divino y su lengua de fuego. Metáforas, parábolas, anécdotas de una religión simplista y visionaria. «Caminaba por una calle de la capital —dijo al narrar su segundo camino de Damasco—, cuando un hombre vestido de particular me apoyó una ametralladora en el pecho y me amenazó a mí, que soy un general del Ejército. Dijo que se había llegado al abuso de autoridad y que nadie estaba seguro en este país, por lo que era necesario restablecer el orden, la legalidad y la paz.» Fusil y frijoles. No mentirás, no robarás, no abusarás. Después de quince alusiones directas a Dios, se despidió del país, que se había acostado católico y se despertó con el Verbo Divino californiano: «Confío en Dios, mi maestro y mi rey. Él me guiará, porque sólo Él puede dar y quitar el poder.»

El Dios de los católicos se lo quitó a las nueve de la mañana de un día de agosto de 1983. Como siempre, los sublevados rodearon el Palacio Nacional, emplazaron la misma artillería, movieron los mismos soldados y policías de camisa arremangada, entre limpiabotas, mirlos chillones y vendedores de lotería. El nuevo hombre fuerte, general Óscar Humberto Mejía Victores, católico practicante, venía al poder con la ayuda de Dios para restablecer la democracia y luchar contra el fraude y la corrupción. Textual. La Iglesia católica, apostólica y romana, quedaba así restaurada. En su comunicado, los golpistas arremetieron contra el protestante carismático Ríos Montt: «Hemos comprobado que un grupo religioso, fanático y agresivo, aprovechando posiciones de poder desde los altos mandos, ha hecho uso y abuso de los medios de Gobierno para su propio beneficio, violando el principio fundamental de separación de la Iglesia y el Estado.» Como siempre. Se acabó la palinodia de Efraín, el «sonido» Montt basado como tantos otros en el espejismo del cambio. «Este Gobierno tiene el compromiso de cambiar. No robo, no miento, no abuso.» Una vez dijo, como Fidel Castro «la historia me juzgará». Había elaborado un código de conducta para el soldado guatemalteco, «1. No tomaré de la población ni un alfiler.

»2. No enamoraré ni me tomaré libertades con las mujeres del área.»

Y luego, seré cortés con los ancianos y los niños, saludaré con afabilidad y cortesía a todos los que encuentre en caminos y veredas, no aceptaré regalos ni adulaciones de personas adineradas y prepotentes, respetaré las tumbas, sepulcros, iglesias y otros edificios que la comunidad respete, no haré daño a los cultivos por donde camine...

En los escaparates de las tiendas de electrodomésticos, los indios del interior se pegan ante la batería de cuatro televisores en color. La tele les atrae, en cuatro dimensiones, como las mariposas al faro del coche. Son de los que viven con 70 pesetas al día. Necesitarían trabajar cinco años para comprarse un televisor. El programa-concurso de don Humberto seguía en pie. Ahora, una Doña gruesa y vacilante trataba de dejar sano y salvo un plato con seis tazas, una encima de otra, sobre la mesa de la cocina. Los indios no parpadearon cuando las tazas se hicieron añicos en el suelo, ante la desolación de la Doña y la fingida comprensión de don Humberto.

5. LA SIN VENTURA

A una hora de Guatemala, cuatro veces destruida por los terremotos y cuatro veces reconstruida, está la vieja capital, Antigua, más grande en su tiempo que Nueva York o Buenos Aires. Siempre ha sido para mí la ciudad-imán, de un magnetismo enfermizo, desconcertante, la atracción del vacío. La ciudad muerta, conventual, llena de fontanas de piedra, patios solariegos, de calles cruzadas con la regularidad de un tablero de ajedrez, con cristos dislocados, ruinas de 45 iglesias y otros tantos conventos, lagartos y esmeraldas, arcos mozárabes, paredes enjalbegadas, patios con buganvillas, claustros desarticulados, jardines andaluces, ventanas enrejadas, cubiertas de tejas a cuatro aguas, serenos que dan la hora a golpes de alabarda. Tres volcanes la contemplan: el de Agua, el de Fuego, el de Acatenango. Las construcciones modernas están prohibidas. Toda la ciudad es un inmenso taller de restauración. Como Cuzco en el Perú, en Antigua hay que hacer pocos esfuerzos para imaginarse la España del Siglo de Oro. «En esta ciudad de iglesias se siente una gran necesidad de pecar», decía Miguel Ángel Asturias.

Los alrededores están llenos de campamentos evangélicos y budistas. Después del terremoto de 1976, los gringos descubrieron aquí su Eldorado espiritual. Descendieron de California con sus bolsillos llenos de dólares y las manos de Biblias desinfectadas. No sé si es un fenómeno de sugesión, pero me gusta escuchar a las gentes de Antigua, con su castellano lento, detenido en el 600, y sus leyendas a caño libre. Tienen el masoquismo de la Semana Santa, cuando todos, hasta los indios catchiqueles, corren a vestirse de romanos, a tomar lanzas y cubrir sus cascos con papel de plata.

—¿Va a venir por Semana Santa? No se pierda la Semana Santa.

Los evangélicos, baptistas o testigos, no van a poder con la afición de los quichés y los ladinos a las procesiones y al oreo de los santos, a la exhibición de las vírgenes y al caracoleo de sus caballos. No he estado nunca por las fechas del Viernes Santo, pero dicen que el país se paraliza en el horror. Todos quieren participar en el espectáculo como cristos crucificados, como romanos o costaleros. El quid está en saber qué cofradía lo hace mejor, exhibe más cruces de oro, más cirios y apóstoles más adornados. Cuenta Bellotti que los indios, que visten corazas de cartón y cascos fantásticos, cabalgan a lomos de flacos jamelgos que, como sus dueños, denuncian la debilidad a través de las costillas. Los indios, orgullosos de su papel de romanos o fariseos, hebreos, Caifases o Pilatos, han inventado un sistema perfecto para forzar a sus caballos a permanecer en pie, caracolear y lanzar relinchos: «Llevan al cuello una bolsa llena de chile, el más picante, y de vez en cuando, si los caballos dan señales de cansancio, introducen un chile por la parte muy poco noble del cuerpo, con lo que aumenta el poder del animal, que se revuelve y encabrita como si tuviese fuego en la cola. Y lo tiene, realmente.» La elección, por lo que me dicen, no parece resultar sencilla. «El hombre debe ser universalmente estimado y considerado, lo que no es fácil, aunque los indios poseen una comprensión de los defectos humanos más generosa de lo que se usa en nuestra sociedad, tal vez porque son más sinceros consigo mismos.»

No puede explicarse Antigua, la Muy Noble y Muy Leal Ciudad de Santiago de los Caballeros, sin leyendas de caballeros galantes y aristócratas convertidas en monjas de clausura atravesadas de cilicios. En la «Panadería y Pastelería de Doña Luisa Xicotencatl», donde se bebe el café antigüeño, dicen que el mejor del mundo, mejor cuanto más alto se cultiva en los volcanes, me hablan de Juana de Maldonado, de Beatriz de la Cueva, *la Sin Ventura,* esposa del conquistador, en todos los sentidos, Pedro de Alvarado.

Los indios llamaban a Alvarado *hijo del Sol* «por sus cabellos color de oro y sus ojos azules». El clan de los Alvarado, cuatro hermanos y unos veinte parientes, trajo al mundo, de su relación con las indias, ochocientos hijos. Ambicioso de poder y oro, casado también con una india, a la que bautizó como Luisa, don Pedro, brillante y astuto, espantado por el redoble de los volcanes, pasa por segunda vez por los tribunales.

—¿Cómo? —se defiende—. ¿Osáis reprocharme el haberle dado al rey unos centenares de fieles súbditos en un mundo de traidores infelices? Más de ciento me deben el estar en el mundo, y de ello estoy orgulloso. También ésta es la obra de un Conquistador.

Según Alvarado, que escribe a Cortés desde Antigua, el volcán *es la más espantosa cosa que se ha visto, que echa por la boca piedras tan grandes como una casa, ardiendo en vivas llamas y, cuando caen, se hacen pedazos y cubren toda la sierra de fuego.*

En julio de 1541, partió don Pedro a la búsqueda de las Siete Ciudades de Cibola, y durante un enfrentamiento con los indios apaches o sioux, «cayó debajo del escriba Montoya y perdió la vida. Cuando el cirujano le preguntó dónde sentía más dolor, el Conquistador le respondió: "En el alma"». A su muerte, doña Beatriz de la Cueva entró en trance. Ordenó que pintaran el palacio de negro por dentro y por fuera. No pudo contenerse y, delante de unos religiosos, profirió una blasfemia: «¡Dios no me ha podido hacer más mal!» En *La relación del capitán Martín Alfonso Tovilla,* escrita en 1635, se cuenta que esta blasfemia fue el origen del terremoto. Nada más pronunciar aquella frase, «la misma noche a las dos de la mañana, tembló la tierra como jamás ni indios ni españoles habían visto. Un monte, en cuya falda estaba la ciudad, daba tantos saltos hacia arriba que parecía arrancarse de cuajo, reventar el fuego que tenía dentro de sí y volar la ciudad». La gente dejó sus casas, desnudos unos, otros en camisa, llorando a voces y a grandes gritos llamando a Dios y a los santos, como quien no esperaba menos que un juicio final. «Y sonándole la trompeta en los oídos, veía abrirse la tierra y resucitar los muertos y el infierno abierto para tragarlos. El ruido —escribe Arciniega— excedió al mayor trueno y puso en todos tanto pavor, que cayeron como muertos.»

En medio de la desesperación, doña Beatriz de la Cueva subió al altar de la capilla y se abrazó a los pies del Cristo, «y le decía mil amores y ternuras cuando el aposento se hundió y el techo cayó sobre doña Beatriz y doce señoras principales que le acompañaban». Dicen que el Volcán de Fuego parecía la boca del infierno. Esta vida sobre una tierra que tiembla debe de influir en la forma de ser y en el estado de ánimo de las personas. Provisionalidad, incertidumbre, avatar, pánico, pérdida de la tierra como consistencia, como sólida atadura. Pero los antigüeños reaccionan, al menos en un primer momento, con fatalismo y resignación. Además, siempre habrá alguien como aquel cuento inglés del saltimbanqui, que en plena convulsión de la tierra, mientras la isla temblaba, vendía a los aterrorizados lugareños píldoras muy indicadas contra el terremoto. Los españoles pegaban la piedra y el ladrillo con un cemento tan resistente, que «los pedazos de la iglesia de los franciscanos venidos a tierra forman todavía hoy bloques más grandes que los de la basílica de Magencio en Roma. La decoración de cornisas y capiteles está intacta». Los Cristos han sufrido una doble crucifixión, y a algunos santos se les ha helado aún más la expresión, hasta convertirse en una mueca rota. Los conventos son posada; los patios, hamburguesería. Para huir del baño de espiritualidad estremecida por terremotos y anatemas me tomo unas cervezas de barril en «La Galería»; al oeste de la Plaza de Armas. Un erudito local me cuenta, con la voz que hace al caso, por qué a doña Beatriz de la Cueva la llamaron *la Sin Ventura.*

—Se lo puso ella misma. Después del sofoco que significó para ella el conocimiento de la muerte en campaña de su marido don Pedro, pidió el cargo de Gobernadora y Capitana General de Guatemala. En el documento correspondiente, doña Beatriz firmó *la Sin Ventura.*

El arte imita a la Naturaleza de una arquitectura antisísmica, con la robustez de las columnas de monasterios y conventos como el de capuchinas, que más bien parecen del siglo XII y normandas.

Pero hay que dejar esta ciudad tirada a cordel, con sus fachadas ocres, añil, fucsia o escarlata, para volver al tren o al autobús y cubrir los cuatro o cinco mil kilómetros que aún me esperan, en medio de pasajeros a veces tan cautos y circunspectos, que parecen dirigirse hacia la silla eléctrica. Pero, al fin y al cabo, la única línea posible para un reportero es la del ferrocarril. Sólo que el tren a El Salvador ya no funciona. Por un lado la quiebra y el monopolio de la carretera Panamericana, y la guerra de guerrillas por otro, han desbaratado esta línea. Queda el autobús.

El domingo amanece con salvas de cañón y una cacofonía de martillos neumáticos y quiquiriquís. La ciudad, Guatemala, no puede decirse que sea galana o resplandeciente; no lo es ninguna de las capitales centroamericanas, a diferencia de pueblos o ciudades de provincia, pero la agitación no cesa. He salido muy temprano de la pensión, acompañado de unos nicaragüenses que se dirigen a su tierra cargados de maletas llenas de chicle norteamericano. «Es para mascar la revolución», me expresa uno de ellos con una sonrisa de complicidad. A esa hora, los que pasan a tu lado por la calle te saludan. La mañana humaniza a los transeúntes, los acerca al forastero. Algunos hasta tienden la mano y saludan «Élmer Ordóñez, mucho gusto».

En las zonas 4 y 9, donde está la mayor parte de las estaciones de *bus*, la calle me recuerda a Kabul, a Afganistán, a Darjeeling o a Kalimpong, al norte de la India. Aquí, en la proximidad de los mercados, los indios cargan pesos inverosímiles por medio del mecapal, la cinta enrollada a la frente que soporta sacos de verduras, fruta, plátanos, coliflores, sandías, mangos, papayas, leña, mantas, edredones. Todo lo que se pueda imaginar. Los estibadores, con cargas a veces más grandes que ellos mismos, vienen desde la lejana montaña para ganar cien o doscientas pesetas. Aquí la ciudad resulta peripatética, ambulante, rápida en sus desplazamientos, el ruido de las bocinas de los autobuses o el voceo de los que anuncian la salida del vehículo hacia cualquier punto de la América Central o del interior.

—¡San Salvador! —grita junto a la estación de «El Cóndor» un muchacho con gorra azul acolchada.

Es Lorenzo, *Suzuki*, un refugiado de El Salvador que se presenta, por la versatilidad de sus interpretaciones, como una auténtica atracción de feria. Piropea a las chicas, cruza la calzada para invitar a un ladino al confortable viaje hacia San Salvador, boxea contra el aire, chuta botes de coca, se hace el duro, el Cassius, camina a lo Gary Cooper. Es un fenómeno de imitación absoluta de los medios audiovisuales. Los autobuses que depositan junto a los mercados a indias regordetas y culibajas tienen todo el color y la gracia pictórica de los del Caribe. Pero lo que más me gusta, como en Haití, son los nombres. Un buen título para el *bus* define a su propietario o al conductor, *Niña Bonita, Eureka, La Bella Irma, Siempre Humilde, El Árbol de la Vida, Sansón y Dalila, Flor del Café, Ecos Manzaneros* o, con resonancias a Rodolfo Valentino, *La novia del jeque*. Un evangélico, todo vestido de negro, que cruza hacia los oficios religiosos del domingo con la Biblia en una mano y la guitarra en la otra, llama la atención en medio de este pandemónium de cargadores, viajeros y vendedoras de begonias, rosas y claveles. Pero el campeón de la extravagancia es un niño que decide pasar a la otra acera con la bragueta abierta y el pito a meada libre y oscilando a derecha e izquierda hasta que se sube la cremallera frente a un «Hospital del Calzado». Lorenzo *Suzuki* evoluciona en torno al apeadero que es una lonja de pocos metros.

—Ustedes tienen —me dice— cuatro estaciones al año; nosotros, sólo tres. ¿Cómo es la nieve?

«De una pureza engañosa, Lorenzo, es hermoso todo lo que esconde, pero aquí os ahorráis la fealdad del deshielo», pienso, pero digo:

—Bonita, bonita.

—¿Y el tamal de Navidad en su tierra?

—Pavos plastificados, felicidad a plazo fijo y sidra «El Gaitero».

—¡Ah...!

Gana cien pesetas por llamar a los pasajeros y piropear a las chicas.

—Miras a las damas con pasión de fuego.

—Todo lo que respira, alabe a Jehová, salmo 150 —responde.

Froilán, el conductor, que aquí llaman «piloto», recuerda que a las once «vuela el cóndor». En efecto, a esa hora me despido de Lorenzo, camino de su tierra en El Salvador.

—Tenía otra curiosidad, señor.

—Tú dirás.

—En España, ¿los autobuses tienen todos dos niveles como en el Mundial?

El autobús, de un nivel y con poco pasaje, se abre paso hacia la carretera principal. Leo los nombres de algunas tiendas: «Abarrotería *El Triunfo de Napoleón,* precio exclusivo para clientes.» Cartel frente a una fábrica: «No es lógico que de la noche a la mañana cierre esta empresa.» «Si le falta a usted algún tornillo, aquí lo encuentra.» Antes de llegar a Escuintla nos metemos en la montaña. Huele a bosque incendiado. Aquí, como en Laos, se cultiva con el *rai.* Con las cenizas de los árboles se abona la tierra. Hacia el mediodía, el calor invade el autobús. El polvo fino se cuela hasta nosotros a pesar de las ventanillas cerradas.

—Aquí no hay penas, don Manuel. Relájese y beba.

Se detiene cada pocos kilómetros. Alguien que sube, alguien que baja —un refresco, una fruta— o entra en el autobús para vender «aguas frías». Fresco, fresco, hay helado de chocolate para el calor, croquetas, tostaditas de aguacate, papas, naranja, golosinas. Indios cargados siguen la línea muerta, del ferrocarril para orientarse antes de llegar a Escuintla, entre el Pacífico y la cadena de volcanes. Es la provincia más rica, con el 85 % de la producción de azúcar, el 85 del algodón y el 70 del ganado. La capital es famosa por su fruta y sus aguas medicinales, algo que oponer a la vecina y rival Palín, con su árbol ceiba de por lo menos 400 años de edad. Froilán nos da, junto al mercado de Escuintla, media hora de solaz para comer algo y estirar las piernas.

Hay que dirigirse al «Hospedaje Comodidad», pero de la plaza central llegan, junto a la iglesia colonial blanca y resquebrajada, voces airadas, insultos y recriminaciones. Dicen que la curiosidad, tanto o más que la devoción, hace peregrinos, por lo que, con cierta discreción, corro hacia el torbellino. No, en contra de lo que podía pensarse no era un secuestro, sino algo más original, más inesperado. La ciudad se oponía a una boda. Me lo explicó rápida y desapasionadamente, un espectador con sombrero de paja. La gente rodeaba un coche de alquiler.

—Es muy sencillo: cuando estaba por efectuarse el casamiento por lo civil, y los novios se encontraban en la municipalidad, ha entrado una señora con cuatro cipotes (niños), declarando que eran hijos del contrayente.

Luego se produjo el desquite de la mujer centroamericana, harta de este tipo de abusos, aunque no haya leído a Betty Friedan. El rumor de que la «conviviente del novio, doña Gladys Herrarte, llegaba con sus cuatro hijos», corrió por los mercados como la sacudida del terremoto.

—Las locatarias de los mercados se han presentado en la municipalidad para exigir al alcalde que se suspenda la boda. Y eso ha hecho, aunque a regañadientes. Ya lo ve usted; ha tenido que intervenir la Policía Militar Ambulante. La gente había llegado hasta el despacho del alcalde para pedirle que no los casaran, gritando «sinvergüenzas, sinvergüenzas! Doña Gladys le ha fregado a don Carlos Mijagos la luna de miel.

—¿Y cuál es el desenlace?

—La Policía retiene a los novios en el despacho hasta que se calmen los ánimos de las locatarias, pero van a tardar, porque están muy enfurecidas.

Junto a nosotros, doña Gladys y sus cuatro churumbeles disfrutaban de la simpatía y la hospitalidad de las temibles vendedoras de los mercados. Ella estaba metida en los cuarenta, tenía los ojos llorosos y chupaba sin demasiada convicción una paja metida en un refresco amarillento. Me perdí el reencuentro porque Froilán llamaba ya a los viajeros. A poco de reanudar la excursión algunas cabezas comienzan a doblarse a izquierda y derecha por efecto del sueño. Siesta a bordo al amparo de los volcanes azules. Los niños chapotean en los arroyos y en las acequias entre el espíritu del agua, que es hembra: Chalchihuiticue, la esposa del espíritu de la lluvia.

Las fincas de por aquí tienen todavía techos de nipa y de chapa ondulada. El paisaje no cambia, pero las casas al entrar en El Salvador —la más pequeña y la más densamente poblada de las Repúblicas centroamericanas— tienen techos de teja rojiza. De repente huele a tierra mojada. Hace un calor de caldera. Es un temporal que brama, agita la selva, hace girar locamente las nubes y nos sumerge en el vapor. Un rebaño de cerdos desaparece de mi vista en la carretera. No vemos nada, por lo que Froilán detiene el vehículo. Es una humedad de estufa, el vaho que convierte a estas tierras fértiles, rodeadas de eucaliptos y buganvillas, en el paraíso del café. En pocos minutos el vapor desaparece, y quedan como muestra de tanto ruido y pocas nueces unas gotas de agua perladas sobre el cristal del autobús.

Pedro de Alvarado es la ciudad frontera. Un cartel advierte que sólo dejan pasar a coches cuyos propietarios sean dueños del vehículo. «Por los ladrones», apostilla la nota. Domingo se llama el hombre-barrera entre Guatemala y El Salvador, en esta frontera a la que hemos llegado a través de la carretera del litoral pacífico. Es desdentado. Tiene la barba entrecana, lleva gorra de béisbol amarilla y una camisa corta, encogida, que deja ver un ombligo desproporcionado. El oficio de Domingo desde hace más de veinticinco años es éste; subir y bajar la barrera en las dos direcciones.

—Yo soy como el padre celestial —me dice—. Abro y cierro el paso a los hombres.

Hay que lavarse las manos, el cogote cubierto de polvo, y cambiar el agua del canario. En una inscripción misteriosa para el viajero reza una réplica sorprendente: «Te vas a torcer, buey.» Debajo, otra mano ha escrito: «Y tú eres un hijueputa.» Torcido puede ser el zanquituerto, pero aquí debe de significar el entuerto, el mal de ojo. No sé. Cuando relleno las fichas de la aduana, los funcionarios a mi lado me recuerdan en un cartel «Que no se te crucen los cables». Después de una hora de parada y fonda, Froilán entrará pronto en la Panamericana, la carretera-campo de batalla en la que se enfrentan guerrilleros de izquierda y tropas del Gobierno. Ahora, masas de nubes ocultan la línea de fuego de los volcanes en los que habita el espíritu de las lluvias, que los mayas llamaban Chac, el que moldea y fabrica las nubes. Ha subido un paisano con una guitarra española al que abanican con un periódico, sin duda para que nos dé una serenata hasta llegar a la capital. Pero es de esos que sólo exhiben guitarra, que prometen Tárrega y Andrés Segovia y se quedan en ridículos, nerviosos rasgueadores. Ante el fracaso del concertista, Froilán decide volver a explorar la radio hasta que descubre a Massiel.

—Vaya hembra su paisana —me dice en un rápido giro de cabeza—. Parece que canta con... ya sabe usted lo que le quiero decir —se reprime.

6. «BANG, BANG»

Estamos en San Salvador; torres a prueba de terremotos, ciudad nueva y larga, sin vestigios coloniales. El terremoto de 1854 lo echó todo por tierra. La terminal de los autobuses todavía conserva algo de los gritos de vendedores, ruidos de tubos de escape, voceadores de periódicos con páginas y páginas sobre el té que le han ofrecido a la señorita Gladys sus amigas del Club. Voces de los últimos destinos, pero la noche es miedo en San Salvador, como en Guatemala. Todos esos ecos se apagan en pocos minutos; los ruidos cesan, Froilán ha desaparecido y, de pronto, me encuentro solo bajo el débil neón, el neón de la crisis, de los fusiles «G-3» de los ocultos escuadrones de la muerte. Pero el «Hotel Camino Real» el de los corresponsales de guerra, es en cierto modo el regreso al hogar. Furgonetas de las televisiones preparadas para salir mañana hacia el *bang, bang,* taxistas ociosos, un estanque de peces de colores a la entrada. Habitación 410 con vistas a la atemorizada ciudad. En San Benito y El Escalón, los ricos con sus defensas electrónicas, los circuitos de vídeo, las murallas, los guardaespaldas, los restaurantes caros, el «Sheraton». Hay que andarse por allí con pies de plomo; por cada cliente se cuenta un gorila. Siempre hay alguien que te recuerda que ahí donde tú te sientas para tomarte el whisky, la extrema derecha ametralló a dos sindicalistas norteamericanos. «Dejen las armas a la puerta», reza un cartel. Aquí eligieron en 1975 a Miss Universo. Cuando los salvadoreños se echaron a la calle para recordar a los militares que el país no estaba para reinas de la belleza, el Ejército, de gatillo nervioso, abrió el fuego tradicional, y la Cruz Roja dedicó un día a retirar a los muertos y heridos.

En el «Camino Real», me encuentro de nuevo con dos libros sobre la mesilla: *La enseñanza de Buda* y el *Nuevo Testamento*, bilingüe. Un pobre bálsamo para lo que uno tiene que ver aquí, donde a pesar de los encuentros por la paz entre Duarte y la guerrilla, la extrema derecha interpreta el Evangelio a su manera. Los ascensores son un hervidero de equipos de televisión norteamericanos; en los pasillos vivaquean los cámaras, los ayudantes, los ases de la televisión norteamericana, con sus últimos modelos en guayaberas o sus modelitos para la guerra, que pusieron de moda los sastres chinos de Saigón. Pero la tribu está en sus horas bajas. Cuando llego, acaban de matar a John Hoagland. Una bala perdida en Suchitoto. Una víctima más, la décima de la tribu en esta guerra, una bala por la espalda de un fusil de asalto «M-16», que le perforó los pulmones y le salió cerca del corazón. En el comedor, Pineda, de la CBS, escondía la cabeza entre las manos. Le había advertido a John desde el suelo, en medio de un intenso intercambio de disparos, «no salgas, estamos entre dos fuegos». Nadie supo decir si la bala procedía de los soldados o de los guerrilleros. ¿Qué importa eso ahora? La frustración, el afán profesional, la competencia, la seguridad en sí mismo— el fotógrafo se educó en la guerra sucia de las calles de Beirut—, empujaron a John hacia la muerte. De nada sirve la camiseta fabricada para nosotros: «Periodista, no dispare.» Tenía treinta y seis años.

Podría pasar por el «Hotel Caravelle» o el «Continental» de Saigón. Los fusiles son los mismos, el paisaje, los helicópteros «Huey», los limpiabotas a la puerta. Debe de ser cierto que la ciudad es la tumba del guerrillero, como decía Fidel Castro, porque los combates ya no se libran aquí, a pocos metros del hotel, en los barrios próximos de San Antonio Abad, o de Mexicanos, o de Apopa, sino, en las faldas del volcán Guazapa, en San Miguel o San Vicente. En 1982, a caballo de las elecciones, los disparos interrumpieron nuestro sueño.

Los niños limpiabotas, como sus colegas de Saigón, cuidan de los coches junto al restaurante mexicano. También en Vietnam los restaurantes mexicanos estaban de moda. «No, papá; no, mamá; una lustradita, por favor.» La misma letanía, los mismos consejeros para aldeas estratégicas, para la reforma agraria, para la guerra psicológica.

Humberto Alexander Aguilar, de cuclillas sobre mi mesa, contempla, descorazonado, mis zapatillas de tenis. No hay tajo. Tiene once años y gana dos colones por día, por «en vez». Son doce hermanos. El mayor René, diecinueve años. Limpiabotas «igual a mí». Se levanta a las siete de la mañana y comienza su vagabundeo por la ciudad con su caja de betunes en la mano.

—Me gano la vida honradamente —me dice—, salvo con las zapatillas. En cuanto gano los tres colones, me voy a casa para que mi mamá me dé de comer, arroz y frijoles. Los días de fiesta, pollo. Rara es la vez que probamos carne. Para beber, un fresco.

La última batalla que vivió fue hace seis días, en el barrio, en el pasaje donde vive.

—Todos estábamos dormidos; primero comenzaron a tirar, pa-pa-pa-pa, como de aquí a donde está ese señor, a cada rato se escuchaban los balazos.

Pero nada hay comparable al día en que Humberto descubrió la guerra, una mañana temprano, justo cuando su papá salía hacia el trabajo.

—Se veía por el cerro cómo corrían unos muchachos enmascarados y unos que eran verdes, con boinas, los perseguían. Eran los soldados. Por arriba zumbaba un helicóptero. Comenzaron a tirar granadas que levantaban mucho humo. Los encapuchados disparaban contra el helicóptero. Los muchachos corrieron hasta una casa, dispararon y, al marcharse, dejaron un papel. Al final, de los de la casa habían muerto todos. Los muchachos gritaban, al retirarse, «Ligas Populares 28 de febrero», «ganaremos». Al lugar llegaban nuevas camionadas. Eran como 26 ó 50 guerrilleros. Los soldados les daban verga y la gente salía a la calle, se asomaba al cerro para ver qué pasaba. Ganaron los soldados de boinas verdes. Los trajeron prisioneros, los pusieron a manos arriba, y luego los tumbaron boca abajo. Pero nuevos muchachos bajaron del cerro, mataron a un soldado y le pusieron un cartel que estaba empapado de sangre. La gente veía a los muertos. Los encapuchados escaparon por el talud, como un barranquito. Pero un verde de los que tenían dos flechas y un rifle en el uniforme disparó contra los que huían, le acertó a uno, que cayó desde arriba por el talud hasta nuestros pies, muerto; le manaba sangre por la guerrera desde el pecho y tenía los ojos abiertos. Después llegó un tanque para dominar el cerro. Hicieron trece prisioneros y los halaron con nilón en los dedos. Al rato volvieron más guerrilleros y más soldados, más disparos, más tanquetas, más helicópteros. Toda la gente estaba asustada, mano. Había empezado a las cinco de la mañana, y a las once nuestros papás se fueron ya a sus trabajos cuando a un rato se calmó el tiroteo, pero cerca del hospital estalló una bomba. Habían dejado un cartel con el nombre ERP o algo así, y pintadas rojas como de sangre.

A sus once años, Humberto no teme a la guerra, pero sí a los presentimientos.

—En veces pienso que me van a matar, me agarran locuras. Un día yo y mi hermano íbamos en el bus cuando subieron tres guerrilleros pequeños, como de quince años. Cada uno de ellos tenía un arma, una tartaja, como metralleta recortada. «No se alarmen, que no les vamos a hacer daño, va. Pero váyanse todos del bus.» Yo temblaba. Mi hermano y yo corrimos hacia el portal de una casa. El motorista, el conductor, se bajaba también cuando uno de los muchachos le dijo: «Usted no se va, maneje.» Después, agachado, pude ver cómo paraban al bus, disparaban contra las llantas y quemaron el vehículo. Entre todos matan a los papás de uno y luego uno tiene que llevar pisto a su mamá.

La ilusión de Humberto es ver los mares y llevar pisto a su mamá.

—Mi papá es jardinero, y mi mamá lava la ropa. Mi cumpleaños fue el primero de noviembre. Pedí a mi papá que me comprara como regalo un pastel, un *cake,* pero no pudo comprármelo. No había plata. Me compró a cambio una sandía. Por en vez acompaño a mi mamá a la iglesia, que ella reza mucho y llora. Cuando tenga quince años haré la primera comunión, dice mi mamá, y ese día —seguro— habrá *cake.* Mientras tanto estudio, cuarto grado, las Matemáticas, pero eso no nos da pisto, el lustre sí, que me enseñó mi hermano Eduardo que es mi maestro. Me costó bastante aprender el oficio, aunque todavía soy aprendiz. Todo el material de la caja, pastas marca «Búfalo», cepillos, bayetas, líquidos, me cuesta doce colones. Uno de mis hermanos es paracaidista. Un día dice que los atacaron. Es muy menor, tiene quince años, hasta que un día lo sacaron, creo que para que no viera la sangre. Yo prefiero los zapatos. Hay veces que me regañan, que si mancho los calcetines, que si no tengo fuerza para frotar, pero siempre cae el colón. Con lo que gano vuelvo a mi casa, entrego el pisto en la cocina, comemos. Mi casa tiene dos habitaciones, la cocina y el cuarto donde dormimos todos.

Estos niños salvadoreños se conocen al dedillo la topografía del horror, la geografía de la represión contra todo lo que se mueva al margen de la ortodoxia oficial, desde obispos a monaguillos, desde comunidades cristianas de base al último peón de la tierra. Fue un niño cicerone el que me llevó hasta el Playón. Antes de salir, Ricardo, muy avisado, me advirtió: «No deje de traer un pañuelo.» Me haría falta. El Playón es la tumba secreta de los que se oponen a la oligarquía y a su brazo armado, el Ejército. Es un paisaje lunar, cubierto de una capa de lava, observado palmo a palmo por los zopilotes y cubierto de muertos a medio enterrar. Es necesario llevar un pañuelo enrollado en torno a la nariz, tal es el olor a cadaverina. Son muertos, asesinados sin nombre, sin tumba, el Auschwitz salvadoreño. Pero si éste es un lugar siniestro, lleno de cuerpos desmembrados en medio de la desolación, hay otros recomendados en los folletos turísticos, como La Puerta del Diablo, junto al parque Balboa, donde trasladan los cadáveres, lo cual no impide que la recomendación de la Oficina de Turismo sea ésta: «No deje de llevar varios carretes de color. El lugar lo merece.»

El itinerario incluye el Hospital Militar a la hora de las visitas. Novias, madres, parientes y un sinfín de cuerpos de soldados jóvenes, rotos, mutilados por la metralla, con muletas, en sillas de ruedas, con los rostros irreconocibles quemados, las extremidades amputadas. Éste es el reflejo de la guerra entre el Ejército y la guerrilla de izquierda. Como en Saigón. Dicen de El Salvador que es tan fértil, que si arrojas un bolígrafo desde un avión, crece una oficina. Pero la densidad de población hace que *Pulgarcito*, como llaman también al país por su poca extensión, la escasa estatura de sus habitantes, pero también por su determinación y astucia, sienta en su carne el toma y daca de los ataques de los guerrilleros y la *vendetta* de los escuadrones de la muerte. Pero como en *Paz en la Guerra*, de Unamuno, con el Bilbao que trata de vivir con normalidad en medio del cerco carlista, San Salvador vive en su actividad de siempre, tan lleno de gente, tan lata de sardinas, con embotellamientos de tráfico y escándalo de bocinas. Está ya habituado a la guerra y a la desgracia. No faltan los clubes, los entretenimientos, las despedidas de soltera, las extravagancias de los *happy few* antes de un viaje a Miami, la intensa vida social. Hay que darse una vuelta por un club nocturno, como por ejemplo, el «Gato Negro», el refugio de los mercenarios norteamericanos, de los *advisers,* los consejeros, los nostálgicos de la pólvora vietnamita. También allí te conducirá Ricardo. Música estridente, conjuntos improvisados, intercambio de hazañas bélicas: «¿Recuerdas en Da Nang?», «¿Recuerdas lo que "cobraron" en la ofensiva del Tet?». Los mismos cócteles que en Saigón, una combinación de alcohol y nápalm, y las mismas chicas y un manual de la CIA.

En las cantinas de los países centroamericanos, desde Panamá hasta Guatemala, los exveteranos de Vietnam —brazos tatuados, pasaporte turístico— sueñan con entrar de nuevo en fuego. Puede que aquí mismo esté Robert Buron, su banderín de enganche. Cerca de mi mesa cantan en inglés la vieja tonada de sus antepasados que invadieron estos parajes:

Una revolución me hizo general y me puse al frente.
Mi único amigo de principio a fin era un «Colt» castigador.

Un parroquiano local, de ojos acuosos y voz ronca, con la barbilla apoyada en la mesa, canta también a su aire:

Las veces que chupo
sólo son dos,
invierno y verano
por la gracia de Dios.

Saigón. La misma escenografía. Estos gringos desprecian a los salvadoreños (vagos, retrasados mentales, cobardes) como despreciaban a los soldados del Ejército survietnamita, los *gooks,* los monos, los sapos. Los mismos soldados de baja estatura, de más o menos la misma raza, la jungla, el paisaje, la humedad, los insectos, las sanguijuelas, cambian los arrozales por la milpa, la parafernalia, los helicópteros. No es el Vietnam del delta, sino de las altas mesetas de las tribus meo. Che Guevara buscaba su Vietnam en Bolivia, y al cabo de los años, sus discípulos, una amalgama de comunistas ortodoxos, trosquistas, maoístas, castristas, seguidores del cura Camilo Torres o simples socialdemócratas lo han encontrado aquí, *next door,* en la puerta de al lado, o en el *backyard,* en la rebotica, en el jardín de casa.

Robert Buron pide una nueva ronda. Le gustaría que El Salvador se convirtiera en tierra de mercenarios, de soldados de fortuna, aventureros del «M-16», boinas verdes, fuerzas especiales. Es el primer amor de la primera novia, la novia legionaria con tatuaje, el amor a la patria, la defensa de Occidente. Vietnam estaba a quince mil kilómetros; esto, al lado de casa. Robert Buron enciende una tagarnina e invita a los mercenarios a enrolarse:

—Aquí hay trabajo para vosotros. Traed tres cosas: sentido común, paciencia y preparación militar. Os advierto que hay que olvidar la computadora, las claves nucleares o los misiles teledirigidos. Aquí se lucha al estilo de 1923. El Salvador es una guerra de sodados, no de técnicos. ¿Sabes leer un mapa de operaciones? ¿Sabes utilizar el compás? ¿Sabes de topografía? ¿Sabes evacuar heridos en situación de emergencia? ¿Sabes cuándo no se debe utilizar la morfina? ¿Sabes español? Recuerda que, como en otras guerras de mercenarios, tampoco aquí formas partes del mando militar norteamericano. Estás solo. Aprende el castellano y ven.

Robert Buron aconseja, ya en la quinta ronda:

—Ésta es una guerra de pequeñas unidades, de contrainsurgencia. ¿Cómo estás físicamente? ¿Puedes escalar montes frondosos, escapar con velocidad si es necesario? La guerrilla ataca y se repliega. Tú debes hacer lo mismo. Entrénate en el parque de tu ciudad, en un monte cercano, con mochilas muy cargadas. La guerra en El Salvador y en Centroamérica es un asunto muy serio. Vacúnate contra la fiebre amarilla, la malaria o el cólera. La enfermedad puede ser aquí peor que una bala. Te esperamos.

Ricardo te lleva ahora, tirando del bolsillo del pantalón como hacen con Humphrey Bogart en las películas, a la catedral metropolitana. Dicen, con razón, que es la más fea de América, una horrible e inacabada sinfonía de piedra. Cuando, en mi primer viaje, pregunté a monseñor Romero —«la voz de los que no tienen voz»— por qué no la terminaban, me respondió:

—Somos pobres; es preferible gastar el dinero en otras atenciones y problemas.

La catedral es la metáfora del país. Inacabado, con los fieles, que lloran a sus muertos, en el abandono. Se diría que de un momento a otro van a salir, pita, pita, pita, las gallinas. En esta escalera de la catedral, el espectáculo de televisión está garantizado. Basta con esperar a los manifestantes con las cámaras emplazadas en el parque y grabar la balacera. Los soldados sólo tienen que cruzar la calle y ponerse a disparar. En cada peldaño, diez muertos. Al pie de la Embajada de los Estados Unidos, ninguno. Es una fortaleza, el castillo de Otranto. Bombonas de agua esterilizada, vasos de papel, aire acondicionado, mapas electrónicos del país, radar, artillería antiaérea y, como en el Vietnam, un manual sobre lo que se debe y no se debe hacer. El procónsul cuenta el último chiste que circula en los mentideros.

—¿Sabéis por qué no hay golpes de Estado en Washington?

—No.

—Porque no hay Embajada de los Estados Unidos.

Hago alguna llamada por teléfono, un abogado, un periodista, los amigos de la Universidad Nacional. No saben, no contestan, muertos, desaparecidos, echados al monte, con el Frente Farabundo Martí en El Playón, en la Puerta del Diablo, exiliados, con el FDR en Panamá o en México. Como su presidente Guillermo Ungo, al que visité en su imprenta poco antes del golpe de Estado que llevó al poder a los oficiales jóvenes y le colocó en la Junta de Gobierno. La última oportunidad de la reforma. Ungo, con visera y manguitos, gafas de montura metálica y un aspecto abatido e hipotenso. Muertos, asesinados como monseñor Romero, el cura conservador que no acabó sus estudios en la Gregoriana de Roma y que me enseñaba los trucos del Ejército para perturbar la transmisión de sus homilías por la emisora radio YSAX. Monseñor encontró su camino de Damasco en los asesinatos de los sacerdotes comprometidos, como el jesuita Rutilio Grande, en los Aguilares.

—Si yo me puedo defender con un bofetón —decía Romero—, no me es lícito pegarle un balazo. El pecado de la violencia entre nosotros es que hay mucha desproporción entre el ataque y la defensa. Y de una manera muy especial cuando se trata de las Fuerzas Armadas. Se corre el rumor de que «por un guardia que maten, deben morir diez civiles» (1 × 10). No vamos a justificar tampoco el abuso de esas Fuerzas Armadas del pueblo. Para mí —añadía monseñor Romero con un rictus de desaprobación— fue muy desagradable saber que en Guazapa los guerrilleros fusilaron en público a un hombre. En otro, azotaron en público a un campesino. Creo que son abusos de la defensa. Todavía podemos resolver esto de forma pacífica, y pronto. Pero si nos obstinamos en la polarización de fuerzas, seguirá creciendo esta espiral de violencia y explotará en algo peor. De ahí que el papel de la Iglesia sea de mediación, de reconciliación. La Iglesia admite la insurrección sólo cuando se han agotado todos los medios pacíficos, pero podría ahorrar más vidas al pueblo salvadoreño que la continuidad en la atroz represión que sufre actualmente. La violencia de las fuerzas del pueblo puede ser el fruto de la cólera por la injusticia social. Pero tengo la suficiente libertad para denunciar el abuso de esa fuerza del pueblo cuando se desvía por caminos de violencia innecesaria. Ésta es mi misión: de pastor para animar lo justo y para denunciar lo que no es bueno. «En 1984 la Iglesia salvadoreña medió entre Duarte y el Frente Farabundo Martí para que la guerrilla y el Gobierno se sentaran a hablar en La Palma (Chalatenango) entre el tañido de campanas. Era un diálogo erizado de obstáculos, sin treguas duraderas. José Napoleón Duarte afirmaba tras el segundo encuentro en Ayagualo: «La guerrilla lo quiere todo, todo y de prisa, mientras que yo propongo un programa más realista, de refomas graduales.»

7. VIVOS A MEDIAS

Al llegar al hotel conecté el televisor. La violencia llama a la violencia; la guerra, a la guerra. En San Salvador, el mensaje global y la realidad se confunden. El hogar frente a la pantalla pequeña no es el reposo, el paréntesis del guerrero, sino la incitación al combate, la vitamina de la brutalidad. Me asombro de la descarga de salvajismo que se filtra por los canales dos, cuatro y seis. No es ya la visión de la cotidiana guerra civil a través de los telediarios, sino la elección, por parte de los programadores de los tres canales, del catálogo de telefilmes más agresivos que se producen en California. El índice de violencia se eleva en la sangre, en la programación, a medida que sube en la calle, en las aldeas o en las cunetas, donde aparecen las víctimas de las bandas paramilitares de extrema derecha.

El cine va por el mismo camino. Al cruzar la ciudad he anotado las carteleras de los cines «París» y «Modelo», «los más grandes doblazos del año de acción explosiva». Por un lado, «éstos son los hombres de guerra más recios y duros» *(Los perros de la guerra)* y «rugen los cañones en la gigantesca película, los alemanes olvidaron un puentecito» *(El puente de Remagen)*. El cine «Modelo» no se queda atrás: «Son brutos, salvajes, bárbaros, héroes...

son... Los Mercenarios.» El colosal programa doble de guerra incluye *Doce del patíbulo.* «Escoja doce condenados a muerte, entrénelos, excítelos y arrójeles a matar nazis.» A las mismas horas, en el cine «Barrios» se ofrece otro *doblazo*: *Juego de la muerte* y *Ondas asesinas.* Por ahí van los tiros.

En América Central cohabitan la virulencia del cine, la televisión y el fuego real. No es raro que los disparos del agente Sweeney, en el canal 6, se confundan con las ráfagas de ametralladora en el barrio de San Antonio Abad. Las sirenas de las ambulancias y el zumbido de los helicópteros se entremezclan con el sonido del televisor. Fue grande el desencanto de algunos guatemaltecos cuando vieron interrumpido *Hawai- 5-0* por el intempestivo golpe de Estado del general del Verbo Divino, Ríos Montt.

Es una economía, una cultura, una costumbre de guerra. Decía el poeta Roque Dalton (asesinado por sus compañeros del Ejército Revolucionario del Pueblo —una muerte injusta—, acusado de ser doble agente, de la CIA y la KGB:

En San Salvador,
y en el año 1965,
los «best sellers»
de las tres librerías
principales
han sido:
«Los protocolos de los sabios de Sión»;
algunos libros viejos de
Somerset Maugham, el diarreico;
un libro de poemas
desagradablemente obvios
de una dama de apellido europeo,
pero que escribe en español del país
y la recopilación de novelas condensadas
del «Reader's Digest».

Hoy, como entonces, la programación está emparedada entre el dramón, la telenovela, el folletín, el vodevil tropical y las secuencias de guerra. Es para alimentar el gusanillo. «Usted lo verá y no lo creerá. En la guerra de Vietnam, la muerte ronda siempre... hombres y mujeres la desafían sin temblar ante la amenaza.»

En la Nicaragua de Somoza sucedía lo mismo hasta que entraron los sandinistas. Hoy es una televisión didáctica, con algunas concesiones (mexicanas) al serial lacrimógeno y películas cubanas y soviéticas. Pero aquí, en el ojo del huracán, la alienación alcanza la catarsis. El canal 6 ofrece esta noche «los programas que usted quiere ver»: *Chica italiana viene a casarse* (la chacha italiana y el señorito de la casa), *El hombre nuclear, Los sicilianos* y, como cierre, *La conquista del Oeste.* El resto: *El increíble Hulk, La carabina de Ambrosio, Guerra entre planetas, El hogar que yo robé, Robin interplanetario, El androide, Los Superhéroes, La criada bien criada, Fiebre de ambición, Lucha libre, El capitán ultra, Barnaby Jones* y un programa sedante: *El consejo oportuno: ¡Mantener la calma!*

Es la furia a tumba abierta. La Televisión convertida en escuela de violencia. Aprenda a matar en tres canales y salga a la calle a practicar. El pistolero de los Escuadrones de la Muerte tiene las manos ensangrentadas cuando, cumplida la misión, pide un ron de caña y se repantiga en el sofá para verse reflejado en *Kojak.* Mientras tanto, las grandes cadenas de televisión han alquilado, enteras, las plantas dos y cinco del hotel. Los microbuses, con bandera blanca, salen al frente móvil, fluido, volátil, atestados de cámaras y reporteros sedientos de emociones. «Nos inundan los hechos, pero hemos perdido o estamos perdiendo —afirmaba el poeta gringo Archibald MacLeish— la capacidad humana de sentirlos. Me pregunto si el efecto multiplicador de esas imágenes que traigan de la guerra influiría más que el esfuerzo de ocultar los hechos o de presentarlos a los ojos del mundo a la medida de sus deseos. ¿Se han agotado la conciencia crítica, la capacidad de sorpresa o de respuesta del espectador sometido durante años y años al tren de laminación de imágenes cada vez más crueles? El Vietnam, el asesinato del periodista Bill Stewart, en Managua, a manos de la Guardia de Somoza, o de los reporteros de la Televisión holandesa a manos de las escuadras de la muerte, demuestran que no.»

El poeta norteamericano contaba que, de producirse ahora la retirada de Napoleón de Moscú, hubiera sido televisada minuto a minuto y hasta el último detalle. Hoy, esa experiencia hubiera sido interpretada y seguida por múltiples fuentes y testimonios, tantos y tales que, en cierta medida, habrían anulado sus efectos. La distancia entre lo que se conoce y se siente, entre el exceso de información y la mera información, nos impide dominar ese hecho, controlarlo, sentirlo. Para muchos de nuestros compañeros ansiosos de cadáveres, por encima de la moral está el trabajo, la elección de la secuencia más patética, sangrienta, la más maravillosa o la más horrible. Para recoger ese instante, miles de hombres y mujeres recorren el mundo con riesgo de sus vidas. Están dispuestos a todo, hasta a encender un pitillo en el infierno. ¿Para que millones de personas, en la quietud de sus hogares, sientan un instante de compasión, de mala conciencia, unos segundos de excitación, un ramalazo de seguridad o de miedo? ¿No se corre el peligro de trivializar la piedad? Los productores de televisión, espoleados por la competencia salvaje de las cadenas, aprietan cada vez más la tuerca de lo sensacional. Hay periodistas que desean contar historias, pero les conceden dos minutos. Lo que las cadenas desean de verdad es vender desodorante. La defensa real de la libertad está en la imaginación. Hay que hacer un esfuerzo para colocarse en la piel de los que sufren.

Lo que monseñor Romero nos pedía a los periodistas era que comprendiésemos su situación, la repulsa de la violencia oficial. El domingo 23 de marzo de 1980, monseñor Romero denunció que entre el 16 y el 23 de marzo habían sido asesinadas en El Salvador ciento cincuenta personas, víctimas de la violencia oficial. El día anterior a su muerte, Óscar Arnulfo Romero lanzó uno de los más sentidos llamamientos de su vida cuando llegó a ordenar, «en nombre de Dios», a los soldados, que se negaran a obedecer las órdenes de sus jefes. A primeras horas del lunes, el portavoz del Ejército, coronel Marco Aurelio González, afirmó que con aquella invocación por el cumplimiento de la ley de Dios, «no matarás», monseñor Romero había cometido un delito que le «colocaba al margen de la ley dictada por los militares». Era la sentencia de muerte, que se ejecutó treinta horas después.

Se cumplió el lema del Ejército: «Sea patriota, mate a un cura.» El resultado, diez cadáveres al día. Para monseñor, los soldados, los guardias nacionales, eran «campesinos en uniforme». Treinta horas más tarde, durante el ofertorio de una misa de difuntos, cuando desde el fondo de la capilla del hospital de la Divina Providencia decía «Oremos», alguien disparó un fusil con silenciador, y monseñor Romero se desplomó en medio de un charco de sangre. De los cinco obispos salvadoreños, sólo uno, Rivera y Damas, estuvo presente en el entierro de Romero. Ese día, Domingo de Ramos, cantaban las chicharras cuando el Ejército impidió el acceso de los campesinos a la ciudad. En los edificios de la Plaza Barrios había francotiradores con fusiles de mira telescópica. Cuando estalló la primera bomba, se produjo el pánico. Después, a los francotiradores les resultó fácil disparar al blanco. Según varios testigos, la primera bomba fue arrojada desde el Palacio Nacional. Las ráfagas y los disparos surgieron de la segunda planta del Palacio. La Junta, en la que había dos democratacristianos, José Napoleón Duarte y Morales Ehrlich, dio una versión falsa de los hechos. Monseñor Romero, perseguido hasta la tumba por los asesinos, no pudo ni siquiera tener unos funerales sin tiros.

La muerte de monseñor elevó aún más a la categoría de héroes de la oligarquía, a las catorce familias y al Ejército, al excomandante retirado Roberto D'Aubuisson. A pesar de su baja estatura, D'Aubuisson, con su aspecto de actor de Hollywood, se había ganado el favor de las damas de la alta sociedad y la admiración de los habitantes de El Escalón. Roberto fue el inspirador del asesinato. El 8 de mayo, el excomandante fue detenido en una finca próxima a Santa Tecla, a 12 kilómetros de San Salvador, por fuerzas del Ejército enviadas por el coronel Majano, que entonces formaba parte de la Junta. Cuando los soldados llamaron con las culatas de sus fusiles a la puerta de la finca, D'Aubuisson se tragaba uno de los papeles que le comprometían en la conspiración.

El embajador de los Estados Unidos, Robert White, definió a D'Aubuisson como un «psicópata asesino». Eso es lo que era el *darling* de la extrema derecha. Con dinero procedente de Miami, articuló el partido Alianza Republicana Nacionalista, que disputaría la victoria a la democracia cristiana en las elecciones de 1982 y 1984. Las tropas enviadas por el coronel Majano, hombre tan bienintencionado como indeciso cuando aún tenía alguna fuerza, descubrieron en la finca una maleta llena de documentos comprometedores. Eran veintitrés los conspiradores, incluidos oficiales en servicio activo. Entre los documentos figuraban recibos de compra de armas, de pagos a policías y oficiales, nombres de latifundistas apuntados a un golpe de Estado previsto para el 2 de mayo y abortado, y un trozo de papel con el membrete de un hotel de Miami, que, según el coronel Majano y el exembajador White, «era la prueba de que D'Aubuisson tomó parte en el asesinato de monseñor Romero». A lo largo de ese mes, mientras D'Aubuisson salía en libertad a las setenta y dos horas, se cometieron 1.200 asesinatos, incluido el genocidio del río Sampul, que resultó un festín para los buitres. El ex comandante fue recibido en triunfo a su salida de la cárcel. Su madre, doña Joaquina, afirmó a los periodistas que Roberto era «un muchacho cariñoso y leal».

D'Aubuisson, con su físico de «señorito fascista» de película de Bertolucci, maneja, con palabras muy simples, ideas que todo el mundo comprende: Dios, patria, sí, comunismo, no; libertad, así como la capacidad de seducción para los necesitados de un líder carismático y con la astucia de un exjefe de los Servicios Secretos del Ejército. Se ha pagado espacios de una hora en la Televisión para acusar de comunistas a los hombres de la Junta, como el coronel Majano o José Antonio Morales Ehrlich. De Napoleón Duarte dice que es como la sandía, «verde por fuera, rojo por dentro». Los partidarios del mayor predican el odio, y sólo hay que darse una vuelta por su cuartel general, protegido por guardaespaldas y hombres armados, furgonetas blindadas y admiradoras histéricas, para advertirlo. Siempre que estoy con él, su pelo negro bien cortado a navaja, sus ojos fríos, el rostro que huele al *after shave más caro,* me producen escalofríos, un estremecimiento interior. Es el arquetipo del hombre que quiere aparentar lo que no es. Practica el doble lenguaje del libro de Orwell, aparenta una gran seguridad en sí mismo, autocontrol; tiene una sonrisa helada, hilo directo con Miami, un arsenal en su casa y un cerebro que mueve a los escuadrones de la muerte.

Hay una fecha emblemática en la historia reciente de El Salvador, que sirve de punto de referencia a los caballeros boyardos del café y a sus brazos armados, como el de Roberto D'Aubuisson. Es el día del levantamiento campesino, 22 de enero de 1932. Se vivía la bancarrota del año treinta. El café cayó en picado en los mercados internacionales. A El Salvador, dependiente de su monocultivo, le alcanzaron pronto los efectos de la crisis: paro, caída de los salarios, mayor empobrecimiento, epidemia de hambre. Los Gobiernos populistas que se sucedieron hasta entonces no eran la garantía suficiente para las catorce familias que tradicionalmente dominaban el país: los Álvarez, Menéndez Castro, Quiñones, García Prieto, Vilanova, Dueñas, Hill, Regalado, Mesa Ayau, Sola, Sol Milet, Virola. Necesitan de un régimen fuerte y de la tutela del Ejército. No les gustaba el general Maximiliano Hernández, *el Brujo.*

El partido comunista de Farabundo Martí sólo creía en la insurrección armada, y la preparó. Los peones y los colonos afilaron los machetes en sus casas de paja. Había que elegir la fecha del levantamiento campesino. Miguel Mármol recordó un cuadro que había visto en Moscú, en el Museo de la Revolución de Octubre, «en el que al discutir los bolcheviques la fecha de la toma del poder, Lenin aparece de pie y, con un brazo en alto, dice: «El 26 muy tarde, el 24 muy temprano, entonces será el 25.» Luego añadí: Para el 17, muy tarde; para el 15, muy temprano; entonces, el 16.

De acuerdo con la fecha propuesta, el Partido Comunista fijó el levantamiento para el día 16 de enero a las doce de la noche.» Pero la insurrección era en El Salvador el secreto de Polichinela. El general Martínez asaltó el cuartel general de la conspiración y detuvo a Farabundo Martí. *El Brujo,* quien con métodos teosóficos y encantamientos enseñaba a los campesinos nuevos sistemas para cosechar el maíz, requisó el material y los planes de los comunistas.

Grupos de trabajadores labriegos —decía en una nota oficial—, *azuzados por los catequistas rojos, se rebelaron contra sus patronos exigiéndoles mayor salario y mejores condiciones de vida, y como si esto no fuera ya una manifestación clara y contundente de los propósitos de violar el estado legal y social de las relaciones entre el capital y el trabajo, hace dos noches, como es de conocimiento público, fue descubierto un plan revolucionario en el cual se pretendía tomar por asalto uno de los cuarteles de esta capital.* El general Martínez añadía luego que era necesario *armonizar los intereses del capital y el trabajo, a fin de resolver para ambos factores los conflictos surgidos con motivo de la crisis mundial y el antagonismo de intereses, que en esta época se enfrentan en todas partes del mundo.*

El levantamiento se produjo a las 12 de la noche del 22 de enero de 1932. Los campesinos, con armas de fortuna, machetes, cuchillos, aperos de labranza y escopetas de caza, ocuparon varios pueblos de Sonsonate y Ahuachapán. Fue un levantamiento sin orden, sin pies ni cabeza, espontáneo, visceral, surgido de las entrañas del hambre y la miseria. El Ejército, mientras la oligarquía rezaba en sus capillas privadas, estaba tan preparado como en una barraca de feria. Los cachorros de las catorce familias que habían creado sus propias bandas, la Guardia Cívica, echaron una mano a las tropas regulares. Las ametralladoras de Martínez crepitaron durante toda la noche. En tres días sofocó la rebelión. Fue entonces cuando empezó de verdad la matanza. Fusilamientos sin juicio previo, aldeas arrasadas, filas de campesinos ametrallados o ahorcados bajo la atenta mirada de los zopilotes. Fue el terror. Por aquellos días, como cuarenta y ocho años después, cuando eligieron presidente a Ronald Reagan, se agotó el champaña francés en las fincas y en las zonas residenciales.

Los buques de guerra norteamericanos e ingleses esperaban, fondeados, la suerte de sus compatriotas. Pero no tenían por qué alarmarse. Transcurrida la primera semana, transmitían por señales a los barcos el siguiente mensaje: «El Jefe de operaciones de la zona occidental de la República, general de división José Tomás Calderón, saluda atentamente, en nombre del Gobierno del general Hernández Martínez y en el suyo propio, al almirante Smith y comandante Bradeur, de los barcos de guerra *Rochester, Skeena* y *Vancouver,* y se complace en comunicarles que la paz en El Salvador está restablecida; que la ofensiva comunista ha sido totalmente abatida y dispersa y que se llegará a la completa exterminación. Que ya están liquidados cuatro mil ochocientos bolcheviques.» La noche del levantamiento se produjo un extraño fenómeno: los volcanes de Guatemala entraron en erupción.

Cuando los periodistas extranjeros empezaron a facilitar cifras del genocidio, que oscilaban entre los 12.000 y los 30.000 asesinatos, el general Martínez, *el Brujo,* aseguró que «sólo» eran 4.000. El consejo de guerra condenó a muerte a Martí y sus compañeros Luna y Zapata. No habrá indulto. Farabundo Martí, combatiente al lado de Sandino en las montañas nicaragüenses, y que en realidad se llamaba Mártir, pero se cambió el apellido por admiración hacia el patriota cubano Martí, pidió que no le vendaran los ojos. Morirían de frente. El pelotón de fusilamiento se formó a las siete y cuarto de la mañana. Cuando el oficial dio la orden de fuego, Martí gritó «¡Viva el Soco...!» Los enterraron en el Panteón de hombres ilustres del Cementerio General, con estos números sobre sus tumbas: 9.991, 9.992 y 9.993.

Otros miles de cadáveres no corrieron la misma suerte. Aparecían en las cunetas para pasto de las alimañas y escarmiento de los vivos. El 2 % de la población fue «liquidado» de un golpe. Miguel Mármol cuenta que el general Ochoa hacía que cada uno de los prisioneros se arrastrara sobre sus rodillas hasta donde él se hallaba, sentado sobre una silla en el patio del cuartel, y les decía: «vengan y huelan mi pistola». Los prisioneros le suplicaban, en el nombre de Dios y en el de sus hijos, ya que habían oído los disparos intermitentes antes de entrar en el patio.

Pero el general insistía: «Si ustedes no huelen mi pistola, entonces es que ustedes son comunistas y están asustados. El que está sin pecado no conoce el miedo.»

El campesino olía el cañón de la pistola y, en ese instante, el general colocaba el cañón en la cara y hacía fuego.

«Traigan al próximo», decía el general.

Los cachicanes de los terratenientes linchaban a los que sobrevivieron a la matanza. Por lo general, los ahorcaban en la plaza del pueblo, después de arrancarles los ojos y mutilarles el cuerpo. Como en la insurrección de 1965 en Indonesia, donde comprobé que la gente no comía pescado procedente de los ríos porque era allí donde arrojaron los cadáveres, en El Salvador no se consumió carne de cerdo durante mucho tiempo.

Si Cabrera es el modelo del *Señor Presidente* de Miguel Ángel Asturias, el general Martínez puede serlo del *Patriarca* de Gabriel García Márquez. *El Brujo* permaneció trece años en el poder, a pesar de las primeras reticencias de la oligarquía, que, en parte por sus sortilegios, desconfiaba de sus fórmulas mágicas. Cuando se declaró una epidemia de viruela, se negó a utilizar la Medicina convencional y rechazó la ayuda de las organizaciones sanitarias internacionales. «Simplemente mandó forrar con papel de celofán de colores los faroles del alumbrado público, aduciendo que los rayos de la luz así matizados bastarían para purificar el ambiente, matando las bacterias de la peste.» *El Brujo,* que tenía más sangre india que criolla y contrató un general prusiano para que instruyera a su Ejército, utilizaba la radio con frecuencia para hechizar a sus súbditos. De la boca del tirano fluían los más extravagantes consejos: «Es bueno que los niños vayan descalzos, así pueden recibir mejor los benéficos efluvios del Planeta, las vibraciones de la Tierra. Las plantas y los animales no usan zapatos.» Después de *el Brujo,* al que la oligarquía llamaba «ese indio chiflado», se sucedieron los Gobiernos de coroneles y generales, con algún paréntesis cívico-militar. Martínez murió asesinado en el exilio, en Honduras, en 1966. Ahora, como diría Roque Dalton, era un «muerto entero».

1932 es un año-eje en la historia de El Salvador. Todo remite al 22 de enero. Roque Dalton escribe:

Todos nacimos medio muertos en 1932,
sobrevivimos pero medio vivos
cada uno con una cuenta de treinta mil muertos enteros,
que se puso a engordar sus intereses
sus réditos
y que hoy alcanza por untar de muerte a los que siguen
naciendo
medio muertos
medio vivos.
Todos nacimos medio muertos en 1932.
Ser salvadoreño es ser medio muerto
eso que se mueve

es la mitad de la vida que nos dejaron.
Y como todos somos medio muertos
los asesinos presumen no solamente de estar totalmente vivos
sino también de ser inmortales.
Pero ellos también están medio muertos
y sólo vivos a medias...

A las puertas del siglo XXI, el modelo Maximiliano Martínez ya no sirve, con sus bombonas de líquido verde, rojo o amarillo, para curar todas las dolencias del pueblo, desde las enfermedades cardíacas, al cáncer. La oligarquía, que así se hace llamar sin rubor, incluso con orgullo, necesita ahora de hombres como Roberto d'Aubuisson, que mata a la luz del día, pero en secreto, con balas dum-dum y fusiles de 22 mm con silenciador. Ha estado becado como oficial del Ejército en Taiwán, en Uruguay y en Washington.

—¿Su gobernante preferido, señor D'Aubuisson?

—El general Augusto Pinochet.

Tras el golpe de Estado contra el general Romero, se formó una Junta cívico-militar de propósitos reformistas. El coronel Majano; Rubén Zamora, el demócrata cristiano cuyo hermano Mario fue asesinado por las escuadras de la muerte; el socialdemócrata Guillermo Ungo; José Antonio Morales Ehrlich; Napoleón Duarte. Fue una alianza contra natura, y al final José Napoleón Duarte se quedó sodo. La fórmula de ese período fue algunas reformas y mucha represión. Lo dijo monseñor Romero poco antes de morir:

—El calificativo de cristiano en un partido político no quiere decir que sea un partido cristiano. Es un grave riesgo para el partido demócrata-cristiano estar en el Gobierno, porque si bien es cierto que existe buena voluntad para llevar a cabo reformas estructurales, el PDC se está haciendo cómplice del atropello del pueblo.

En uno de esos atropellos murió monseñor Romero. El coronel Majano, en el exilio forzoso, acusó a Duarte desde México: «Duarte prefirió dar la impresión de impotencia ante los hechos consumados del Ejército, pero en realidad nunca trató de desenmascarar a los responsables de los escuadrones de la muerte.» Ni, hasta ahora, de los asesinos de monseñor Romero. Para Washington, el ingeniero educado en la Universidad de Notre-Dame, alcalde de San Salvador en varios períodos, era la opción posibilista entre los dos extremos: D'Aubuisson y el Frente Farabundo Martí de Liberación Nacional. José Antonio Morales Ehlrich se adelantó a Duarte en regresar del exilio. Le conocí a poco de llegar. Un hombre con algunas esperanzas al que la realidad de la política salvadoreña pondría en poco tiempo contra las cuerdas. Mientras Morales era miembro de la Junta de Gobierno, maniatado por coroneles y generales, uno de sus hijos es comandante en la guerrilla de izquierda y el otro fue preso y, más tarde, desapareció.

Este hombre, demócrata cristiano de convicción, tendría pronto graves problemas de conciencia. Sus hijos le escribieron dos cartas, que eran por cada lado un «yo acuso» a la afiliación política del padre. Me las hizo llegar un amigo salvadoreño. En la primera carta, José Antonio le dice a su padre: *Usted debería seguir el ejemplo de otros demócrata-cristianos que decidieron retirar su apoyo al régimen represivo, dejando de servir de cobertura «progresista» a cambio de unas pocas migajas de poder. A estas alturas ya no existen las llamadas posiciones intermedias. Las cosas están totalmente claras: o se pone al lado de los oprimidos, o de los opresores. Lo mínimo que usted podría hacer en este momento sería ser leal a los principios que nos inculcó. Hágalo por su familia, por sus hijos, por los millares de trabajadores y campesinos. Hágalo por un mínimo de compasión humana, porque yo no creo que usted la haya perdido.*

Carlos Ernesto, el otro hijo de Morales Ehlrich y por aquel entonces de diecinueve años, le invitaba también a dimitir de la Junta:

Lo mínimo que usted podría hacer es negarse a seguir compartiendo el agua en la que, junto con otros, lava su mano sucia de sangre de los héroes salvadoreños. Espero que dimita. Espero que mis palabras le hagan reflexionar un poco. Yo nunca perderé las esperanzas de que más tarde o más temprano también usted se incorpore al resto de la familia en la lucha por nuestra felicidad. El hijo que le espera...

Impresionado por las cartas de sus hijos, Morales huyó a Costa Rica, pero tuvo que volver bajo serias amenazas. Había entrado en el laberinto y no sabía cómo salir de él. Un día Duarte puso en marcha su «política de dos vías», la intensificación de los combates y el diálogo con la guerrilla. Pero ni los ultras ni el Ejército estaban por la labor.

8. EL MACHETE

Éste era el clímax con el que me encontré en las elecciones de marzo de 1982. El escenario era digno del *Nostromo* de Conrad. En el hotel, los corresponsales esperaban que los «muchachos», la guerrilla que boicoteaba las elecciones, bajaran del cono de los volcanes para atacar los colegios. Los jugadores de fútbol, idolatrados en El Salvador, pedían a la población que no se abstuviera. En realidad, es obligatorio votar. La Prensa libre no existe. El último periódico liberal lo volaron hace unos años. Serían unas elecciones bajo el fuego y la metralla, porque en el extrarradio no dejaba de escucharse el *stacatto* de los fusiles. A las seis de la mañana atacaron la sede central de elecciones. Al abrirse las urnas, a las siete de la mañana, doce cadáveres de guerrilleros yacían en el asfalto de la capital.

La guerrilla lanzó ataques en nueve barrios. Hacia las cuatro y media de la mañana me despertaron las ráfagas de ametralladora a unos dos kilómetros del hotel. Después sonaron los rotores de un helicóptero de las Fuerzas Aéreas. Era el barrio de San Antonio Abad. Hacia el Sur se escuchaban otros tiroteos. Cuando llegué a la «Escuela Juana López», que era colegio electoral, una camioneta «Chevrolet» se llevaba los cadáveres de doce guerrilleros muertos en la batalla que comenzó al alba. Los muertos formaban un amasijo sanguinolento. Estaban destrozados. No hubo rendición posible; el mejor guerrillero era el guerrillero muerto.

No querían que viéramos los cadáveres, pero allí estaban, visibles, los efectos de la batalla. La población, todavía atemorizada, acechaba desde las ventanas. Los soldados del Ejército se secaban el sudor de la frente, sentados junto a la escuela, y limpiaban el fusil «M 16». Había resultado un ataque suicida, una locura, asaltar la escuela. Una llamada por radio al helicóptero, y la guerrilla estaba perdida. Ramas de ceiba arrancadas, masa encefálica en torno a un montón de adoquines, rastros de sangre. Los cazaron uno a uno.

El teniente José Leonardo Vallejo bebía de su cantimplora. Entre los cascotes y los casquillos, sudoroso, observaba la retirada de un auto blindado hacia el Sur, donde sonaban nuevos disparos. Un soldado seguía las instrucciones y quemaba la gorra de uno de los guerrilleros. Otro recogía los documentos de una cartera de plástico. Era de la guerrillera, una muchacha de unos dieciocho años más o menos.

—A ésta ya se le acabó todo —dijo el teniente sin pizca de compasión.

Las elecciones proseguían. El presidente de la mesa colocaba de nuevo las urnas. Era sorprendente. Comenzaban a llegar los votantes, más preocupados en emitir su voto que en curiosear por el escenario de los hechos, por la sangre derramada. Para ellos era rutina.

El teniente se sentía feliz de haber salvado el pellejo. De rasgos indios, tenía vacío el peine del fusil de asalto.

—Ha sido duro, pero que muy duro. Yo protegía la escuela cuando nos atacaron los subversivos, unos cincuenta hombres armados de RPG2», «M16» y «G3». El ataque ha durado una hora más o menos. Hemos tenido dos soldados muertos y tres heridos. Ellos, doce muertos. Ha sido duro, pero que muy duro. «Ríndanse —nos gritaban—, ríndanse.» «¡Rendíos vosotros, que estáis perdidos!», les respondí yo. Se replegaron al llegar el helicóptero y la tanqueta. «Romeo llama a Julieta, Romeo llama a Julieta, que nos manden el tango.» El tango era la tanqueta.

Al teniente no le temblaba un músculo.

—Es posible que nos ataquen de nuevo, pero ya saben lo que les espera. Hablan paja porque con nosotros se topan.

Desde que fracasó la «ofensiva final» de 1981 por subestimar al enemigo, la presencia de la guerrilla en la capital era cada vez menor. Aquellos ataques en los diversos barrios de San Antonio Abad, hasta Apopa, a unos 15 kilómetros, se convirtieron en una ratonera. Quién sabe si entre los muertos había algún hijo del barrio de San Antonio. En algunas casas creía escuchar el llanto. No sé si por aquella mañana o por toda la guerra, o quizá por una operación igual a aquella acaecida tiempo atrás, o por la visión de los muchachos muertos por disparos a quemarropa, cuando, al verse perdidos, se iban a entregar. Sería un día de intenso bochorno.

Los salvadoreños votaron en masa para exorcizar el dolor. En un barrio céntrico, el de Mexicanos, el espectáculo no podía ser más insólito. Ambulancias de la Cruz Verde, ráfagas, tiros, y las líneas (colas) no se movían. En el transcurso de la mañana llegaron tropas de refresco, que se desplegaron entre las chabolas y se protegieron en los árboles más gruesos. Era una «operación de limpieza». Cantaban los gallos, alterados por el tiroteo. Las patrullas detenían las ambulancias y echaban un vistazo al interior. También aquí, como en la Nicaragua de Somoza, debían de creer que un enfermero era un subversivo en potencia. Ajeno a la refriega, con una pacha de guaro, una botella de licor, un anciano, cojitranco, descendía de la colina. Un joven teniente gritaba a uno de sus hombres de vanguardia, paralizado por el miedo detrás de una ceiba: «¡Arráncate de una vez, huevón!»

Las elecciones no resolvieron nada. El triunfo real era del partido de extrema derecha del excomandante D'Aubuisson. De camino a la cita, columnas de soldados, con paso cansino y actitud desafiante, regresaban a sus cuarteles. Acudí al obispo Rivera y Damas, el sucesor de monseñor Romero, por si la Iglesia tenía una perspectiva más optimista. Pero no. A las pocas horas, el tono de monseñor era sombrío:

—Siempre creí que las elecciones podrían ser el inicio de una solución pacífica. La nueva Asamblea constituyente debería abordar el problema de la guerra y de la paz. Pero el resultado no va a facilitar ese diálogo. Puede acentuarse la represión, con un alto costo social. Vamos a entrar en una acentuación de la violencia.

De las urnas no salió el milagro. Nombraron a un banquero, Álvaro Magaña, como presidente provisional. Al cabo de dos años se convocarían nuevas elecciones, pero, con algunas variantes, la crisis de América Central era lo que algún historiador definió como la «quíntuple confusión»: liberales contra conservadores, campesinos contra terratenientes, los habitantes de las ciudades contra los del campo, unos países contra otros, los indios, entonces, contra los españoles. La esperanza de vida era de cuarenta y cinco años, uno de cada cuatro niños moría antes de los cinco años. Al tratar de describir el horror de las escenas vividas, mientras en el hotel tocaban los mariachis y se elegían a las aspirantes para «Señorita San Salvador», sentía la misma frustración que en Vietnam. En efecto, el horror no se puede poetizar. «La sangre de los niños —escribía Neruda— corre hacia las calles, como... como la sangre de los niños.»

Han sido 50.000 muertos en los últimos cinco años, 600.000 los refugiados. Los niños valen para la guerra. Se ven de catorce, quince años, en el Ejército y en la guerrilla, con armas o sin ellas, enlaces, informadores, fabricantes de bombas caseras, correos. Hay que cubrir las bajas con levas forzosas. Desde los anuncios de la Televisión o las vallas exteriores de publicidad, el Ejército reclama a los héroes. Pero las madres dicen que ser joven es un delito en El Salvador. Las patrullas se acercan a los poblados y reclutan a la fuerza a los jóvenes. Los alinean y los suben a un camión, o los alistan en la defensa civil. Para otros es una salida a la pobreza —hasta que dure la paga— o a las preocupaciones: mientras se dispara o se combate se olvidan las penas.

El Ejército recluta a los niños, Diego recluta a los muertos: todas las mañanas recoge con su furgoneta, como la Madre Teresa en Calcuta, los cadáveres que ha dejado la noche. Los anónimos, desconocidos, muertitos o muertecitos. Los cuerpos están a veces irreconocibles, la mitad en una acera; la otra mitad, en la de enfrente, o el tronco abajo y la cabeza atada por los pelos a una alambrada. Son las víctimas de la violencia política o de las reyertas privadas, de las venganzas civiles, diez, veinte. Todos van a parar a la misma estadística que monseñor Rivera desgrana en la catedral los domingos. 1980 fue el año alto de las funerarias; el negocio más próspero, junto con el café, de este país en bancarrota.

La noticia estaba ahora en la ciudad de San Miguel, donde la guerrilla atacó el cuartel de la Tercera División de Infantería. Allí, el coronel Domingo Montenosa, gorra color amaranto y uniforme verde manzana al frente del batallón Atlacatl, punta de lanza con dos batallones formados en los Estados Unidos, me había dicho:

—La mejor prueba de que la guerrilla no es comunista la tiene en el hecho de que todos ellos llevan cruces en torno al cuello. Yo los respeto mucho, pero el entusiasmo y el coraje no están sólo de la parte de los subversivos.

Tarde o temprano, como presencié en Vietnam, el Ejército elogia a la guerrilla. El general De Lattre dijo del Vietminh: «Combaten muy bien por una mala causa.» Como de Lattre, el coronel Monterrosa murió en plena guerra.

La carretera hacia San Miguel, 147 km al norte de San Salvador, había sido cortada por los rebeldes. Los autobuses se negaban a hacer la ruta porque el Frente Farabundo Martí disparaba a los neumáticos y rompía los carnés de identidad de los pasajeros, para evitar que votaran. Me dirigí hacia Ilopango, el antiguo aeropuerto, ahora militarizado, para tomar un aerotaxi con dirección a San Miguel. El aeropuerto era un bungalow que recordaba a los tiempos heroicos de la Aviación. Se diría que de un momento a otro llegaría Antoine de Saint-Exupéry. Sin comparación, desde luego, con el nuevo aeropuerto, tan alejado de la ciudad, pero un milagro de la arquitectura. Es un mausoleo de mármol en el corazón de la selva. Un dispendio faraónico que pertenece a la Era de dos presidentes visionarios, Molina y Romero, y su programa de Transformación Nacional. Hoteles en las playas del Pacífico, piscinas por doquier, casinos, campos de tenis y de golf. Querían convertir esto en la Costa del Sol en un país que es, con Bolivia, Honduras y Haití, el más pobre del hemisferio.

Mientras esperábamos el avión a San Miguel, los viajeros comentaban el último ataque como quien habla de una visita al dentista. La carretera estaba cortada, pero alguien dijo: «Ahora parece que disparan también contra los aviones.» El panorama no era nada tranquilizador, sobre todo porque un piloto le contaba al técnico de la empresa algunas dificultades descubiertas a última hora:

—Observo un ruido raro, como un «tactac» en el motor, que no sé a qué puede deberse. Es la primera vez.

—Pues ya puedes ir cruzando los dedos —respondió el otro.

Paciencia. Los corresponsales sabemos, como decía Hemingway, que el valor no consiste en otra cosa que en saber conservar la calma en situaciones difíciles. El cartelón aseguraba: «Compañía Taes, División Gutiérrez Flyn Service. Equipo bimotor para su seguridad.» Otra vez el recuerdo del Extremo Oriente con sus pilotos de fortuna, sus aviones viejos y averiados, vuelos peligrosos sobre la jungla y cajones de whisky escocés para los generales y unas cuantas botellas de champaña francés para celebrar el ascenso.

Entra un sujeto al que le asoma una metralleta, una «Ingram

MAC 11», sobre el cinturón. Nadie tan estúpido como un exhibicionista de arma «Ingram MAC 11», que imprime carácter. Me mira y parece decir: «Infalible, kilo y medio de peso, cincuenta metros de radio de acción, 32 tiros en el cargador.» Por fin nos llaman. Volamos en un legendario «DC 3», al que llaman, no sé por qué, *el Pícaro*. Se me antoja uno de esos aviones gordos, en forma de elefante, que aparecen en los dibujos de Walt Disney. Poco pasaje a San Miguel. El copiloto pide a los viajeros que nos acomodemos en los asientos delanteros, pero hay uno que se niega gritando una frase que nos deja helados a los que ya estamos sentados junto a la cabina: «Ahí adelante se muere más rápido.» Aquí, como se ve, la duda es un homenaje a la esperanza.

Cuando despegamos, los soldados de camiseta blanca y pantalones verdes hacen flexiones —un, dos, un, dos— sobre la pista al son del silbato. La duración del vuelo, que ya de por sí es de media hora, se convierte en una. Nos hemos perdido. Comienzan las bromas para ocultar el temor.

—No nos llevéis al territorio libre de América (Cuba) —dice alguien.

—Que no me gustaría almorzar en Managua, que no quedan nacatamales —dice otro.

El piloto se disculpa por la tardanza y, por fin, toma pista en San Miguel. En la terminal, mientras esperamos el taxi, Luisita es la reina del espectáculo. Es la operadora de radio: «Ilopango para el Papalón. Adelante. Te mando el 03 y el 29. Corto.» «Afirmativo», responde Luisita.

Los «Cessna» o «Piper Comanche» van y vienen mientras algunos viajeros, bajo un hangar de techo ondulado, juegan a las damas con chapas de refresco. Pregunto a Luisita por el tren en el que pudiera regresar a San Salvador desde La Unión.

—Hace diítas que no corre. Circularon bolas de que lo iban a botar y han cerrado el servicio. Pero, ¿es que no le gustan nuestros aviones?

Leonel imita a un amigo suyo que ayer iba muy bolo (borracho) y cayó en una chanchera. Evoluciona, se contorsiona, dobla las piernas y se tira sobre la baldosa como si fuera la pocilga en la que cayó su amigo. A su lado le imita también un muchacho al que llaman *Gorgoritos*. Se escuchan disparos aislados en las colinas que rodean la pista. Tumbado sobre su hamaca, un soldado prueba su arma. La patrulla deambula, floja de piernas, en dirección a Jocatán. Me recuerda a las desordenadas columnas de los soldados laosianos. Soldados, éstos como aquéllos, de uniforme verde, con cartucheras en torno al vientre, gorras de *rangers*, la cantimplora colgada a la espalda, fusil con esparadrapo en el cargador e inscripciones en la culata. Uno de los soldados se despega del retén para una «ración de vista», de *voyeurismo*, en una pausa frívola de la guerra.

Luisita la risueña, la cantarina, le atrae con su ceñida blusa rojiblanca, su vaquero embutido con calzador, zapatos de tacón de aguja del fusil «G 3», la contempla extasiado mientras Luisita insiste. «Llega el 29, te mando el 03...» Pasan sobre la pista unos hermosos pájaros blancos. Es una de esas tardes que Rubén Darío, el nicaragüense, veía llenas como de una dulce angustia. «Se diría a veces que no hay aire, inmovilidad de las flores y los árboles, pereza, sensualidad, vaguedad de los deseos.» Una mariposa azul vuela por el jardín. Los viejos duermen en la hamaca. El soldado no ha leído a Rubén, pero se pone en su piel de poeta y sueña con pisar a Luisita, «entonces, en la hora tibia, dos manos se juntan, dos cabezas se van acercando, se hablan con voz queda; no se quiere pensar, no se quiere saber si se existe...» Es el triunfo de la atracción y el instinto. Las voces de sus compañeros de retén interrumpen los cálculos del soldado. «¡Huevón, arranca!»

Es la hora de la libélula azul, del mango de oro, del rumor del viento que arrastra polvo entre los ocotales, de olor a cáscara del sasafrás, del alcaraván y la calandria. Es un placer ver a Luisita comer un mango. Le hinca el diente, lo mordisquea, cae el jugo, se disemina la vulva, lame el interior, lo deja lirondo y lo tira. Un perro vagabundo, al que *Gorgoritos* vigila, se lleva los restos más allá de las alambradas.

Hay viajeros llorando en la cola del 03. Es el hijo que va a alistarse en la caja de reclutas de San Salvador. El país es una oficina de reclutamiento, salvo para el joven taxista Roberto Rivera, quien, por fin, llega lleno de interrogantes.

—En España —dice— parece que son ustedes muy religiosos, ¿no?

—Los hay muy religiosos, sí, y otros más tibios.

—Lo digo porque todas las iglesias que hay por aquí las trajeron ustedes.

Su ilusión, su «nirvana», está al norte del Río Grande, Eldorado, Estados Unidos de Norteamérica.

—¿Ustedes van a trabajar también a Estados Unidos?

—Más bien a Europa.

—Aquí hay pueblos enteros, como Intipuca, que están en Uachinton.

—¿Y qué hacen allí?

—Trabajan en los restaurantes, limpian coches, barren las calles, lavan a los muertos en los hospitales, limpian las letrinas.

Me pregunta cuánto vale un coche como el suyo en España, cuál es la marca de mi coche. Vive fascinado por los coches y por Uachinton, la capital de los gringos.

—Lo malo —dice— de llegar a Uachinton es que hay que cruzar por México, le ponen a uno de vuelta.

—¿Por qué?

—No nos quieren en México, qué le vamos a hacer...

—Pero debe de existir alguna razón concreta para que no les quieran.

—Desde que El Salvador le ganó a México en fútbol, se quedaron muy reventados. Le puede parecer una babosada, pero desde aquel berrinche nos ponen de vuelta, nos pliegan y se sufre mucho.

Roberto, carifino y hablador, se detiene para que suba una pasajera que se dirige a Ocoro, a unos kilómetros de San Miguel. En San Francisco Gotera, lugar de «recios ataques», como recuerda Roberto, hay una fuerte vigilancia. Las patrullas hacen descender a los viajeros, mujeres a un lado, hombres a otro. Línea de volcanes ofuscados por las nubes, lentas carretas de bueyes, tierra quemada, poca circulación.

—Es que tienen miedo a que los balaceen. El puente sobre el Río Grande lo dinamitó la guerrilla. Sobre sus estructuras, los niños pescan ranas. La Guardia sucede al Ejército en los puentes. Hay vendedores de sandías. Los soldados buscan iguanas, las «sierpes» de Colón, los «dragones» de Hernández de Oviedo, entre la maleza. «Sabroso el lagarto, sabe a pollo», explica el conductor. Al llegar a Oroco, la viajera, que es enfermera de profesión, me desea buena suerte. Regresamos a San Miguel.

El mercado está en plena ebullición. El «recio ataque» de la noche del viernes al sábado, que ha dejado sin luz a la ciudad, es una anécdota más en el mercado. A cambio de unos mangos, Gloria cuenta su idea de un asalto guerrillero:

—Yo soy dormilona y no me entero bien de los disparos. Es una buena cosa dormir profundo en esta guerra, ¿no le parece?

Es tan útil estar acostumbrado a los disparos como los habitantes en torno al Niágara estarlo al estrépito de las cataratas. Su compañera padece de los nervios y se despierta en segundos, al primer tiro. Ni siquiera va a votar. «Tengo dolor de cabeza y no me siento con aliento.» Dos puestos más allá, María Espina Jiménez, de unos sesenta años, sigue nuestra conversación con oídos resignados; ha perdido dos hijos en la ya larga guerra civil; uno, con el frente guerrillero, y el otro, con el Ejército.

En la catedral, del siglo XVIII, de fachada blanca y barroca, una anciana toda vestida de negro, junto a la pila bautismal, lee su misal con voz débil. Desde los sótanos, las catacumbas, llegan cánticos susurrados y voces de oración. A esta hora, la catedral está vacía. Uno de los santos, de tamaño natural, parece el Papa Wojtyla. El director del colegio de los maristas, el padre Rafael García, es de Lodosa, Navarra. Sus tribulaciones en medio de la guerra recuerdan a las de su paisano Francisco Javier entre los infieles de Cipango.

—La proximidad a Honduras, a cincuenta kilómetros, y a Nicaragua, a unas dos horas —me dice—, convierte a esta región en el centro de todos los combates. Hay unos cinco mil soldados acantonados aquí, pero la guerrilla entra en las aldeas para abastecerse.

Me cuenta que el último ensayo le salió caro a la guerrilla.

—Penetraron en la ciudad por la noche, se hicieron fuertes en la catedral, invadieron el colegio. Los soldados creyeron que estaba aquí acuartelado el enemigo. Quedaba algún francotirador en el gimnasio.

Me muestra los impactos de las balas. Nos despedimos.

—Ustedes, los periodistas —me dice ahora con una sonrisa—, siempre de prisa, siempre apresurados, como la soldadesca.

En el cuartel de la Tercera División de Infantería, en el muro de protección, donde las novias hablan con los soldados a través de los agujeros, se aprecian algunos desperfectos. Mortero de 81 mm. Tan sólo un hostigamiento. He comido en el restaurante del chino Jimmy Kuang. Especialidad: arroz a la cantonesa. Habla mal el español, y cuando alguien llama por teléfono desde San Salvador para saber si la refriega ha llegado al centro de la ciudad, Jimmy se limita a levantar el auricular y decir rápidamente: «Escuchal balasela.»

Me uno a la patrulla, que se dirige por un campo de maíz hacia la aldea más próxima. A pesar del sudor, del uniforme empapado, del fusil polvoriento, de la botas sucias, los cinco soldados de la patrulla se muestran optimistas. El licenciamiento está próximo: tan sólo a dos meses vista.

—No hemos disparado un tiro desde el viernes —me dice Carballo, que lleva su nombre escrito con tinta en la gorra, en la cantimplora que baila a su espalda, en el cinturón del paracaidista. Julio César habla de su chamaca, Carballo hace planes para el futuro—. Sólo tenemos 32 helicópteros para todo El Salvador; muy pocos.

Ahora, el Ejército opera con unidades reducidas, de cinco, diez, quince hombres en constante movimiento. Con las enseñanzas del Vietnam, los norteamericanos han creado aquí unidades especiales, batallones de «cazadores» dotados con armas ligeras, fusiles «M 16», «M60», «M79» y, a nivel de batallón, de morteros de 60 mm. El Ejército quiere demostrar que la noche ya no es sólo propiedad de la guerrilla. Hay que hacer que a los soldados se les vea por todas partes. De todos modos, como dice el obispo, la guerra va a ser «larga e inútil». Han mejorado algo la paga, 200 colones al mes por dos años de servicio militar. La guerrilla salvadoreña controla más o menos el 30 % del territorio. Los efectivos del Ejército tratan de recuperar terreno en una ofensiva lenta y llena de sobresaltos, para romper las líneas de aprovisionamiento, tratar de dispersar a la guerrilla, aprovecharse de sus querellas internas, evitar que se reagrupe.

Rolando Alfredo Arias me cuenta un día cualquiera en su vida de soldado del cuartel de Infantería:

—El toque de diana suena a las cinco de la mañana. Después del desayuno, todo se reduce a caminar sin descanso para, como dicen nuestros jefes, «darles recio». Son quince, veinte, hasta veinticinco kilómetros de caminata al día. Al enemigo lo vemos a veces cerquita, o lo sentimos, o escuchamos el eco de los disparos. Estamos siempre en su busca, y la verdad es que lo encontramos muy pocas veces. Ellos atacan sobre todo por la noche. Los siete choques fuertes que he vivido en estos dos años han sucedido por la noche.

Rolando Alfredo tiene diecisiete años, lo cual significa que fue alistado a los quince. Le faltan dos meses «no más». A Julio César, de su misma edad, le gustaría «sacar la carrera para doctor».

La carretera Panamericana está abierta hasta El Salvador. Poco después de las cuatro salgo, en autobús, de una de las Avenidas del Norte. Estos autobuses son incómodos, pero alegres. Los salvadoreños se pasan media vida en ellos. La carretera está cruzada de túmulos, patrullas de soldados, guardias de las diversas clases, ganado, campesinos armados de machetes «Collins» o los más modernos «Corneta», fabricados en Santa Ana. Los más afortunados tienen varios machetes para cada ocasión, para el campo y para la vida social, para los peligros del alterne, los bailes y las pendencias. Los domingos, el machete va en una funda de cuero con colgantes que se fabrican a trece kilómetros de Santa Ana, en Chalcuapa. El machete es para estos hombres algo tan personal como el cepillo de dientes. En una ferretería me han contado que los hay de veintiséis clases distintas, según el dibujo de la hoja, pero también del mango.

9. NEURÓTICOS ANÓNIMOS

La Panamericana es una caja de sorpresas: hemos visto incluso aterrizar en ella alguna avioneta que se había quedado sin combustible. Es la carretera-para-todo-y-para-todos, incluido el teatro, la escenografía de las guerras centroamericanas. La guerrilla acecha en los cerros, coloca minas caseras, vuela puentes. *El salario del miedo* se escribió para un camión de Guatemala. Los camiones de dieciocho ruedas bordean la ruta como pueden, a base de instinto. Se les frena a punta de pistola. El conductor y dueño del autobús, Rubén Santamaría, tiene la cifra de las víctimas:

—Es verdad que estamos en el «camino de la muerte»; en los últimos cuatro años volaron o quemaron doscientos camiones, y han muerto una docena de conductores.

Seiscientas mil toneladas de mercancías, víveres sobre todo, se mueven por esta senda. Los cadáveres, como subproductos de la guerra, son algo ya habitual en el camino. Los camiones y los autobuses pasan de largo. Es tarea de los zopilotes, ni siquiera de los convoyes del Ejército, que pasan a toda la velocidad que les permiten sus motores para huir de la emboscada. El autobús de línea es el indicativo, el aviso de la calma o el peligro. Por un misterioso código de señales, por una información recibida a tiempo, a través de canales secretos, el conductor sabe si se avecina un combate o si hay vía libre.

Los viajeros bajan y suben cada pocos kilómetros. Alguno trae un enorme pez disecado. ¿Una corbina? Son campesinos a los que sólo les falta el betel en la boca para parecer birmanos o camboyanos. Puentes con inscripciones que son partes de guerra: «La brigada Arce Zabala (del Frente Farabundo Martí) aniquiló por completo al enemigo que se encontraba en este puente.» La señora del dueño y conductor Rubén Santamaría silba desde atrás para que el *bus* siga su marcha. A las cuatro de la tarde comienza a anochecer lentamente. En el último asiento se restriegan los cuerpos un bracero joven y ardiente, que acaba de asolear el café, y una campesina entrada en carnes; se cuentan historias de asaltos, fusiles y machetes que, por el ruido del motor, no acierto a oír. En medio de la guerra se reconquista la inocencia por el amor. Como en el Madrid de nuestra guerra civil, *Plaza del Ángel*, que Octavio Paz describe en un poema:

En la Plaza del Ángel, las mujeres
cosían y cantaban con sus hijos;
después sonó la alarma y hubo gritos,
casas arrodilladas en el polvo,
torres hendidas, frentes escupidas
y el huracán de los motores, fijo:
los dos se desnudaron y se amaron
por defender nuestra porción eterna,
tocar nuestra raíz y recobrarnos,
porque las desnudeces enlazadas
saltan el tiempo y son invulnerables...

El 63 % de los salvadoreños son hijos ilegítimos.

Al detenerse el autobús, se agolpan las vendedoras que chillan como vencejos, quejadilla de maíz, jocotes, pupusas, tamales. Las vacas navegan por el centro de la carretera antes de volver a los pastizales. Los demás coches nos lanzan ráfagas de polvo amarillo. En el puente de Cuscatlán, sobre el río Lempa, que costó diez millones, tenía 441 metros y fue dinamitado por la guerrilla, el Ejército nos hace bajar a todos para la verificación de identidad. Las manos sobre el *bus*. Las cédulas de identidad. Nadie pregunta nada, es lo ya sabido, «el costumbre», que dirían los indios mayas. El sol se apaga tras la cadena de volcanes. Se encienden lámparas de carburo o de gas en las chozas de paja. El puente sobre el Lempa queda atrás, grotescamente desmochado con sus cables sobre el río. En las orillas vivaquean los soldados. Entran nuevos viajeros, que piden música a Rubén. Suben soldados, que se quedan en el estribo hasta el próximo puesto. En los cementerios, comidos por la maleza, pasta el ganado entre las tumbas. Todavía queda un rastro de luz rojiza cuando llegamos a la capital.

—Esta vez ha habido suerte: paso franco —indica Rubén—. Mañana, Dios dirá.

Rubén lleva veinte años «haciendo» la Panamericana de San Miguel a San Salvador y viceversa.

—La empresa es nuestra, va, cuidamos de nuestros intereses, va, ahora hay menos tráfico, va, aunque no faltan los encuentros con los guerrilleros, va. Nos quemaron un *bus,* pero con esfuerzo nos levantamos, va. No trabajaremos hasta después de las elecciones. Eso es lo que nos han pedido, va.

Los salvadoreños interrumpen las frases con este «va», que es su latiguillo.

—La guerrilla la tiene tomada con nosotros —añade Rubén Quintanilla—. Han declarado la carretera zona de combate. Me alegro de que haya viajado con nuestra firma y que no nos hayan quitado nada, ni los anteojos, como alguna vez, o los zapatos, si son bonitos; luego huyen al Norte o al Sur, a los volcanes, desaparecen como el humo, hasta que vuelven. Bien, final del trayecto; mi «Mercedes» con motor 3,52, mi señora y yo, nos despedimos de usted hasta otra ocasión, va.

El poeta, guerrillero e ideólogo Roque Dalton definió el marxismo elemental a través de los autobuses. «Será idealista quien defina a un bus como un vehículo automotor dotado de asientos para transportar pasajeros. Será materialista quien se niegue a definir el bus en general y aclare en su definición que todo depende de si se trata de un bus en el sistema capitalista o de un bus en el sistema socialista. Y de ahí pase a definir el bus en el sistema capitalista como un vehículo automotor que sirve para que el propietario obtenga beneficios económicos y a partir de la explotación de los usuarios y de los trabajadores que mantienen funcionando dicho bus.»

La moraleja de Roque Dalton se siguió al pie de la letra: vimos en la ciudad y en las afueras el incendio de los autobuses que llevó, todo hay que decirlo, la irritación y hasta el llanto a los propietarios y a los usuarios. Entre los bomberos, un «incendiado» lloraba su desgracia:

—Soy un pobre trabajador, y ésta es mi ruina...

Roque Dalton hace hablar a una dama de la clase media:

¿Cómo no va a hundirse un país cuyos hombres permanecen senta-
[dos en las camionetas
y no ofrecen su asiento a las señoras decentes?
¿Y qué dice al respecto el militante comunista?
Dice: «Con sólo construir un tren subterráneo
igualito al de Moscú,
se arreglarán todos los problemas del transporte urbano
en San Salvador como en todo lugar.»

Rafael, el taxista que me lleva al hogar con aire acondicionado del «Camino Real», tiene otros problemas metafísicos: la salvación del fuego eterno. Es el virus de los evangelistas.

—Me gusta la Biblia —comenta camino del hotel—. Yo era católico, pero esa religión dejó de interesarme.

—¿Es que no la vivía con pasión?

—Ya no me decía nada, lo que yo quiero es vivir de corazón, aprender de la Biblia. Me gusta el Evangelio. Ahorita hay muchas iglesias, pero el Tabernáculo Bíblico es el que más me llena. Los pastores se explican muy bien.

—¿Y es consecuente con lo que explica la Biblia?

—Eso es difícil en esta profesión. El pecador nos busca y nos persigue. El cliente nos pide que le llevemos al vicio, a las mujeres alegres. Quiero retirarme, no puedo aguantar este ritmo. Agarras a un pasajero que te dice, «llévame por ahí, donde están las mujeres, acompáñame a tomar (beber), comparte conmigo mi soledad». «No es grato para mí —les respondo—, me lo prohíbe el Evangelio.» Pero al final los llevas, porque un galón de gasolina, tal y como está el mercado, sólo te da para dos carreras.

Rafael insiste en que la situación económica hace que proliferen las malas mujeres, que son «secretarias de día y putas de noche».

El campus de la Universidad Centroamericana, con sus jardines bien cuidados y sus estudiantes aplicados, es un susurro de paz en medio de la tormenta. También aquí las pizarras públicas invitan a leer la Biblia. Los estudiantes visten camisetas historiadas con leyendas como: «Queremos obispos como monseñor Romero» y «A pesar de las balas, sabemos gozar». Uno de ellos, sentado en un banco, ve pasar con escepticismo una bandada de garzas:

—Estas elecciones son como las mariposas, muy bonitas, pero no se sabe para qué sirven.

Los sondeos adelantaban un alto índice de votación, que obedecía, según interpreta mi amigo y paisano el rector de la Universidad Ignacio Ellacuría, «al temor y a las expectativas, en grado desigual. Existe el miedo a no votar, aunque serán muchos los que anulen su voto porque la abstención se refleja en los carnés de identidad. Hace dos años, en 1982, el entonces ministro de Defensa, general García, acusaba de alta traición a los abstencionistas. En cuanto a las expectativas —añadía Ignacio, varias veces amenazado por los escuadrones de la muerte—, en esta campaña larga y fuertemente personalizada, las clientelas de los partidos tradicionales, más amplias de lo que asegura la guerrilla, concederán una vez más al democratacristiano Duarte, a D'Aubuisson y al PCN de Guerrero el beneficio de la duda».

En el hotel, alguien había colgado el número de teléfono y el apartado, el 508, del Club de Neuróticos Anónimos. El ultraderechista D'Aubuisson, el capricho de las damas —chaleco antibalas, pistola al cinto, un amuleto indio de plata en torno al cuello—, se vestía ahora con la piel del cordero, aunque afirmaba: «Señores periodistas, algunos de ustedes han mentido, sí, han mentido. Creo que ganaré las elecciones con un 52 %. Si eso no ocurre, estoy dispuesto a comerme un tigre.» D'Aubuisson remachaba en el clavo de sus cuatro manías fundamentales: la patria, el orden, la familia, la moral, el regreso al trabajo, un Gobierno sólido. La paz de los sepulcros.

—Tiene una hermosa mirada andaluza —me susurra al oído un periodista francés—, la pinta de un grande de España de cuadro de Velázquez, algo así como un John Wayne del Caribe mezclado con Muamar el-Gadafi...

—No sigas —respondió—; sabes muy bien que es de origen francés, familia expulsada de la Revolución de 1792. Yo lo veo más bien entre Fernandel y el coronel Lagaillarde.

Era como para correr a apuntarse al Club de Neuróticos Anónimos. Cuando visité al democratacristiano José Napoleón Duarte, quien ganaría las elecciones en las dos vueltas —y después de varios registros a que me sometieron sus guardaespaldas—, lo encontré rojo de santa y cristiana ira contra el candidato de la extrema derecha:

—Roberto d'Aubuisson me ha llamado de todo. Ha dicho de mí que estoy loco, que soy un «sobado» y otras palabras más soeces. Con eso quería aparentar que tiene más agallas, como el único hombre capaz de acabar con los comunistas, con los Duartes. Es un paranoico. Ha llenado toda la campaña de insultos. Me ha retado a boxear, a darnos de golpes, incluso a matarnos en duelo. Eso demuestra lo paranoico, lo incontrolable que es.

—En Europa, Duarte, se le considera a usted un fascista o poco menos. Formó parte, como Presidente, de una Junta cívico-militar bajo la que se produjeron 25.000 asesinatos políticos. Para Europa es usted un reaccionario; en cambio, aquí, en muchos sectores, está considerado como un peligroso comunista.

—Yo he luchado siempre por el cambio, por la justicia social; creo en el humanismo cristiano. Lo que ocurre es que en Europa me tienen por reaccionario por mi participación en la Junta de Gobierno. A partir de ahí trataron de desprestigiarme. Aquí, por esas mismas razones, la derecha me tilda de comunista; por eso me tuvieron ocho años en el exilio en Venezuela, por eso me quisieron fusilar, me rompieron la cara a culatazos, me cortaron los dedos. Es lógico que, entonces, se diga aquí que soy un peligroso izquierdista y en Europa un fascista. Eso significa que estoy en el justo medio. Nosotros somos la única solución para El Salvador. Nunca negociaré con la guerrilla con los rifles sobre la mesa.

En las páginas de los diarios, junto a los avisos electorales, un tal padre Ricardo Fuentes hacía un llamamiento a María Auxiliadora, «que salvaste a la cristiandad en Lepanto en 1571 y en Viena en 1683 ¡salva ahora a El Salvador!» Al lado venía la nota de agradecimiento al Espíritu Santo por los favores recibidos, una sección de anuncios para vehículos blindados, de generadores (en auge por los cortes de luz), y notas de sociedad: «Florencia Vides Escalón será felicitada en su día. Sus padres, Ing. Eduardo Vides Lemus y doña Ana Elsie Escalón de Vides Lemus, la colmarán de finas atenciones en su residencia.» Otros anuncios: «Tienes que tener una mente que diga amén a Dios.» Canciones: *Palante va nuestro asunto, aunque se oponga la Humanidad*. Para combatir los hijos ilegítimos, la imparable explosión demográfica, aparatos que desgranan condones como de venta de caramelos con esta frase: «Planifique su familia, deposite dos monedas de diez céntimos y gire la manecilla.»

Grisalla, resfriado del aire artificial, diarrea. Hasta aquí llega el desquite de Moctezuma. Libros de Corín Tellado: *Nacer de nuevo* y *Amor ajeno.* Telefilmes: *Guerreros asesinos, Comando de la muerte,* y luego, *La Biblia por dentro,* con predicadores electrónicos. Después, Roberto d'Aubuisson con sus atentados verbales, también al idioma: «Han habido...», «Yo me recuerdo...», «Ya se los expliqué». Al bajar en el ascensor, me detuve de nuevo frente al tablón de anuncios, y leí el *leit motiv* del Club de Neuróticos Anónimos: «Si tiene ira congelada. Si su vida se desploma, llámenos.»

En la barra, mientras sonaba la coctelera, un colega contaba el último chiste sobre la vía salvadoreña a las elecciones:

—Van en un avión el Papa, Reagan y el presidente provisional de El Salvador, Álvaro Magaña. Surge una avería y el avión empieza a capotar. Sólo hay un paracaídas, de modo que deciden votar para ver quién lo utiliza. Depositan las papeletas en un sombrero y el piloto lee el resultado: el Papa, 1 voto; Reagan, 1 voto; Magaña, ¡siete votos! Apenas si se produjo alguna sonrisa de cortesía. La tribu tenía bajo el tono vital. Estábamos en los primeros «Martinis». El corresponsal de la «United Press» vendía las camisetas «Periodista, no dispare». *Arena* amenazaba así: «Periodista, entrega tu país, pero no el nuestro. Di la verdad.» Al final de la barra, un colega japonés recibía algunas clases gratuitas sobre mecanismo electoral, la tinta indeleble en el dedo, la raya en la papeleta, el carné de identidad y, sobre los signos de los partidos, el pescadito de Duarte, las manitas de Conciliación Nacional, la cruz de la Arena de D'Aubuisson. Mientras tanto, en la jornada de reflexión, René Hernández, de cincuenta y dos años, zapatero, me enseñaba la camisa blanca que se pondría para ir a votar. Los niños lanzaban sus cometas al aire, los mayores invitaban a un trago de ron local marca «Tic Tac», y las mujeres cabildeaban a las puertas de sus casas. En el «Hotel Sheraton», las computadoras, regaladas por el procónsul norteamericano y protegidas por metralletas, esperaban la hora H electoral. Votar por la mañana y morir por la tarde.

10. JESÚS DEL ROSTRO DIVINO

Nos levantamos pronto. Apenas clareaba cuando Jesús Ceberio, corresponsal de *El País,* se puso al volante. Con él, Enrique Müller, del *Spiegel,* el corresponsal de la Radio alemana, Willi, y el autor. La idea, para seguir el día, era llegar hasta Chalatenango, donde se suponía que la guerrilla sabotearía las elecciones. La ciudad, de ordinario tan activa a estas tempranas horas, aparecía vacía. Ni rastro del Japón o del Ruhr en que las guías convierten en sus imágenes literarias a la capital, el hormiguero salvadoreño, atestada de gente y poblada de ruidos.

Al llegar a Guazapa, en las estribaciones del volcán, fue necesario frenar en seco. La carretera estaba cortada por troncos de árbol, piedras con carteles de advertencia pegados y, según decían, bombas de fabricación casera. Descendimos del coche. Willi enarbolaba una bandera blanca. «Las elecciones son una farsa», decía una de las divisas guerrilleras. Alzamos la vista. Un campesino nos observaba desde el promontorio.

—¡No sigan —gritó—, han minado la carretera!

El campesino recibió a las dos de la mañana la visita de la guerrilla. Se llamaba Silverio Marroquín, jornalero.

—Me han recomendado que no pase nadie por la troncal del Norte. Eran ocho, incluidas dos muchachitas. Estamos a una legua de Guazapa, donde yo voy a votar, si Dios quiere. Yo voy a votar de todos modos, soy un viejo ya y estoy aburrido de vivir. Me conviene votar. Han sido amables conmigo.

En medio de la conversación brilló un resplandor en la montaña. De forma instintiva nos arrojamos al suelo. En pocos segundos estábamos de nuevo en el coche. Las ruedas chirriaron al dar la vuelta. El próximo destino era San Vicente, al pie del volcán de doble pico, el Chichontepec. Cuando llegamos, una larga cola de votantes doblaba la plaza. Los más apresurados trataban de forzar la puerta de hierro, se colaban por las ventanas. Abajo, en el valle, un cañón sin retroceso disparaba sobre el volcán. Los soldados de la guarnición se distraían en comprar fruta. El día anterior enterraron a treinta de los suyos, caídos en una emboscada. El desorden presidió la jornada electoral.

En San Vicente faltaban papeletas. En otros colegios no llegaron las urnas. En las listas no aparecían los números de los carnés de identidad. En algunos puntos no se votó por falta de energía eléctrica. Hubo colegios que se abrieron con horas de retraso. En Santa Ana aparecieron las listas de San Miguel, y viceversa. Era tal la aglomeración, que la Policía evacuó a los votantes por el techo. En la iglesia del Pilar —donde, en 1883, el jefe indio Aquino tomó la cruz de la estatua de San José y se coronó rey de los Nonualcos—, los más pacientes esperaban, rezando, el momento de depositar el voto. Un anciano de ochenta y siete años, Jesús Someta, sin el impulso necesario para abrirse camino entre los impacientes, esperaba su hora.

—He votado ocho veces en mi vida. Ésta será la novena. Espero que nos traiga la paz. A tres nietos me los han matado. Tengo otros dos hijos con otra señora, me los mataron también. Así que he entregado cinco de mi sangre, de mi casa. Demasiada sangre.

Era el momento de la acción, más que de la meditación. Cuando dejamos San Vicente, en su laberinto, un murmullo de oraciones se elevaba de la iglesia construida por los españoles, sólida, berroqueña, a prueba de terremotos y de las acometidas de los indios del 800. Las jaculatorias se unían así al fuego regular de las baterías. Era la perfecta alegoría de El Salvador.

Con pasos tímidos, los campesinos, vestidos de fiesta, por su orilla, diez, quince kilómetros de andadura, se acercaban a votar con la unción de quien va a misa de difuntos. Ni un solo vehículo en la carretera. Parecía el *Day after*. Se suspendieron los transportes públicos. El salvadoreño se quedó ese día sin su más preciado fetiche: el autobús. La carretera era toda para nosotros y para hatajos de vacas escuálidas cubiertas de polvo volcánico. Al pasar, los campesinos nos miraban con frustración y cierta envidia. Camino de San Miguel, al llegar a la aldea de El Triunfo, Jesús giró bruscamente a la izquierda. En la misma curva del pueblo nos frenaron en seco y nos ordenaron bajar. Era la guerrilla.

—A ver —dijo el comandante, autoritario—, sus cédulas de identidad.

Se las entregamos sin chistar. Era el BRAZ, la Brigada Rafael Arce Zabala, una de las más duras y eficaces del Frente Farabundo Martí y del ERP, Ejército Revolucionario del Pueblo, a la que pertenecía. Se calcula que el ERP reúne el 40 % de la fuerza guerrillera; el FPL, en torno al 20 %; el FARN, el 15 %; el FAL, del partido comunista alineado a Moscú, el 10 %.

La guerrilla se había desplegado por el pueblo. En el centro, algunos tenderetes y un tiovivo. En el Triunfo eran fiestas.

—No saldrán de aquí hasta que yo diga —anunció el comandante Ángel—. Si intentan escapar —ordenó a sus hombres—, disparen contra las ruedas del coche.

Los soldados compadreaban con la población. Serían una veintena. Al fondo ardían aún las papeletas de voto. La brigada hizo una hoguera con ellas ante la mirada de todo el pueblo. Después, la comandante Altagracia, bajita y de pelo negro, explicó al pueblo la razón por la que quemaban las papeletas, en un auto de fe contra el espíritu electoral de los gringos. «La guerra popular es el auténtico camino, la única alternativa. Vamos a luchar antes, durante y después de las elecciones. Seguiremos profundizando en la guerra hasta obtener la victoria. No depondremos las armas.» Eran, casi palabra por palabra, las mismas frases de su líder, Joaquín Villalobos, el jefe guerrillero más importante tras la muerte, suicidio-asesinato, de Salvador Cayetano Carpio, de sesenta y tres años, partidario de la «guerra prolongada», a lo Ho chi Minh, y de la eliminación de la comandante Ana María.

Altagracia estaba ahora sentada junto a la hoguera de las papeletas. La vi en ese estado de beatitud, de alejamiento de la realidad, lo que podríamos llamar el éxtasis del partisano, en las horas de tregua. Altagracia hablaba con voz muy queda cuando se le acercaba alguien. Pocas palabras y una sonrisa permanente, sosegada.

—O sea, que son del BRAZ —dijo Enrique.

—¡Ah! —repuso el guerrillero—, ¿nos han oído mentar?

Se escuchaba el ronroneo de los helicópteros.

—¿Tienen instrucciones de combatir si el Ejército ataca? —preguntamos.

—Sí, pero no aquí; fuera del pueblo.

El Triunfo no pudo celebrar el día de su patrón, el Rostro Divino. Tampoco pudieron elegir a la Reina de las Fiestas. Doña Concepción se hizo con una de las urnas y la llenó de caramelos, galletas y chocolatinas, siguiendo el consejo de Simone de Beauvoir: «La urna es el más inadecuado mecanismo para el cambio.» El comandante Ángel se negó a devolvernos las acreditaciones de Prensa.

—Ustedes se irán sólo cuando nosotros nos vayamos.

La partida guerrillera de Ángel y Altragracia hace compras, prepara el rancho, mantiene contacto por *walkie-talkie* con los centinelas. El comandante Ángel va tocado con una gorra verde, uniforme verde olivo, mochila a la espalda, granadas, un pañuelo rojo al cuello y un fusil de asalto israelí «Galil» en la mano derecha.

—Estas elecciones no tienen sentido, porque hemos liberado al pueblo —dice—. Fíjense que puede quedar de presidente un señor que es responsable de miles de asesinatos; el jefe de los escuadrones de la muerte.

Ni siquiera pronuncia el nombre de D'Aubuisson. Nervudo, de nariz aguileña, de paso ágil y mirada felina, su expresión se endurece cuando habla de los gringos.

—Nos han forzado a esta guerra; la oligarquía y los americanos son los que la quieren. Por nosotros no moriría un salvadoreño más. Deberían venir con escuelas, arroz y hospitales, y vienen con bombas.

Ángel es la estampa del guerrillero avezado y coriáceo. Si gana esta guerra no será, de seguro, para instalar en San Salvador una socialdemocracia. A medida que pasan los años, endurecen al guerrillero las privaciones, las penalidades, las marchas extenuantes, las fiebres, la mala alimentación, las heridas mal curadas.

En la tienda de Antonio Ernesto Flores, los del BRAZ entran para comprar pilas.

—Hay que escuchar «Radio Venceremos» —explica—. ¿Cuánto es?

—Nada —responde Antonio, que fue alcalde demócrata-cristiano del pueblo hasta que le volaron la abarrotería.

—No fueron precisamente los guerrilleros —añade—. Tuve que exiliarme a los Estados Unidos. La amenaza era de muerte para toda la familia.

No hay electricidad, y los refrescos, a falta de hielo, en medio de este calor enervante, saben a pis. Tras las cajas almacenadas y las chucherías sonríe, en un retrato, Juan Pablo II.

—Aquí la gente —prosigue Antonio, de sesenta y tres años—, está repartida entre la extrema derecha de Arena y la Democracia Cristiana. El actual alcalde, Héctor Bernal, es de ARENA, pero los muchachos no le hacen nada. Está recluido en su casa y no se mueve de allí.

Como todas las guerrillas del mundo escuchan, en una tregua, la radio del Frente, limpian las armas, escriben poemas revolucionarios —¿a imitación de Roque Dalton?— se reparten el rancho, arroz y frijoles, tienen, como Altagracia, la mirada suspendida en el vacío. La Orquesta «Revelación 74» no pudo tocar ese día en las fiestas patronales de El Triunfo. El dueño del «Billar Martínez» estaba compungido. Era el jefe, por añadidura, de la Junta Electoral del Pueblo, y tuvo sus más y sus menos con el comandante.

—A mí me nombraron a dedo, pero no tengo nada que ver con el proceso.

Su actitud hostil, huidiza, le delata. Mientras esperamos el repliegue, nos abre las puertas del billar para jugar una partida. Martínez sí tiene hielo y unas cervezas frescas.

Tampoco el cura llegó para celebrar la misa del Jesús del Rostro Divino. Pero a Don Ismael, que llega de un pueblo vecino, la guerrilla lo respeta. «Él celebra su misa, se va y luego nosotros celebramos la nuestra.» Los habitantes hacen corro al maquis. Me preguntan por un jugador salvadoreño del Cádiz y más tarde del Valladolid, *Mágico* González.

—Es el segundo que más goles ha metido en la Liga española —dicen, con orgullo—. El segundo en el goleo.

—Y el primero en las jaranas —replico.

—Eso también.

Jorge González es el ídolo en un país donde el fútbol es, con la guerra cotidiana, el alfa y el omega. Hasta hubo una guerra con Honduras por el fútbol, que en realidad fue la primera guerra demográfica. El 8 de junio de 1969, Honduras le ganó a El Salvador en el partido de ida de la eliminatoria para el Mundial. Los hinchas salvadoreños fueron víctimas de insultos y agresiones físicas. El Salvador le ganó a Honduras en el partido de vuelta. La bandera hondureña fue profanada, y los hinchas, agredidos por la multitud. La guerra estaba servida cuando comenzó el éxodo de los salvadoreños que vivían en Honduras, expulsados o atemorizados por las represalias. El 14 de julio, las Fuerzas Armadas de El Salvador invadieron Honduras. La mal llamada guerra «del fútbol» duró cien horas, y costó entre mil y dos mil muertos. Miles de refugiados empujados hacia el país fronterizo por la miseria y la presión demográfica, pasaron de nuevo el confín hacia El Salvador.

—*Mágico* González es de Santa Ana y juega un gran fútbol.

—¿Les quedan ganas para ocuparse del fútbol?

—Nosotros le hacemos a todo, señor. La vida aquí es muy bonita, salimos a vacilar, a las ruedas (tiovivos), nos damos unos vueltines. Los muchachos nos dejan en total libertad; sólo cuando llega el Ejército hay que correr hacia casa. Hace ocho días se produjo un enfrentamiento aquí mismo, donde platicamos. Sólo los nerviosos salen. Los demás, aquí estamos. No nos obligan a ir a los mítines, cada uno hace lo que quiere. El alcalde es de Arena, que ganó por muy poco a los cristianos, y está en su casa, tan tranquilo.

Adolfo es avicultor, tiene gallinas ponedoras.

—¿Está de acuerdo con la quema de papeletas?

—Está bueno.

Los más jóvenes en El Triunfo se sitúan al lado de los guerrilleros, les miran con respeto, les rodean. Uno de ellos me pide las zapatillas de tenis que llevo puestas, para los brigadistas del BRAZ. Ésta es, y va a ser, la lucha de los helicópteros que sobrevuelan la zona y de los aviones espías norteamericanos que, desde Honduras, atraviesan con sus instrumentos el secreto de las quebradas, de la tupida selva, de los pasos de los rebeldes contra el guerrillero con caites, sandalias rudimentarias de neumático tipo Ho Chi Minh. El comportamiento del ERP aquí es escrupuloso. No se toca ni un pelo a nadie. Según el Arzobispado la guerrilla liquidó 29 personas de la extrema derecha. Pero se logran más deserciones en las filas del Ejército por este método, que por los pelotones de fusilamiento. En el centro de la plaza, la armonía es tal que el tiovivo podría empezar de nuevo a dar vueltas. La guerrilla sabe que puede contar, si no con el apoyo firme, sí al menos con la neutralidad. El pueblo, desde los excesos de la colonia, está acostumbrado a sufrir.

Es mediodía, y el hambre aprieta. Junto a la iglesia, el intendente sitúa su saco de provisiones: arroz, frijoles y tortilla, la torta de maíz. Agua para beber, no «agua cristal», como llaman aquí a la mineral, sino agua hervida para matar los parásitos. Ésta es la dieta, que cambia de vez en cuando para celebrar una victoria. Pupusas, las empanadas, o quién sabe si hasta pepián o gallo en chicha, o tamales, pasta de maíz con manteca, cebolla, tomate, carne molida, chile, tocino o carne grasienta de cerdo. Nada de lo que los españoles trataron de imponer a los indios cuando llegaron aquí: naranjas, limones, miel, melocotones, trigo, peras, cebada, avena. Los salvadoreños siguen con el maíz los frijoles y las habas. Después, unas ráfagas de «Radio Venceremos» un breve reposo en el chinchorro, la hamaca o la cabaña de techo de corozo. La emisora del FMLN no emite desde Nicaragua, como asegura la Embajada de los Estados Unidos en San Salvador. Tiene un tono retórico muy a lo «Radio España Independiente» de nuestra posguerra, pero con un mayor grado de fiabilidad sobre las informaciones.

Cada uno de estos hombres, muchos de ellos niños, estudiantes, médicos, campesinos alistados tras una matanza de la Guardia Nacional creada a imitación de la Guardia Civil española, o de ORDEN, la Organización Democrática Nacionalista, fuerza paramilitar que se refundió en ARENA y le cuesta a los Estados Unidos 30.000 dólares en ayuda militar a El Salvador. Hay zonas en las que sólo se cuentan cuatro o cinco médicos por cada cien mil habitantes. El trabajo es temporal, dos, tres meses al año a 300 o 400 pesetas diarias. Tres de cada cuatro niños están desnutridos. La primera causa de mortalidad del país es la diarrea. Setenta y cinco personas pertenecientes a veinticinco familias relacionadas entre sí por matrimonio y parentesco controlan el 90 % de la riqueza nacional. Es el capitalismo salvaje y militarizado, que ha convertido el barrio de San Benito en el Beverly Hills, que corre por buenas carreteras construidas para un mejor acarreo del café, hacia sus residencias en la Costa del Pacífico. Muy ricos y muy pobres, lo cual no significa que todos los pobres estén sólo con la guerrilla o los muy ricos con las catorce familias de que hablaba el corresponsal del *Time*. Los gringos calculan que, en unas elecciones, la guerrilla, el FMLN y su brazo político, el FDR, obtendrían el 20 %, o quizá más, de los votos. El Ejército, que ocupó el poder durante cincuenta años, permite las elecciones, pero no la democracia. El fraude electoral de 1972 impidió la solución reformista de Duarte y Ungo. El golpe de 1979 fue otra oportunidad perdida: «La tanda manda», dicen los salvadoreños para explicar el poder de algunas promociones militares a los que llaman «las tandas». Allí estaba el consejero de Carter, y más tarde embajador en Madrid, Terence Todman, para blanquear la responsabilidad de los cuerpos represivos:

—Hay que evitar la condena —dijo Todman— de todo un Gobierno por cada error cometido por alguno de sus funcionarios.

En El Salvador, los generales y oficiales se aprovecharon del botín de guerra para enriquecerse. ¿Cómo pueden, entonces, dejar el poder a los civiles? Ellos, con licencia para matar y las armas necesarias, tienen siempre la última palabra.

La oposición es el cubo mágico de Rubik. Hay de todo, desde leninistas puros, hasta demócrata-cristianos desengañados o comunistas desencantados, como los que formaron con Salvador Cayetano Carpio, *Marcial*, a la cabeza de las Fuerzas Populares de Liberación, en 1970. El objetivo, como el de Ho Chi Minh, era la guerra popular prolongada. «El modelo —dicen— no es Cuba, ni Nicaragua; es Vietnam del Norte. La guerrilla no está libre de las contradicciones ideológicas. Eso explica la ejecución, por conducta antirrevolucionaria, del poeta Roque Dalton a manos de Joaquín Villalobos, el estudiante de Económicas, hijo de familia burguesa que se unió a la guerrilla a mediados de los 70. A Dalton lo acusaban de dos delitos: ser agente de la CIA y de Fidel Castro. El ERP de Villalobos —según Raymond Bonner— ha expresado sus críticas sobre el número de maestros, médicos y consejeros militares cubanos en Nicaragua. Adoptan con ello una postura más nacionalista, más independiente. El FARN, por su parte, constituye, con el ERP y el FPL, el 90 % de la fuerza guerrillera, critica la censura a que el régimen de Managua somete al diario *La Prensa*. «Si no les gusta —decía uno de los dirigentes del FARN—, que funden un periódico mejor.»

Otras serias querellas internas sobre la línea ideológica y la estrategia —moderación, negociación, radicalización e intransigencia— explican el asesinato de la comandante *Ana María* (Nélida Anaya Montes), el 12 de abril de 1983, en Managua. *Ana María* se mostró partidaria de una salida negociada al conflicto. Tan absurda como la explicación que el ERP dio al asesinato de Roque Dalton fue la que ocho meses más tarde presentó el FPL por la liquidación a machetazos de *Ana María*: la orden partió del comandante Carpio, como represalia por «la ceguera de sus ambiciones políticas y un sentido fanático de su propia valía». Carpio, viejo y enfermo, recién llegado de Libia, donde pidió ayuda a Gadafi, habló en el funeral de su compañera de armas y amiga, *Ana María*. A partir del 9 de abril *Marcial* desapareció del mapa. Suicidio fue la razón que hicieron pública. Pero los viejos revolucionarios nunca se suicidan.

En mi primera visita a El Salvador, previa al golpe de Estado de los reformistas en 1979, descubrí —saltaban a la vista— las razones por las cuales un estudiante, un abogado, un maestro, o un cura se pasaban a la guerrilla. Para el Ejército, la Guardia Nacional, la Guardia de Hacienda o las organizaciones paramilitares, un liberal es un comunista en potencia. No quedaba otra salida que el maquis. Eran pocas las familias que no tenían a alguien: padre, hijo, hermano, liquidado por los escuadrones de la muerte.

Todos juntos
tenemos más muerte que ellos,
pero todos juntos
tenemos más vida que ellos

escribió Roque Dalton. Aquí, en Villa El Triunfo, un guerrillero vestido con un mono azul descubre sus móviles: Veintiún años, estudiante, dos años y medio preso en el penal de Santa Tecla y después en Mariona.

—Era cuestión de vida o muerte. Cuando la amnistía nos puso en la calle, me enrolé al ERP hace tres años. Mi nombre creo que no les diría nada, da igual. En nuestro grupo somos dieciséis los que estuvimos presos. Esto es duro, pero a todo se acostumbra uno, entrenamientos, tareas, operaciones, kilómetros de marcha, hostigamientos, emboscadas.

—Todo, mejor que la tortura.

—Todos los que estamos aquí hemos probado las mismas torturas. Con el estado de sitio me sacaron por la fuerza de mi casa, un viernes a las seis de la tarde en San Salvador, en el barrio de Mejicanos. Gente de civil con cachuchas, gorros, fusiles «G3». Me vendaron y comenzaron a darme duro: culatazos, cintarazos, golpes de puño. Me llevaron a un cuartel, donde pasé doce días sin saber nada de nada. Estaba en lo oscuro. Después nos pasaron al control de reos. Nos ponían la capucha, nos hacían el avión. Te amarran de los brazos, te cuelgan, te dan vueltas. Te preguntan, ¿con piloto o sin piloto? Con piloto es cuando se te monta uno en el lomo y te recarga el peso mientras tú das vueltas. Te ponen los choques, electrodos en los genitales, te ahogan en una bañera. A un compañero le arrojaron ácido; era profesor, te colocaban en un patio expuesto al sol todo el día, desnudo. Después de esto puede preguntarme por qué estoy aquí.

En una guerra civil —todas lo son—, los atropellos no son patrimonio exclusivo de uno de los bandos. Aunque en un porcentaje muy inferior al del Ejército, el Frente, antes y después de su unificación de corrientes y grupos guerrilleros, en 1980, tiene también su lista de excesos y desmanes. El jefe del ERP, Joaquín Villalobos, convertido, tras la muerte de *Marcial,* en la figura más experimentada de la guerrilla, en el primer comandante, ordenó en 1984, a los suyos y al FPL, que dejaran de ejecutar a los prisioneros.

Si fracasa el diálogo, ¿qué modelo de sociedad surgiría de una victoria de la guerrilla de izquierda? El comandante Ángel nos da una de las respuestas de lo que podría ser, con su actitud, un tanto adusta y cerrada.

—Déjense de hacer fotografías y traigan zapatos para los niños. A ustedes los periodistas todo esto les resbala; viven en sus países con sueldos millonarios, confortablemente, sin entender que ésta es una guerra de liberación de un pueblo sometido y torturado. Todavía hay gente loca en este pueblo que cree en la cruz de D'Aubuisson y se empeña en votar. ¿Para qué, si traerá más pobreza, más asesinatos, más dependencia de los gringos que nos han obligado a esto?

Otra de las respuestas procede, aún en el interior del mismo grupo, del guerrillero vestido de mono azul, en una actitud más flexible, moderada, procedente de algún sindicato estudiantil cristiano, de la agrupación de maestros, de los sindicatos obreros, o de las comunidades de base. No ha resultado herido en combate, no lleva demasiado tiempo en la montaña. La comandante Altagracia, sentada en cuclillas, en la posición del loto, con el fusil belga cruzado sobre las piernas, es una incógnita. El guerrillero es cauto, apenas transmite datos. Su vida privada no existe, sus ideas son las que traslucen de los boletines y los programas de «Radio Venceremos», pero podemos imaginarnos lo que pasa por su imaginación. Una guerra prolongada deja poco espacio para especular sobre el futuro. Descargas de armas automáticas, explosiones de granadas y morteros, ametrallamiento desde helicópteros de combate. Es vivir al segundo, sobrevivir, luchar. Luego se hará lo que decidan los jefes, quienes, por regla general, son de educación marxista, han pasado por Moscú, como *Marcial,* o por Cuba, como Roque Dalton. Su brazo político, el FDR, tendrá a los ojos del comandante Ángel, que nos reprende a los periodistas que llegamos hasta El Triunfo y nos retienen durante horas, el mismo tratamiento. Ellos, los del FDR, son políticos, y los políticos viven ajenos al fuego, a la dificultad de la montaña. Cuanto más tiempo pasa, mayor es el poder de los militares revolucionarios y más corto el margen de acción de los políticos en sus cómodas bases en Panamá, México o Europa. Ésa es la opinión de los radicales; la de los moderados puede ser otra. Cuando Ungo dice por Radio que el Frente no atacará los colegios para evitar que se vote, los hombres de Villalobos le desmienten con la acción. Están aquí y han quemado las papeletas. Han pinchado neumáticos de autobuses y roto cédulas, atacado pueblos y minado carreteras. El socialdemócrata Manuel Guillermo Ungo reconoce que no controla las diversas facciones de la guerrilla que forman el frente, «pero tampoco ellos a mí». Es un matrimonio de conveniencia: «Ellos me necesitan a mí, y yo, a ellos.» ¿Después? Una sociedad pluralista, un Gobierno de emergencia y unidad nacional, un San Salvador no alineado, un Gobierno que desmantela todos los cuerpos represivos, que mejore la salud y las escuelas, que nacionalice las Finanzas, que reparta mejor la riqueza, o una democracia popular, con victoria de los más duros, los radicales, los revolucionarios puros y duros, los maximalistas. «Esto no podrá ser Costa Rica, ni tampoco Nicaragua —me decía un amigo del FDR—; son modelos que no nos sirven; tampoco Cuba; sabremos buscar nuestro propio camino.» ¿Existe ese camino?

La guerra sigue en El Triunfo. Se produce el relevo en los puestos de centinelas. El comandante Ángel se niega a dejarnos partir hasta que un gringo con acento mexicano llega con su furgoneta llena de cámaras electrónicas, baterías y cables. Es de una de las tres grandes cadenas de la televisión norteamericana. Él, con su franqueza y sus prisas por transmitir vía satélite, romperá con los últimos escrúpulos del jefe guerrillero. Fuimos liberados por un gringo.

—Mire, yo he venido aquí a trabajar. Lo que les aseguro es que no voy a ir ahora al Ejército para entregarle la grabación; ya deben saber de sobra cuántos y quiénes son ustedes. Esos helicópteros —y señalaba al cielo muy gráficamente— llevan años espiándoles a ustedes. A mí me pagan en mi país por trabajar, me dan igual los rojos y los blancos, el pescadito de Duarte o la hoz y el martillo. Con que denos paso franco, que si no, me echan del trabajo; tengo cuatro hijos que comen como fieras.

El discurso dio en la diana. La homilía del gringo, con sus inflexiones mexicanas y su convicción profesional, fueron el «ábrete, Sésamo». Éramos libres. El comandante Ángel nos entregó las acreditaciones de Prensa (las del Ejército que ellos combatían) con buenas palabras y mejores deseos y una última y preocupante recomendación.

—A partir de ahora, suyo es el problema.

—¿El problema? —pregunté con candor.

—La carretera de vuelta a San Salvador está minada. Es un aviso. Allá ustedes. Yo no respondo ya. Hemos colocado minas en varios tramos.

Pero la urgencia por transmitir nuestras crónicas el día de las elecciones pudo más que la parálisis de la advertencia. Dentro del coche nos miramos antes de debatir la cuestión. El miedo es contagioso, y conviene actuar antes de que se apodere de ti.

—Adelante.

—¿Y si saltamos de verdad? Dicen que ayer cayeron dos camiones del Ejército.

—Hay que tener valor.

—Sí, pero el valor no elimina el peligro.

Sin pensarlo más, tomamos la carretera hacia la capital. Desde un cerro próximo, el centinela nos dio el alto.

—¿Tienen permiso de pasada?

—Sí —respondió Jesús Ceberio—. ¿Pero es verdad que habéis colocado bombas?

—Sí, señor, en todo el recorrido.

La hipérbole nos tranquilizó un poco. Recordé una frase de Woody Allen, que cito de memoria: «Más que nunca en la Historia, la Humanidad se enfrenta a una encrucijada. Una conduce a la desesperación y el desastre; la otra, a la extinción total. Recemos para saber elegir correctamente.» El miedo es consustancial al corresponsal de guerra. Si el sufrimiento es necesario para la experiencia artística, el temor lo es para una buena crónica. Me vino a la cabeza John Hoagland, muerto unos días antes entre el fuego cruzado, o Ian Matter, pulverizado sobre una bomba en la carretera que habíamos tomado por la mañana hacia Chalatenango. Durante unos minutos sentí la seducción del miedo, un cosquilleo que me recorría la columna como una chispa sexual. Siempre recuerdo, junto a la frase desmitificadora de Woody —autor, por cierto, de una película sobre las Repúblicas del Caribe, titulada *Bananas*—, la impresión que sobre el miedo dio Luis Miguel Dominguín: «El miedo —decía— es esencial, es como una droga. El miedo hace que creas que vas a morir; por eso cada minuto tiene intensidad. Es una especie de purificación.» Perfecto.

Jesús apretó el acelerador sin más preguntas ni precauciones. En los primeros kilómetros aún reparábamos, en medio de la carretera, en algún arbusto desgajado, en una boñiga de vaca, una iguana atropellada, algún indicio de bombas disimuladas. Después, la velocidad, la conducción segura y el sentido del humor del piloto, pudieron sobre otras consideraciones. Además, ¿cuántas veces en la vida nos han dicho «la carretera está minada» para darse confianza en sí mismo el que pronuncia la frase?

Al pasar el río Lempa, fue el Ejército el que nos hizo bajar del coche. «¿Han visto a los subversivos? ¿De dónde vienen? ¿Qué hacen por aquí?» Junto a un roquedal, el jefe de la columna estableció contacto con la base. «Charlie» pedía instrucciones.

—Pueden pasar.

Después, otra vez en tierra de nadie. Frente a nosotros, con miradas espasmódicas a un lado y otro de la carretera, a paso ligero y con un «FAL» en la mano, apareció un soldado perdido. No aparentaba ninguno de los síntomas de emoción por el miedo de que nos habla el torero Dominguín. Estaba, además de perdido, aterrado. Su caso era más bien el dilema de Woody Allen. Es más, parecía una creación de Woody Allen.

—¿Voy bien por aquí? —preguntó.

—¿Hacia dónde?

—Hacia donde haya elementos uniformados —respondió, enfatizando «uniformados».

—Estás a tres kilómetros, una curva pronunciada, y ahí están los tuyos. ¡Enhorabuena!

Tragó saliva para desatascar el nudo de la garganta y volvió a la carretera a un paso más lento y seguro. El patrón de El Triunfo, Jesús del Rostro Divino, le había dado un día más de vida. San Vicente vivía, en su hora punta, el frenesí electoral. En la plaza se agolpaban aún los campesinos, los sin tierra y sin fortuna, para votar, como si en ello les fuera la vida. Luego, en medio del desbarajuste técnico de las elecciones, una mujer salvadoreña nos diría: «A nosotros sólo nos quieren para poner los muertos.» En el pueblo de Tejutepeque, las fuerzas de la guerrilla aniquilaron, el día de las elecciones, a 31 soldados. Un campesino, Antonio Cantal, mostró a los periodistas el montón de cadáveres. «Aquí, en vez de frijoles, parece que cultivamos muertecitos», dijo.

Ésta era la imagen de El Salvador del Mundo aprisionado entre los caprichos de la escala de Richter y la aniquilación física. Poco había que hacer ya. Una fuerza extraña tiraba de mí hacia paisajes más serenos, a la continuación de mi viaje hacia Guatemala, para, desde allí, subir a Honduras, visitar las ruinas mayas de Copán, bajar a Nicaragua, seguir hacia Costa Rica y terminar mi análisis en Panamá. La frase de una vieja amiga, Carmen Perales, rondaba en mi cabeza con obsesiva insistencia: «Mi mayor deseo es vivir en un país cálido y mirar cómo alguien lanza guijarros al mar.» No sé por qué había fijado ese desiderátum para alguna de las playas del norte de Honduras, La Ceiba o Trujillo. Al fin y al cabo, la aventura no existe. «Está sólo —como escribía Mac Orlan— en el espíritu del que la persigue. Cuando crees tocarla con los dedos, se desvanece, para reaparecer más lejos, bajo otras formas, en los límites de la imaginación.» La playa de la Ceiba encajaba en esos límites.

Poco había que hacer. Despedirse de los amigos hasta otras guerras y otros ámbitos, comprar las últimas toallas con dibujos de los mayas, mientras en el hotel seguía el esquizofrénico escrutinio de los votos. Pero el viaje, contra mis deseos y previsiones, se haría en autobús. Todo estaba en contra del ferrocarril. En la oficina de viajes del hotel, la rubia señorita sonrió al conocer mis planes.

—Tiene usted avión hacia Guate.

—Quiero el tren.

—Utilice el autobús.

—Estoy decidido a viajar en tren. Yo, como Machado, «siempre fiel a la madera de mi vagón de tercera».

—Lo siento; por causa de la guerra han cerrado el que iba hasta la frontera.

11. NUESTRA SEÑORA DEL PARTIDO COMUNISTA

Desde la estación de autobuses, de nuevo en carretera, esta vez con la «Melva», tomo la Panamericana hacia Guatemala. Cristos negros en las encrucijadas, a cuyos pies nunca faltan flores frescas. Ésta es la religión natural, fetichista y sin afeites, lejos de la que uno encuentra en la capital, abstractas conferencias sobre control mental, cursos a lo Dale Carnegie para ganar mucho dinero e ir al cielo, ejercicios espirituales de los movimientos evangélicos, agnósticos, yoguísticos, testigos, adventistas, asambleístas de Dios. Una conspiración para salvar el alma, ya que el cuerpo, la envoltura carnal, se da por perdido. En el lago de Ilopango, donde antes los indios ofrecían cuatro vírgenes en sacrificio a los dioses, ahora lanzan del helicóptero los cuerpos, vivos o muertos, de los llamados subversivos.

Cada vez estoy más maravillado de la fertilidad de la tierra volcánica de El Salvador, un país con la extensión de Badajoz. Los árboles crecen hasta cabeza abajo. Los niños, de barrigas hinchadas, juegan entre el polvo y las piaras de cerdos. Las variaciones del paisaje son sobre el mismo tema: una choza de palma, un comal, el pilón para preparar las tortillas de maíz, una lámpara de petróleo, el machete y, quizás, una hamaca. No en vano es éste el Valle de las Hamacas. Advertencias contra la roya que causa la tuberculosis del café. El conductor viaja muy protegido por un letrero: «Dios me guía; yo, manejo.» Plazas pobres y limpias, paredes ocres, añil, rosa, fucsia. Iglesia barrocas o neogóticas, café, algodón, árboles de caoba, árboles aromáticos de los que se fabricaba el famoso elixir «Bálsamo del Perú». Volcanes. El volcán San Salvador se movía como una hamaca cuando entraba en erupción, por eso los españoles lo llamaron el Valle de las Hamacas. Pero el ciclo infernal de las erupciones previsto en períodos de cincuenta años (1557, 1648, 1719, 1917), se interrumpió en 1967. Ese año, los salvadoreños miraban con aprensión hacia los conos de los volcanes. No hubo nada. Es más, el volcán Izalco, que queda al Oeste según el sentido de nuestra marcha, siempre amenazador, con sus vapores, fumarolas, cenizas que oscurecían el cielo, su lluvia de fuego, sus bloques de lava, tosió, sufrió dificultades respiratorias y enmudeció. Era en 1966. El Izalco, al que los marinos llamaban *el Faro del Pacífico*, porque su fuego les orientaba por la noche para navegar hacia el puerto de Acajutla, se echó a dormir justo en el momento en que iban a inaugurar el «Hotel Montaña», que permitiría a los turistas de lujo contemplar desde el Cerro Verde el cráter en ebullición con un vaso de whisky en la mano.

Con el mismo misterio con que el Izalco apareció ante un campesino indio que tiraba de una carreta de bueyes en su campo de maíz en 1770, y que corrió pendiente abajo, hacia el cura, para contarle lo que había hecho el diablo, así entró en el silencio y la inactividad. Los mariachis ni siquiera llegaron a desenfundar sus guitarrones para inaugurar el hotel sobre el volcán, que desde aquel día se convirtió en Mariembad, invadido de murciélagos y telarañas.

El vulcanólogo Haroun Tazzieff había pasado ya por el Izalco. Lo visitó con su fonendoscopio, como un partero que ausculta las entrañas del volcán para descubrir sus humores y sus secretos. ¿Se puede elegir una profesión más atractiva? Haroun describía sus emociones sobre el labio de un cráter en erupción, como quien dice, sobre el alambre de un circo vivo, rugiente. El vulcanólogo se divide, al borde del Izalco, entre la atracción del vacío, el misterio y el esplendor del centro mismo de la erupción y la prudencia. Un reportaje de un corresponsal de guerra, como la descubierta de un vulcanólogo, no justifican la muerte. Como me decía en Teherán el embajador y poeta Aurelio Valls, «un periodista muerto es un mal periodista». Haroun Tazieff observó durante semanas el comportamiento del Izalco, las gargantas que no dejaban de rugir y lanzaban hacia el cielo llamas anaranjadas, escarlatas o violetas, que resplandecían al contacto con el aire. Hacia el alba se producía una ligera pausa, una relativa calma. A pesar de todo, la chimenea de alimentación vomitaba bombas de lava. Haroun, sobre el labio del cráter, quiere descubrir si esa lava es como la del Stromboli, pero al caminar, las zapatillas de caucho le arden, le abrasan. Se verá obligado a volver cuando le faltan sólo diez o quince pasos hasta la chimenea más próxima. Pero el vulcanólogo ha entrado en los infiernos. Cuando desciende, sobre capas de escoria, una formidable explosión le inmoviliza. El Izalco ha despertado de nuevo, bruscamente. Una potente columna de humo negro se elevaba sobre el cráter, los bloques de piedra caían alrededor, y un polvo espeso ofuscaba la silueta de la montaña. Eran los jadeos de la bestia, con ruido de enorme locomotora, con sus tambores y sus címbalos. «El Izalco —escribía Tazieff en su *Historia de los volcanes*— vomitaba de nuevo, casi sin tomar aliento, olas de lava líquida y gavillas de bombas en fusión.»

Los indios y los ladinos imitan al volcán y revientan pólvora en las iglesias y en las plazas, y cantan algunas canciones intencionadas, llamadas «bombas», en la procesión:

¡Qué encarecido está el maíz,
y por eso a la niña Talichte
le rompieron la sacristía
con un pedazo de güishte!

A falta del rugido del volcán, en Izalco suenan también los arcabuces coloniales, y el cantador indio se declara:

¡Cuánta guayaba madura,
cuánto limón por el suelo!,
jeu...
Cuánta muchacha bonita
para mí que estoy soltero,
jeu...

O también:

Por aquí pasó una niña
delgadita de cintura,

jeu...
no pierdo las esperanzas
de gozar sus hermosuras,
jeu...

El licenciado Palacio le cuenta al rey Felipe II, a su paso por aquí, que el temblor, el terremoto, «ha derrocado y molido todas las casas, que, aunque muchas eran fuertes e buenas, se cayeron e abrieron; fue el más espantoso que jamás se ha visto. En el camino y las sierras hay hendiduras por muchas partes, y ninguna casa de los indios de aquellas tierras se quedó en pie, todas cayeron. Contóme un español que caminaba por allí a la sazón, que tembló, porque las sierras parece que se juntaban unas con otras, e que a él le fue forzado apearse y tenderse en el suelo, porque no se podía tener en pie. La casa donde yo estaba parecía un navío, pues las domas (cúpulas) llegaban con los tejados al suelo, e quiso Nuestro Señor que no peligraran sino tres personas, que fue misericordia suya, las casas cayeron, y la gente andaba turbada y espantada».

El licenciado Palacio viajaba en nombre del rey para recoger el tributo de los encomenderos. Ahora, el caminante de al lado me habla de fútbol, de los jugadores españoles, que conoce uno por uno, sus vicios y virtudes en el terreno de juego. «Una vez —me dice en el colmo de la exaltación— vi jugar al Real Madrid en sueños.» El licenciado Palacio se hace lenguas de los caimanes, de la fiereza de los indios, de los venados de los que ordena extraer piedras, «que probadas en enfermedades pestilentes, hacen el mismo efecto que las que se traen de la India», de las granadas, manzanas, membrillos y duraznos «y las demás cosas que a estas partes han venido de esos vuestros reinos». El licenciado sufrió el asalto de plagas bíblicas: «Es tierra enferma por la mucha calor y humedad que en ella hay, de que se suelen causar grandes calenturas y otros males pestilenciales, mosquitos de cuatro géneros, que de día desasosiegan y enfadan, y de noche no dejan dormir, muchas moscas y avispas de diversos géneros, malas y venenosas que, en picando, hacen roncha, y si la rascan, llaga. Hay alacranes y unos gusanos peludos, que de cualquiera cosa que de su cuerpo toquen, emponzoñan y a veces matan, y otras que llaman ciento pies, tan malos y tan venenosos como los dichos, grandes culebras e víboras malísimas u otras sabandijas pestilenciales y muy dañosas de diferentes especies que espantan con los malos efectos que ellas y con ellas hacen. Hay unas que crían un cornezuelo en la cabeza, de que los malos usan para sus sucias lujurias, de efecto extraño, y para lo mesmo hay unos escarabajos muy grandes, los cuernos de los cuales aún son peores y demás mala operación.»

En un pueblo antes de llegar a Ahuachapán se celebra, cuando el DDT ha dado cuenta de casi todos los mosquitos de cuatro géneros, «La Gran Verbena del Obrero, organizada por "Almacenes El Esfuerzo"». Dentro del autobús, con los altos en el camino para abastecerse de fruta, los viajeros se transforman en el hombre-papaya o en la mujer-mango. A orilla de la carretera se ha construido una iglesia con troneras, influencia del arte castrense, quién sabe si para avizorar la llegada de los infieles. Por estas tierras estalló la revuelta de los campesinos de Farabundo Martí, que el general Martínez ahogó en sangre. Entre ellos, se dice, unos 17.000 indios pipiles, «comunistas por atavismo y turbulentos por naturaleza», según la doctrina oficial. La Policía ejecutó a un hechicero que, según decían, sacrificó a dos niños en la iglesia de Izalco.

—La doctrina del comunismo —afirmó antes de morir— es la del Papa León XIII.

Y presentó como prueba una imagen de la Virgen, con la leyenda, según cuentan aquí, de «Nuestra Señora del Partido Comunista».

El paisaje es más o menos el mismo que el de 1932: indigencia, desempleo, escasez de tierras. Menos mal que tres meses antes de Navidad se reúne la cofradía del Niño Dios de María para lanzar el pregón:

El jardín del Niño
lo costeará la señorita... (nombre de la persona).
Una caja de juguetes,
la pintura del trono,
una entrada de café,
una entrada de gallinas,
una docena de cohetes dobles,
un toro gordo de fuego,
una muñeca de pólvora,
un juego de cañas
lo costearán los señores... (nombre de los señores).

Ahuachapán es una ciudad de calles rectas, adormecidas. Es, según se dice, «el riñón del istmo centroamericano, una ciudad de ensueño como pintada en un paisaje. En sus horizontes lucen todos los colores, como si el sol se complaciese en hacer juegos con un prisma. Por las noches, desde primeras horas, gran serenidad y gran reposo, invaden la pequeña población, y en los hogares, las familias gozan de verdadero calor de nido. La gente de Ahuachapán en general es culta y buena». Ésta es la imagen bucólica que en un libro de texto de la escuela *Patria Grande, América Central, Cuarto Grado, Segundo Ciclo,* se transmite a los alumnos. Es una mala imitación del poema de Rubén Darío *Del Trópico,* que ha hecho tanto daño a sus discípulos:

¡Qué alegre y fresca la mañanita!
Me agarra el aire por la nariz,
los perros ladran, un chico grita
y una muchacha gorda y bonita
sobre una piedra, muele maíz.
Un mozo trae por un sendero
sus herramientas y su morral;
con caites y sin sombrero,
busca una vaca con su ternero
para ordeñarla junto al corral...

Los libros de texto son la mejor materia para descubrir lo que los países quieren creer sobre ellos mismos. En Ahuachapán, los ausoles son géyseres de agua caliente y sulfurosa que surgen allí donde menos se espera, en la carretera o en medio de un campo de fútbol. Las lavanderas de aquí no tienen problemas para hacer la colada. También el licenciado Palacio descubrió los manantiales y los brotes de agua «tan diferentes en el calor y nascimientos que espantan. Llámanle los indios el infierno, y no sin alguna semejanza; brota y sale el agua en espacio de un tiro de ballesta por muchas partes y con diversos estruendos, según los órganos por do salen, unos hacen ruido como suena un batán, otros como molino, otros como fuelles, otros como quien ronca, y de otras mil formas...». El agua era tan caliente que bien podía pelar las «patas de un caballo y mancalle». Ahora el autobús traza la curva en dirección a las Chinamas, la frontera con Guatemala. Se detiene y hemos de cruzar a pie hasta las aduanas, perseguidos por los cambistas de dinero. Alfredo es uno de ellos, un orgulloso cursillista de Cristiandad.

—Hasta aquí la guerra no llega —dice—. En las elecciones gana el partido de ARENA. Por lo demás, ya sabe, la milpa (el maíz) en invierno y el cafetal en verano.

Y los billetes de medio mundo, en fajos atados con gomas. Alfredo es de los que lo cambian todo, lempiras, dólares, pesos, ¿no tiene pesos? Libras, francos, colones, dólares de Hong Kong.

—El rey de los pipiles Tazumal —explica— viene ahí arriba, en los billetes de cien colones, y las ruinas de su pirámide están aquí cerca.

—¿Católico? —me pregunta; la religión es, en todos lados, el gran asunto.

—Bautizado y confirmado por la Santa Madre Iglesia.

—Las viejitas de la Legión de María —añade— nos salvaron la fe, y ahora los católicos trabajamos duro.

—Sólo veo iglesias luteranas y californianas.

—Sí, es abundante la competencia de la fe, pero nuestra iglesia, estos últimos años, se mueve más y mejor.

De pronto, Alfredo descubre la aldea global de MacLuhan.

—¿No conocerá al padre Cirilo, de Nueva York?

Perros con peladuras divagan entre soldados que huelen a sudor y a rancho. Gran Verbena de la Asociación de Secretarias. En el río, bajo el farallón, unos soldados se bañan, mientras otros descansan en la umbría. Cruzamos el puente metálico sobre el río Paz. El policía de Aduana no es la imagen de la felicidad. Los aduaneros de estas regiones apartadas son criaturas desdichadas. Le pregunto por la vida cuando me pide el pasaporte al pie del autobús.

—Regular, tan sólo regular. Regular y nada más.

Lleva en el dedo índice uno de esos horribles anillos de huevo de gallina. El baño de señoras, 15 céntimos, 10 el de hombres. Es la eterna discriminación mingitorial. Al otro lado, un coche funenerario. Me pregunto si el muerto será de aquí o de allí. Un cartel de «Alto, puesto de fumigación», pero aquí, al contrario que en algunos aviones, nadie sale a sulfatarnos. El copiloto nos indica el lugar donde el autobús espera, tras la revisión guatemalteca. Lleva una camiseta en la que se lee: «Semen congelado.»

El puesto de Aduanas está situado en mitad del desfiladero. Un viajante de tejidos, que apenas sobrepasa el mostrador con la cabeza, ha dejado un rimero de pantalones vaqueros, que los funcionarios palpan con una mano, mientras con la otra engullen dulces. ¿Existe tráfico de pantalones de un lado a otro o es que el viajante busca clientela en la Aduana? Arrancamos cuando sobre el cañón de El Coco planean los zopilotes. Pronto sabremos la razón de su codicia: un caballejo tumbado a la orilla, del que se han desayunado ya los sesos, los ojos, los genitales, las partes blandas.

—Como a los hombres —comenta a mi lado un caballero de gafas circulares—; por el mismo orden que a los hombres.

Cada pocos kilómetros, la Policía, de verde, para el autobús. La última, frente a la hacienda «El Pensamiento». Llevamos un cargamento de hamacas. El propietario, como quien conoce el trámite, engrasa al oficial con un puñado de pesos. A nuestro lado, una salvadoreña de ojos grandes y asustados tiembla cuando uno de los policías sube al autobús para un control de identidad. Se llevan a la chica, que dice llamarse Amanda.

—No carga papeles —asegura mi vecino—; ni los papeles de aquí ni los de allí.

Amanda se ofende, bracea, hace muecas, tan pronto de agraviada, como de suplicante, herida, insinuante. Le ha dejado su dirección al oficial y regresa a su asiento con una sonrisa de triunfo.

—En esta zona —añade el viajero—, circulan miles como ella que no cargan papeles.

Pienso que es como si cruzáramos por el cono de un volcán apagado. En Ciulapa anuncian el ombligo del mundo. Éste es el centro geográfica de las Américas. Huele a maíz, luego a musgo, y a leña quemada después. En las chozas brillan los braseros. Guatemala nos recibe con una pintada familiar: «Vivos se los llevaron, vivos los queremos.»

12. DON TOMÁS ARAGÓN

En la estación, las dos pizarras anuncian los trenes hacia el Atlántico y hacia el Pacífico. Tocan campanas para salir, y en las ruedas suenan golpes de llave inglesa. El tren que me lleva hacia Zacapa despega con un topetazo más enérgico de lo habitual. Son las siete de la mañana. Apenas el tren ha recorrido unos cientos de metros cuando suenan varios golpes en acordeón. Es un accidente. El revisor pierde su picador de billetes, y a la vendedora se le cae el canasto de fruta. Es alguien que no ha reparado en el «Alto, mire, vea». Los viajeros se arremolinan cuando llego en torno a una furgoneta que la locomotora ha lanzado sobre un bar. Una mujer llora con el rostro tapado, rodeada de un rebaño de cabras.

—Mire —le recuerda el maquinista—, todavía suena la campana de la estación. ¿Es que no la escucha?

—Todo por creerse más rápidos que el viento —sentencia cuando vuelve a mi asiento don Tomás Aragón, empírico, malthusiano, darwinista—. ¿A qué puede aspirar un vehículo tan liviano contra un convoy?

Se despeja la vía. Algunos madrugadores nos miran con ironía desde sus humeantes chabolas. Somos bichos raros, antediluvianos.

—Mañana, a este estúpido accidente —añade don Tomás— le pondrán cabeza y cola en los periódicos.

Está visto que los periodistas tenemos mala Prensa en todos lados.

Teoría de chabolas, tugurios, ranchos, amos que acompañan a sus perros en la revisión de las basuras. Este barrio de la capital vive de la inmundicia, de lo que una pobre ciudad arroja, desestima. El tren nos permite este *travelling,* la panorámica de la miseria, porquería, promiscuidad, niños macilentos, madres angustiadas. *Milagro en Milán* era Beverly Hills comparado con esto. Al menos aquí tienen sol abundante entre esta nube de bahorrina concentrada, que apenas deja ver estas escuálidas chabolas de cartón, plástico y latas de conserva. Las personas y las cosas son los restos del naufragio de la guerra o de algún terremoto. El vagón no es más decente. A mi izquierda don Tomán Aragón; enfrente, Zenón Noriega, «de origen español», barbero de profesión, enjuto y moreno, de barba abandonada, ojos diminutos, pelo escaso y revuelto y voz descascarillada, que viaja con su señora hasta la sierra de la Bananera. A pocos metros del raíl aparece tumbado, oblicuo, con la botella aferrada a la mano, dormido, un bolo.

—Se salvó de milagro —explica Tomás.

—Por centímetros —confirma Zenón.

—El guaro es malo; le deja a uno bolo, hecho una uva —tercia la señora de Zenón.

—Si el guaro fuera malo —corrige don Tomás—, no lo hubiera hecho Nuestro Señor Jesucristo.

—Luce muy creyente —responde la señora, una mujer arrugada y todo nervio.

Pregunto por las sectas.

—Dicen que hay quinientos pastores, casi tantos como curas católicos —explica don Tomás—, y han construido ya más de seis mil templos en Guatemala. Llegaron desde California en 1976 para reconstruir el país después del temblor de tierra y para salvarnos de la condenación eterna, pero es que también han olido pisto, dinero, negocio.

—¿Negocio?

—Hay que pagar diezmos y primicias, el diez por ciento, más viáticos y aguinaldos. Como decía Benjamín Flanklin «hachas que afilar».

—¿Hachas que afilar?

—Sí, hijo, intereses creados.

Don Tomás tiene, a sus ochenta años, unos ojos azules, aún vivos, barba sin cortar de varios días, pelo cano; para ahorrarme los matices, algo así como el viejo pescador Santiago —Spencer Tracy— en *El viejo y el mar*. Es doctor *honoris causa* por la Universidad del *Selecciones del Reader's Digest*, cuyos números ha leído a lo largo de su vida hasta la letra pequeña. Su visión del mundo es la del *Selecciones*. Riega la conversación con citas de Benjamin Franklin, Lincoln, Mark Twain, Eisenhower, Jefferson y el reverendo Graham.

—¿No sabe de dónde viene aquello de hachas que afilar?

—No, de plano —que diría doña Lupe.

—Un día Benjamín Franklin se dirigía a la escuela, cuando, al pasar por una fragua, le llamó el herrador para que moviera el mollejón. A cambio le ofreció un cuento. «Mañana, el final», le prometió. En efecto, a la mañana siguiente, Benjamin pasaba de nuevo por el mismo lugar y le llamó el afilador. «Ven —le dijo—, a por el final del cuento.» «Sí, respondió Franklin, pero si no hay hachas que afilar.» Lo mismo ocurre con todas esas sectas; quieren el pisto, y no la salvación del hombre.

—Ríos Montt, recuerdo, era un cristiano nuevo, un predicador del Verbo Divino desde su conversión en 1978.

—Sí —contesta don Tomás—, como político, un gran político, y como loco, un loco mayúsculo. Lo que ocurre en Guatemala es que hay mucha incuria y nos engañan con la palabrería. Nos basta con Dios, que es todo honor, y poco más en la vida, buena salud y mala memoria.

—Me temo que tiene usted inclinaciones luteranas.

—Mire, Don, hay quienes con sólo haber tocado la Biblia se empeñan en arrancarnos del fuego del infierno. A mí me basta con Dios, que es el camino, la verdad y la vida.

El tren penetra en un largo puente metálico suspendido sobre una garganta profunda. Tan profunda, al menos, como la de la arrepentida Linda Lovelace, convertida a alguna de las sectas californianas para lavar sus pecados. Un profundo desfiladero, cuya sola visión me produce vértigo, me inmoviliza con los músculos tensos, los ojos cerrados, que entreabro de vez en cuando con la esperanza de que haya acabado el suplicio. Pero sólo veo el vacío y los cuervos. Para pasar el amargo trago, escucho a don Tomás.

—Éste del ferrocarril es un negocio en agonía, todo porque es una nadita más barato que el autobús. Así va de lento. Mire qué grosería de carga lleva. Pero el que más saliva tiene, dicen que traga más piñol.

Doña Luz, la señora de Noriega, el barbero, estuvo en el dentista en Guatemala para una revisión de placas. Me muestra los dientes, algo así como la boca del lobo.

—¿Hacia dónde se dirige, Don? —pregunta Aragón.

—Honduras.

—Buena tierra, buena gente; pacífica, rural, con espacio para todos, sin apreturas. Mire, en El Salvador viven amontonados de tantos que son. También en Europa son muchos los habitantes, pero la necesidad los hizo subir. A los salvadoreños —continúa don Tomás—, el hacinamiento los hace más violentos que los nicas, por poner un ejemplo. Por eso yo prefiero los países menos poblados. Honduras lo es, y por eso me gusta.

No es moneda corriente que se hable bien de los vecinos, metidos como estamos en la teología centroamericana del odio y el cantonalismo. El prurito nacionalista desmembró la sociedad cuando se perdió el mito del padre autoritario, el rey de España. Hasta la provincia de Quetzaltenango declaró su independencia de Guatemala. La monarquía es sustituida por la anarquía y el desgobierno. Los sueños de unidad son castillos en la arena. Las guerras pasionales, entre liberales y conservadores, clericales y anticlericales, los partidarios de una sola y federal República centroamericana y los de las diversas naciones, dividen a lo que fue la Capitanía General de Guatemala hasta 1821, año en que se independizaron de España cinco Repúblicas enfrentadas entre sí. Aldous Huxley escribe que los centroamericanos extraen una intensa satisfacción del hecho de odiar a sus nuevos y artificiales enemigos. Aquí, en Guatemala, Cabrera entra en la capital al grito de «¡Viva la religión, y muerte a los extranjeros!», mientras que el liberal Morazán persigue desde El Salvador y Honduras, hasta que es fusilado, el sueño de una sola República centroamericana, federada y liberal. Las querellas se traducen en guerras, en cultura del militarismo, en pronunciamientos sin fin. Los golpistas triunfantes se crean enemigos en las fronteras para reforzar su posición con una guerra permanente, y se crean también un enemigo interior que justifica el perpetuo estado de sitio. Durante dos siglos y medio, el rey de España por derecho divino lo ha cubierto todo con la ayuda de la doctrina de la Iglesia. Es una sociedad emocional que, como una necesidad psicológica, se sirve de lo que los españoles llevan allí: procesiones, carnavales, corridas de toros, manifestaciones patrióticas, orgías religiosas, bailes, ejecuciones públicas, una sociedad jerarquizada, sumisión de la mujer y el castigo a la esposa. Cuando Napoleón destrona en España al rey por derecho divino, se rompe la clave del arco colonial. Hidalgo se rebela con sus indios en México y, tras la proclamación de la independencia, los padres de las patrias redactan sus leyes. Pero arrastran de la época anterior, que se ha mantenido por la cultura de las emociones, el derecho inalienable a burlar las leyes que ellos mismos han creado. «Esta idea —añade Huxley—, que no era demasiado dañina bajo la monarquía española, que mantuvo la estabilidad y la continuidad en el mando, se demostró fatal bajo la fórmula republicana.»

En el retrete del ferrocarril he leído un escrito: «Indios, iros a chimar.»

—¿Chimar? —pregunto a don Tomás—. ¿Qué es chimar?

—El coito.

—¿Joder?

—Joder, si usted lo quiere llamar así.

Para don Tomás, el problema de los indios es «la explotación y la mescolanza». Él tiene una idea muy *Reader's Digest* de las razas elegidas, de la pureza de la sangre.

—Los japoneses son puros indios, pero intelectuales.

—Pero ellos nunca han podido elegir, Pedro de Alvarado, las dictaduras crioallas o ladinas en un país de mayoría india.

—Le digo a usted que están chimados.

Está bien a la vista que, como a tantos ladinos de Guatemala, la cuestión india o morena no le agrada. Sale de ella como puede:

—Menos mal que todos vivimos del sol, que es el que conserva nuestros cuerpos.

Don Tomás es un apasionado de la gran ingeniería.

—¿Está ya en servicio el túnel entre Francia e Italia? Tengo entendido que van a construir uno entre Calais y Dover, y otro, entre España y Marruecos.

Son las nueve de la mañana, y ahora empieza el vaivén, la agitación en los vagones. Cafeteras humeantes, cestas de huevos duros con chile, tortas de maíz, fruticultura. Las vendedoras parten el huevo duro con los nudillos. Un mismo vaso lavado en el balde sirve para todos los tragos de té o café.

—El presidente de España es François Mitterrand, ¿no? —pregunta don Tomás.

—No, Felipe González, pero hay alguien por arriba: el rey Juan Carlos.

Sí, don Tomás se acuerda ahora de cuando el rey vino a Guatemala.

—Dominio de España es Túnez, ¿no?

—Ya no, don Tomás.

Algo contrariado por estos últimos errores, don Tomás vuelve hacia aguas conocidas: los militares, los golpes de Estado.

—La incuria y la falta de educación traen los desórdenes, los golpes de Estado. Mire, los Estados Unidos es un pueblo culto. No les gustaba Carter, pero no le dieron el golpe. Esperaron unos años y lo mandaron a casa. Aquí somos impacientes, no sabemos esperar.

El tren ha entrado en territorio de montaña. Asciende ahora con dificultad hacia un paisaje desolado, yermo, estéril; un páramo de cactos y chumberas. La vegetación de la sequía. Nada que ver con las selvas del Petén, allí donde Hernán Cortés llegó con la expedición diezmada y un caballo enfermo al que, al morir, los indios itzás levantaron un monumento como Tziminchac, el «dios del trueno». Ante su altar, los indios del Petén sacrificaban uno a uno los misioneros que llegaban a sus dominios, hasta que el fuego de los arcabuces acabó con ellos. La jungla del Petén esconde, según dicen las crónicas, el tesoro de los aztecas. Los mayas, que habían sido enemigos de los aztecas, aceptaron guiar a éstos para que pudieran esconder sus tesoros, ídolos y objetos sagrados, de la codicia de Hernán Cortés y sus hombres. Llegaron a una laguna «en el fondo de la cual había una ciudad sumergida, y en la pirámide del dios Sol lo enterraron todo».

El secreto de los aztecas sólo lo revelarán los herederos de Moctezuma cuando vuelvan a la tierra. Hasta ahora ha sido conservado por los mayas, los egipcios de América, «defendido, según José María Soza, con tanto empeño que ni siquiera permitían que los españoles se acercasen a sus ruinas y sus montañas, oponiendo para ello encarnizada resistencia. Prefirieron la casi completa destrucción de su raza a revelar un secreto del que eran simples depositarios. Y con este gesto imitaron el heroísmo y valor del indómito príncipe Guatimozín, quien, tras las horribles torturas que le infligieron para que revelase el secreto, en sus supremos instantes aún halló el coraje suficiente para mofarse de la desenfrenada ambición de los conquistadores».

La selva se ha tragado a más de un aventurero decidido a descubrir el secreto del tesoro perdido de los aztecas «en dirección del Sol poniente». En 1929, el aviador Charles Lindberg sobrevoló el Petén en un hidroavión, dispuesto a dar desde el aire con las ruinas sumergidas que ocultaban el fabuloso tesoro de Moctezuma.

—Pero no halló nada —explica don Tomás, que conoce la historia a través de un artículo del *Selecciones.*

El hombre que había cruzado el Atlántico por primera vez, no pudo desvelar el secreto de Moctezuma; descubrió algunas ciudades muertas, pero ni siquiera pudo amerizar en las lagunas.

Éste es el valle de Motagua, el valle de la muerte, sin tesoros ocultos y sin la fronda del Petén. Un trayecto que, sin la memoria y la amenidad de don Tomás Aragón, se habría convertido en las Calderas de Pedro Botero, un mundo de silencio en el interior del vagón corrido, con soldados somnolientos e indios a la defensiva, y un panorama de polvo y desolación en el exterior. La estación de El Progreso se presenta como un sarcasmo, con un templo elevado a la diosa Minerva por orden de un presidente enloquecido. El aire es abrasador, la garganta se seca, sólo hay «frescos» calientes para aplacar la sed. Si este tren entrara en vía muerta en medio de tanta devastación, estaríamos perdidos. O nos convertiríamos en lobos esteparios.

Don Tomás habla del uso que los brujos hacen de estas plantas del desierto. Los brujos no son santos de su devoción.

—A un alemán que vino por estas tierras le pregunté: «¿Hay brujos en Alemania?» «Claro que los hay» —me respondió—, pero yo no lo creo.

—Hace usted mal. Hasta las sociedades más avanzadas necesitan de la magia para sobrevivir. Su Dios, don Tomás, no les basta ya.

—Pero, ¿qué respuesta, qué consuelo pueden obtener de ese sartal de supersticiones, males de ojo, sacrificios de animales, vientos de «susto» y «Espanto», almas perdidas? «Comer una naranja cuando se tiene calor —dicen— es abrir la puerta a un espíritu maligno», o «No hay que beber agua fría cuando hace calor.» Ya lo ve usted, aquí no existe el hielo; todas las bebidas son calientes. ¿Creen en Alemania, como los indios, aquí, que se puede matar a distancia, que el alma puede venderse al diablo, que se puede curar con sólo encender cortezas de árboles para que lleguen hasta la nariz de los dioses, que nacer en luna nueva debilita la sangre, que si se odia bastante se puede asesinar? Yo tengo otro concepto de los alemanes.

—Pero leen horóscopos, consultan a los adivinos y a las quiromantes, se acercan a la bola de cristal, muestran las palmas de las manos. En los hoteles no hay habitación número 13, huyen de los gatos negros, no dejan caer los saleros.

—Le digo que son temores fomentados. Cuanto más miedo tiene la sociedad, mejor se la gobierna, más fácil resulta someter al hombre. Lo malo de las sociedades modernas es que crean demasiado ocio, y ya decía Benjamin Franklin que la ociosidad es como el orín, como la herrumbre, desgasta más que el trabajo.

Un río de mala espuma discurre paralelo al ferrocarril. En las laderas se ven baterías de colmenas. Don Tomás tiene respuesta para todo, una *Kulturkampf Reader's*.

—Hay quienes opinan, y opinan mal, que la abeja obrera es la que más trabaja de los animales, pero se ha demostrado científicamente que sólo hace dos viajes al día, porque en la colmena sobran obreras.

El vagón es un ateneo. Algunas orejas se acercan a don Tomás con disimulo. Ésta es una sociedad paralizada por el miedo. Zenón, el barbero, define a don Tomás tocándose la frente repetidas veces con el dedo índice. No, no es que esté loco; es que sabe mucho, es un pozo de ciencia. Pero Zenón tiene otras urgencias que la cultura enciclopédica del *Selecciones*. Cuando me dirijo a la plataforma para estirar las piernas, taimado, se viene con pies de plomo.

—Tengo que comprar, Don, unas medicinas, y es mucha la carestía.

—Veremos lo que se puede hacer, Zenón.

Cuando volvemos al asiento, quiere demostrar que también sabe algo. Su fuerte es la lingüística local.

—En Cobán, sombrero se dice *punit*; agua, *ja* y tortilla, *cua*.

—No me jodicie. Ésos son dialectos, pura dialéctica —rechaza don Tomás.

—Sí, pero vaya usted a Cobán, y con el español no come.

El trasero sufre después de tantas horas sobre el duro asiento de madera, marca de 1930, de estos trenes de la United, fabricados en Milwakee, Estados Unidos, y desvencijados, hechos una pura ruina. De pronto suena un golpe a la cabeza del convoy, chirrían las ruedas sobre el carril.

—¿Qué? —pregunto a don Tomás—. ¿Otra furgoneta sobre el balasto?

—Una vaca, Don, y eso que ahora no vagan tanto.

Al lado del raíl quedan los tanques de bombas de agua de cuando las máquinas de vapor.

—El progreso —explica don Tomás— lo deja todo viejo. Ahora, hasta el maíz se corta maquinalmente.

Estamos sobre tierras bajas y áridas. Sólo en Gualán empieza a sentirse el vapor, mensajero del océano. Chirrían las cigarras. Ya se acerca el invierno, la estación de las lluvias. Gorjean los zanates y los pájaros clarineros. Pronto será mayo. Don Tomás no echa de menos la vida en las ciudades. Siente lástima de la clase obrera.

—Ser obrero en la ciudad es una pena mortal. Sufre mucho, y si no llega a tiempo al trabajo, lo echan a uno. Además, en la urbe tienen que estar a la altura, se exige mucho. Yo lo veo como una forma de esclavitud.

Al pasar por el túnel, los niños gritan para espantar el miedo. Entran campesinos con gallos.

—¡Ay!, los gallos de antaño en Vía de Guadalupe —se lamenta don Tomás.

La campesina me ofrece, con sus manos encallecidas, un gallo por 3,5. A nuestra derecha vemos campos de tabaco.

—Es un cultivo aventurado —dice mi vecino—. La planta del tabaco se engusana, negrea, enmohece.

El río tiene el cauce seco. Don Tomás sueña ahora con la América Central única.

—Todo en la vida camina por conveniencia. No le quiero dañar, pero fueron los españoles, Gaínza entre ellos, los que entregaron a los próceres su parcelita.

—Pero no había razón —replicó—. Cada rincón, cada provincia, llevaba el nacionalismo en la sangre. ¿Qué razón había para que un país con la misma religión, el mismo idioma, el mismo rey y una economía complementaria, se rompiera en seis pedazos arbitrarios, convertidos de pronto en enemigos artificiales?

Don Tomás asiente con la cabeza. Se desvía hacia las estrellas y los husos horarios.

—Los astrónomos son multimillonarios en todo. En Tikal medían el tiempo, pero los que se fanatizan en Astronomía terminan por enloquecer. Es un mundo inasible. Yo sí creo que hay habitantes en otros planetas, al menos allí donde están a la misma distancia del Sol y con el mismo giro.

Ya nos acercamos a Zacapa, «donde primero sale el Sol». Don Tomás elogia *El Quijote.*

—«Ese libro sólo cuenta chistes», me dijo un baboso una vez.

—Vivía en la incuria, don Tomás.

—De plano que sí. Si *El Quijote* es el libro de los libros.

—Corrige —le respondí— hasta la manera de montar a caballo.

Pasamos por Lo de China, un villorrio llamado así porque se instalaron allí dos chinos. Campos de maíz.

—El maíz, Don, tiene más sustancia que el arroz; por eso las razas asiáticas están tan degeneradas.

El maíz es el santo y seña del paisaje. Se cultiva como en los tiempos en que lo vio Gonzalo Fernández de Oviedo en su *Historia natural de Indias*:

«Para sembrar el maíz tienen los indios esta orden: nace el maíz en unas cañas que echan unas espigas o mazorcas de un jeme luengas, y mayores y menores, y gruesas como la muñeca del brazo o menos, y llenas de granos gruesos como garbanzos, pero no redondos de todo punto, y cuando los quieren sembrar, talan el monte o cañaveral... y después que se ha hecho aquella tala o roza, quémanla y queda aquella ceniza de lo talado, dando tal temple a la tierra como si fuera estercolada. Cuando han de poner en efecto el (d)esparcir de la simiente, quedando la tierra rasa, pónense cinco o seis indios, uno desviado del otro un paso, en ala puestos, y con sendos palos o macanas en las manos y dan un golpe en tierra con aquel palo de punta, y menéanle porque abra algo más la tierra, y sácanle luego, y en aquel agujero que hizo echan con la otra mano siniestra cuatro o cinco granos de maíz que saca de una taleguilla que lleva ceñida o colgada al cuello de través como tahelí, y con el pie cierra luego el hoyo con los granos, porque los papagayos y otras aves no los coman; y luego dan otro paso adelante y hacen lo mismo... Porque el maíz de sí es muy seco y recio; para que más presto nazca, un día o dos antes échanlo en remojo y siémbranlo el tercero.»

El tonto del pueblo de los chinos persigue al tren hasta que lo pierde y se abraza, decepcionado, a un poste de telégrafos. Garzas grises sobre el río Motagua. Laxitud. Don Tomás no cree, a estas alturas del viaje, en Adán y Eva.

—No me diga, por favor, que los indios descienden de Adán y Eva. Todo eso es una farsa.

Mira por la ventana:

—Un jaloncito más y estaremos en Antón Bram.

El tren se para y don Tomás se apea. «¡Tomás, Tomás! —le gritan los niños, los únicos seres desinhibidos de esta polvorienta región—, tomás, más, tomás, más.»

El campesino me dice adiós con su sombrero de palma.

—Amigos, nadie más, el resto es selva —me despido, con un

GUATEMALA: Comienza la aventura. El tren que circula desde la frontera mexicana a la capital entre selvas y volcanes.

El **brekero,** una especie de palafrenero que dirige el curso del tren hecho un Nijinski.

Doña Lupe, «primero Dios», con uno de sus nietos piensa en las abejas asesinas.

Entra el voceador con su lema de «policías y subversivos heridos a balasos».

Niños sobre el volcán de Guatemala. El reposo entre baleo y balacera.

Chichicastenango, la piedad del incienso, las agujas de pino con indios en perpetua genuflexión.

Don Tomás Aragón se despide al llegar a su pueblo. Todo un doctor **honoris causa** por la Universidad del **Selecciones del Reader's Digest.**

El Cristo atormentado de los católicos. Uno de sus presidentes de Guatemala fue crucificado en Quetzaltenango.

El país del machete y el quetzal.

Iglesia de una de las sectas californianas que han invadido Centroamérica.

EL SALVADOR: Volcanes, guerrilla y ejército, camino de San Miguel.

Lo explicaba el poeta salvadoreño asesinado Roque Dalton, el marxismo, los transportes incendiados y el Metro de Moscú.

Humberto Alexander Aguilar, así ve la guerra un limpiabotas salvadoreño.

Los soldados preguntan por el jugador de fútbol del Valladolid **Mágico** González.

La guerrilla del FMLN (Brigada Arce Zabala) ha ocupado la aldea del Triunfo el día de las elecciones. Es la hora del rancho ante la mirada del autor.

La urna vacía ante los guerrilleros. Han quemado todas las papeletas.

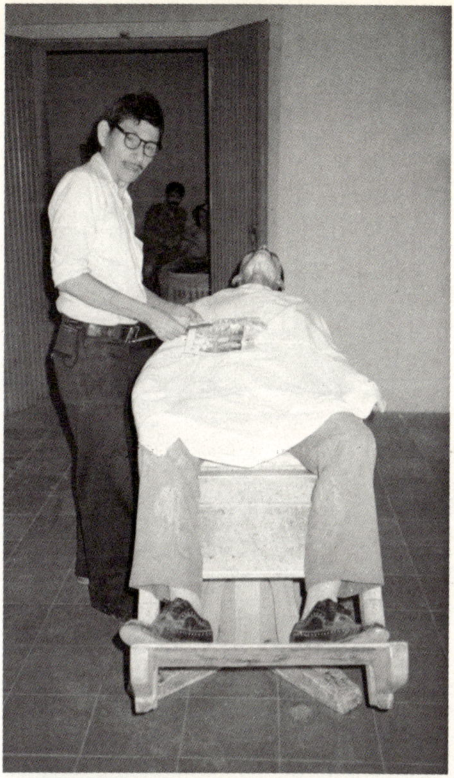

HONDURAS: Copán un barbero a lo Brecht entre templos mayas.

Juan Oliveros, turbado por un grave conflicto interior en las ruinas de Copán.

Mi guía Elvis Saúl está convencido de que Honduras le da sopas con honda a Egipto en cuanto a monumentalidad.

Playas de La Ceiba, peleas de gallos, ron, leyendas piratas.

Fronteras centroamericanas: burocracia, «mordidas», autobuses.

verso de Jorge Guillén, de este híbrido de *Quijote* y *Reader's Digest*.

—Adiós, Don, no pierda el camino.

Se mete en el poblado rodeado de chiquillos. Un bracero que ha subido ahora trae un tronco de árbol pai al que Zenón el barbero le adjudica sexo:

—Es un pai macho.

13. POR FIN CAYÓ MERCEDES

El paisaje no cambia de signo, la misma seca y polvorienta monotonía, sin una sombra, con algún cocotero aislado, cementerios con tumbas sólidas, a prueba de terremotos, más firmes que las cabañas de los campesinos. «Un hombre puede pasarse toda una vida en una choza, pero estas tumbas tienen que guardar sus restos para toda la eternidad», ha escrito al pasar Paul Theroux, quien considera esta región como la más sucia, calurosa y abandonada del mundo, junto con el norte de Uganda. Hay moscas como grillos, y la luz es cegadora; esa luz que sólo se humaniza al alba y al atardecer, que, por lo demás, es cruda y abrasada como un negativo de película, sin fijación, ni contornos. Es el tipo de entorno que le trae al viajero el hongo de la melancolía, ese temor que se siente de pronto en la lejanía, en el vacío, la necesidad de pensar en los lugares fijos, en la protección de su propia casa, de lo viejo y conocido.

Es peligroso asomarse al exterior: tiran trozos de coco que luego, en las barrancas, se disputan los cerdos; cáscaras de fruta, hilachas del mango. Unos niños duermen tumbados a todo lo largo sobre el asiento, otros ven llegada la hora de mamar o de desentumecerse, «desentumir», que diría don Tomás en el pasillo del vagón. Por fin Zacapa, el lugar donde a uno nunca deberán buscarle si se pierde. Lo primero que veo desde el tren son los letreros escritos en las paredes contra las organizaciones guerrilleras, el ORPA, u Organización Revolucionaria del Pueblo en Armas; el EGP, el Ejército Guerrillero de los Pobres; las FAR y el PGT unidas, desde 1982, en el URNG, la Unidad Nacional Revolucionaria Guatemalteca. «Comunistas, a Cuba», reza otra inscripción.

En el pizarrón del andén de Zacapa descubro una nota de régimen interno. La Policía y la urbanidad dejan mucho que desear en la Red de Ferrocarriles de Guatemala. «Como ustedes mismos se han dado cuenta, en los últimos años se ha venido abajo nuestro prestigio en la línea del ferrocarril, y no tiene la misma preferencia que antiguamente tenía. Levante nuestra imagen ferroviaria, por favor. Gorra, chaqueta limpia, presentabilidad.» Los ferroviarios no pueden culpar al brutal terremoto de 1976, que ha rajado las paredes y aumentado las raciones diarias de polvo. Aquí todos los días son viernes de ceniza.

El autobús me lleva a Chiquimula, la ciudad de la ceiba histórica y la iglesia barroca arruinada por el terremoto de 1765. Parada y fonda, garnacha y horchata. Lo necesario para ganar fuerzas y llegar a Esquipulas, la ciudad del Cristo Negro. Es el Cristo mágico. El negro es el color sagrado de todos los aborígenes americanos. Hacia la basílica llegan los peregrinos de toda América para pedir favores o agradecerlos. Es el Cristo de los milagros, con olor a cirios, aguardiente y rosas, hojas de pino y resina. La corte de los milagros —leprosos, paralíticos— monta guardia junto al santuario para proteger el crucifijo. Es el pasillo de los lisiados, como en Benarés.

El Cristo Negro es obra del escultor Quirio Cataño, que quiso teñir la imagen de amarillo oscuro, casi ocre, que es el color de los muertos «para que diese la impresión —escribe Belloti— de la sangre coagulada en las venas, o al menos fue ésta su intención. Pero los indios se maravillaron porque era en los primeros años de la conquista española y pensaban que el Cristo debía tener la piel blanca como la de los soldados que la habían traído, y la vista de aquel Cristo con la piel de su mismo color, los aturdió y conmovió, viendo en el sacrificio del Redentor el mismo que ellos estaban soportando. Quizá Quirio Cataño hizo con su madera roja y en el siglo XVI por el cristianismo, mucho más que las predicaciones y la coacción física y moral a que se vieron sometidos».

Al entrar en 1954 desde Honduras, el coronel Castillo Armas

se arrodilló ante el Cristo Negro para obtener la bendición a su levantamiento en armas contra el Gobierno legal de Jacobo Arbenz. La «Frutera», la «United Fruit Company», la CIA, Eisenhower y el Cristo Negro, se aliaron en esta ocasión para derribar a Arbenz y su «República Roja». Como ahora ocurre en función de Nicaragua, «el bárbaro invasor» de Rubén Darío, los Estados Unidos, convirtieron Honduras en un campamento de exiliados y mercenarios para preparar la «Operación Diablo». La cruzada se desarrolló en los inhóspitos parajes por los que acabo de viajar y en sus núcleos de población: Zacapa, Esquipulas, Chiquimula, Aguas Calientes. La «United Fruit» controlaba las líneas telegráficas, los teléfonos, el ferrocarril que me ha traído hasta aquí y las conciencias de la oligarquía bananera.

La firma de Boston vio con muy malos ojos la política de reformas emprendida por Jacobo Arbenz, la tímida revisión agraria, que afectó sólo a tierras no cultivables y algunas plantaciones. Eisenhower creyó, como ahora Reagan, que la revolución llegaba, de puntillas, al jardín de su casa. Jacobo Arbenz indemnizó a la «United Fruit» por las expropiaciones en la misma medida de la declaración de impuestos de la compañía frutera, *el Pulpo* la llamaban también, o sea, 150.000 dólares anuales por una inversión superior a los 60 millones de dólares. Fue el último intento de llevar a cabo una reforma por un Gobierno legítimo surgido de las urnas. Después, ante la presencia gringa, la todopoderosa «United Fruit» y los intereses económicos de la alta burguesía de Guatemala surgió la guerrilla. Allí estaba alojado en el «Club español», para ser testigo de la invasión, un joven doctor argentino, asmático y rebelde, llamado Che Guevara.

El embajador norteamericano en Guatemala, John Peurifoy, declaró a los periodistas: «La opinión pública de los Estados Unidos nos obliga a tomar medidas que impidan que Guatemala caiga en las redes del comunismo internacional. No podemos tolerar que la Unión Soviética se establezca entre Texas y el Canal de Panamá.» Dicen que uno de los principales accionistas de la «United Fruit» era el secretario de Estado, John Foster Dulles, que disfrutaba en el Caribe de 553.965 hectáreas de tierra, 72.000 cabezas de ganado y una flota de 65 barcos. Tan sólo en Guatemala, 250.000 hectáreas de plantaciones y campos de cultivo, tres puertos comerciales, la «International Railways» de Centroamérica, cuya concesión expiraría en el año 2009. Poco antes de la invasión, la «United Fruit» producía, libre de gastos, una libra de plátanos por 1,7 céntimos, cuando el precio de venta se situaba en 15,9 céntimos. El 80 % de las tierras cultivadas estaba en manos del 2 % de la población.

En las elecciones de 1951, Jacobo Arbenz obtuvo 51 de los 53 escaños del Parlamento. El primer grito surgió en Boston. Se pedía una intervención armada en Guatemala para evitar el «peligro comunista». De las palabras pasaron a los hechos. Los exiliados y los mercenarios comenzaron los preparativos de invasión en Honduras y en la Nicaragua de Somoza. Al frente de la invasión irían Carlos Castillo Armas e Ydígoras Fuentes. Las fuerzas invasoras contarían con aviones, bombas de nápalm y carros de combate. El instructor se llamaba Carl Studer (Departamento de Estado UU 41674), junto con el excoronel nazi Niederhaetman y el agente de la CIA Félix Bernardin. Grupos de saboteadores fueron lanzados en paracaídas sobre territorio de Guatemala. Los Estados Unidos se aprestaban a llamar guerra civil a lo que era una intervención militar.

El 18 de julio de 1954, los aviones norteamericanos PC-47 bombardearon varias ciudades y los depósitos de combustible de Puerto San José. Jacobo Arbenz, el coronel-presidente nacido en Quetzaltenango, no contaba con aviones ni artillería antiaérea. Las tropas de Castillo Armas marchaban ya desde Honduras. La «United Fruit» estaba a punto de recuperar sus tierras y sus gabelas. El embajador Peurifoy, campeón de golf y diplomático de choque, fue el hilo conductor de la invasión. Era nada menos que el mensajero del *big stick*, el «estacazo» del presidente Teddy Roosevelt. La CIA lanzó muñecos en paracaídas sobre los maizales, para mostrar que la fuerza de invasión era aplastante, algo más que un puñado de mercenarios. Instaló también emisoras de radio, pagó a los oficiales para que se pasaran a Castillo Armas. La Embajada USA colocó un altavoz en los tejados para difundir ruido de saqueos y ordenó a sus pilotos que bombardearan el palacio presidencial. «Los aviones de Castillo Armas tuvieron sobre los apacibles indios guatemaltecos el mismo efecto que los caballos de Cortés y de Alvarado habían tenido en el siglo XVI sobre sus antepasados mayas.» Sin armas y abandonado por el Estado Mayor, Arbenz difundió su dimisión por Radio, y cruzó la Sexta Avenida para pedir asilo en la Embajada de México. Las tropas de Castillo Armas se hallaban bajo la lluvia, a doscientos kilómetros de la capital. Ponían cerco a Zacapa y disponían las baterías de morteros, pero ya no se disparó un tiro. Las puertas de Ciudad de Guatemala estaban abiertas cuando el embajador Peurifoy se enfrentaba a la ambición de algunos militares que pretendían el poder. En el campeonato que se celebró para descubrir al «anticomunista más sincero» de todos, ganó el hombre elegido por la CIA y por el toque personal del Cristo Negro: Carlos Castillo Armas.

Su entrada en Guatemala pasó a la historia y a la cultura nacional de las emociones. «Los alaridos y los vivas de la multitud eran frenéticos —escribió Marcel Niedergang para *Le Monde*—. Los petardos estallaban en blancas nubecitas, pronto disipadas, por encima de la marea humana amontonada ante el Palacio. Oscilaba y avanzaba ésta en bruscos empujones contra los soldados, que se defendían a culatazos, y luego hacia atrás, entre los gritos de las mujeres pisoteadas. Por todas partes había banderas blanquiazules, escarapelas y carteles. Un enorme y pueril alboroto brotaba de aquella sobreexcitada multitud y venía a chocar contra los escalones de piedra verde del palacio presidencial. Lívido, adelgazado, con las manos crispadas sobre el micrófono, el coronel Castillo Armas, vestido de paisano, apareció en el balcón y pronunció, con voz suave y monocorde, su primer discurso.» Prometió defender la patria, los derechos de los ciudadanos y a los mismos ciudadanos, así como la religión: ¡Primero, Dios!, gritó, como lo haría doña Lupe al iniciar todas sus frases. «Igual hubiese podido recitar la tabla de multiplicar. Cuando terminó, volvió al gran salón y se secó las lágrimas, mientras los oficiales, entusiasmados, le sofocaban con sus brazos.» Foster Dulles, el secretario de Estado gringo, dijo por la radio que se había escrito un nuevo y glorioso capítulo en la historia del hemisferio gracias a los propios guatemaltecos.

Después se reanudó la larga noche de plomo. Había que arrancar la mala hierba crecida durante los períodos del presidente liberal Juan José Arévalo y el reformista fallido Jacobo Arbenz. El número de los presos políticos subió a 5.000, se suprimieron los sindicatos, la «United Fruit» recuperó sus latifundios, sus trenes y sus puertos comerciales, disolvieron los partidos políticos por el decreto 98, y en un Fahrenheit tropical envió a la hoguera los libros sacrílegos, entre ellos, las obras de Dostoievski y Víctor Hugo. Después, el coronelito triste, que parecía la viva imagen de un arcángel del anticomunismo, «con el "colt" en la cintura y una medalla de la virgen en el pecho», devolvió la enseñanza del catecismo a las escuelas.

Estas profesiones de fe no le salvaron de una muerte airada. A unos veinte metros del balcón presidencial, fue asesinado a quemarropa por dos tiros disparados por uno de sus guardias de corps, Romero Vázquez, cuando Castillo se dirigía, a las nueve de la noche, al comedor de palacio. Romero fue ejecutado *in situ*. Según otras versiones, se suicidó y el magnicidio, como tantos otros, quedó en el misterio. El nuevo presidente, el ingeniero y general Ydígoras Fuentes, jefe del Partido Conservador, envió al exilio a los dirigentes de los partidos políticos. Jacobo Arbenz terminó en Cuba, como tantos otros compañeros de la llamada por los norteamericanos Revolución Roja; entre ellos, decepcionado, humillado y rabioso por la invasión gringa, Ernesto Che Guevara. Las urnas no servían. La guerrilla de izquierda comenzó a operar el 6 de febrero de 1962. Los comandantes de las primeras unidades del FAR, Fuerzas Armadas Rebeldes, se llamaban Turcios Lima, Trejo Esquivel y Yon Sosa. Mientras tanto, Ydígoras Fuentes, hablador y suspicaz, aparecía en directo en Televisión, levantando pesos porque alguien difundió la noticia de que estaba viejo y acabado.

En el autobús *A Dios sea la gloria* llego hasta la encrucijada que conduce a las ruinas de Copán, en Honduras. Desde el bosque de las estatuas mayas partió Castillo Armas. Una anciana vestida de blanco, renegrida, desdentada, me señala el apeadero «A las ruinas de Copán, 61 kilómetros». Espero a la sombra de un jurgay mientras cantan los clarineros. Al fondo se escucha música de marimba, el xilofón nacional. Una vendedora de jocotes pega la hebra:

—Muy lejos se fueron a llevar las ruinas de Copán —dice.

El autobús aparece con algún retraso. Se llama *Llegó la hora de entregarse a Jesucristo*, y al iniciar su recorrido tiene un «vuelo gallináceo», que diría Josep Pla, pero pronto se enfrenta con la orografía, cuando, jadeante, comienza a bordear los precipicios y la tupida selva. Los indios, con su silencio y sus pesos a cuestas, sostenidos por el mecapal, descienden con dificultad. Huele a diésel recalentado. Las tumbas están diseminadas en el matorral. «Aquí se muere en el mero monte», me dicen en el bar «La bendición de Dios», donde bajamos a repostar en el pueblo de San Juan Ermita. Aquí la vida, suspendida en el polvo, tiene una mayor carga de melancolía que un domingo en Lisboa.

Entre el polvo del interior del *bus* veo a una belleza gringa, rubia, con visera de plástico azul y un pañuelo en la boca. En las películas sería el comienzo de un idilio en las montañas indias:

—Magavilloso, usted pegiodista español, cuánta emoción. Estoy pegdida en el polvo, how wonderful, Sally Howell, estudiante en Massachussets.

A pesar de su taumatúrgico título, el *Llegó la hora de entregarse a Jesucristo* se detenía una y otra vez para renovar el agua, revisar el nivel del aceite, disipar la humareda que, de forma amenazadora, surgía del congestionado motor en las pendientes.

En Jocotán me esperaba, al pie del autobús, el dueño de la pensión, el escayolado señor Salvador Ramírez. Sin mediar palabra, tomó mi macuto. Sally bajó sin dignarse mirarnos y se perdió en la tolvanera en dirección al pueblo más próximo. Era una chica segura de sí misma, *comme il faut,* con piernas de maratoniana y belleza de gacela. Salvador y yo la vimos marchar con pena. Él había perdido un cliente, y yo, una compañera de viaje. A cambio, Salvador me presentó las glorias de Jocotán, la iglesia blanca y cuarteada por el terremoto de hace dos años, y el monumento al coronel Castillo Armas.

—Lo mataron los suyos y eso —dice crípticamente— que su señora le quemaba las canillas con otro coronel.

¿Tendría algo que ver el asesinato con los cuernos? En la explanada, el comandante Paredes se dirigía a una concentración de campesinos con sombreros de palma: los indios de la autodefensa civil bajados de las montañas. Esos indios de Miguel Ángel Asturias «que tienen un no sé qué de eternos». Primero Dios, cuidado con los cantos de sirena de los comunistas, no os dejéis engañar. Además de la «Pensión Ramírez», el señor Ramírez tiene la «Farmacia Ramírez», la «tienda Ramírez» y, cuando se muera, tendrá una calle Ramírez. Ganguea al hablar, y más que andar se arrastra. Trae algo para comer: frijoles, tortilla de maíz y unos restos de pollo. Por fortuna, a las alturas de Jocotán no llegaba la televisión de Humberto Cabañas, con sus juegos de palabras y su «Jabón, sabor a la primera mordida». Por eso Salvador Ramírez me acompañó hasta el bar de la plaza, «La Exquisita», donde sonaba una gramola automática a diez centavos como la que salía en la película *La jungla de asfalto,* que tanto hacía vibrar a Marilyn Monroe. Para los indios jóvenes, aquel aparato era su Cristo Negro, su tesoro de Sierra Madre. Con reverencia y hasta con temor se acercaban a la gramola, en forma de basílica, depositaban diez centavos y oprimían el botón correspondiente a *Por fin cayó Mercedes.* Después miraban con discreción a la camarera de «La Exquisita», que se llama Verónica, como si hubiera una relación de causa y efecto entre las lamentaciones de Mercedes y el destino de Verónica.

Por fin cayó Mercedes,
por fin,
lo que nunca se creía,
por fin cayó Mercedes.
Así son los hombres:
les das el beso
y te piden la joyita,
por fin cayó Mercedes;
ahora, por su culpa,
ni soltera ni casada...

Es una música con fuerte influencia de los corridos mexicanos. No hay más cera melódica que la que arde en la gramola de la garnachería. Los jóvenes indios se pegan al cristal y examinan una vez más los títulos: *Qué manera de perder, No quiero sobras* y otras canciones, que son algo así como el lamento del cabrón, la traición sentimental, el amor no correspondido. Es increíble la afición de los mexicanos y guatemaltecos a la colombicultura. Ahora sonaba otra canción de diez centavos:

Palomita, tortolita,
para mí ya no hay alegría,
para mí ya no hay placer.
¡Aaaaaayyyy! ¡Ayayayyayay!
Me voy a la cantina,
por ti me pongo a beber,
palomita, tortolita...

Salvador Ramírez tiene una idea muy difusa de la madre patria.
—¿España es ese lugar donde juega Maradona?
—Usted lo ha dicho.
—Y donde hay un rey y un Presidente.
—Eso.
—¿No son demasiados sueldos un rey y un presidente?
Los indios pasan entre nuestra mesa y la estatua de Castillo Armas, descalzos o con sandalias de neumático.
—No tengo penas —dice Salvador—. Pidamos otras cervezas.
Verónica las trae, espumeantes. El comandante Paredes y sus ayudantes descienden junto a nosotros de un jeep militar. Vienen de lavar el cerebro a los indios. Los dos jóvenes oficiales son musculosos, llevan gafas «Ray-Ban», relojes digitales, sombreros *ran-*

ger con sus cargadores alrededor de la cintura, y el «Galil» en la mano. Aquí los israelíes se han hinchado a vender «Galiles». La patria está a salvo. Los militares beben con las fuerzas vivas. Una de estas fuerzas vivas es un civil tambaleante por el alcohol, que se acerca a nuestra mesa para mostrarnos un carné.

—Para servirles.

Es el carné de autodefensa civil, «sujeto al fuero de guerra, comisionado militar *ad honorem*». Vacila al hablar, tropieza, pierde la vertical.

—He visto —le digo— a los mejores cerebros de mi generación destruidos por el alcohol.

—Sujeto al fuero de guerra. Me dicen que va usted a las ruinas de Copán. Para lo que desee, pregunte allí por María Esperanza de mi parte y será bien atendido. Lo que guste, repito, lo que guste.

El coronel Paredes, gordo y congestionado, y sus adláteres, vestidos de leopardo, saludaron con sus «Galiles» en alto al marcharse.

—Aquí no hay peligro de guerrilla como en el Quiché —me explicó Ramírez cuando el jeep hubo arrancado—. No lo da el terreno, los cerros son pelados, el guerrillero necesita espesura, en caso contrario, se les ve desde los aviones.

De camino a la pensión nos sentamos junto al monumento a Castillo Armas, el ángel tutelar de la «United Fruit». Me atraía el misterio, la triple o quíntuple confusión de su muerte. El perro de Salvador Ramírez, un bulldog llamado *Barmun*, se quitaba las pulgas al pie mismo de la estatua del efímero caudillo, cuyas legiones pasaron por aquí en dirección a la frontera.

—Aunque nos dijeron que habían sido los comunistas —añade Salvador—, lo cierto es que se debió a un ajuste de cuentas. Todos se creían con derecho a ocupar el cargo. Ya no les servía.

Los diarios de la época escribieron que el presidente de Guatemala había sido «vergonzosamente asesinado por el comunismo internacional». Según otros, llegó demasiado lejos, se reblandeció, era un criptoliberal. Cada uno tenía su versión de los móviles, incluido el sucesor, el general Miguel Ydígoras Fuentes, quien afirmó: «En mi opinión, el presidente Armas fue víctima de las especulaciones financieras de las personas que le rodeaban y que querían realizar negocios ilícitos basados en la explotación de una vasta red de casinos y de casas de prostitución, de estupefacientes y otras mercancías similares. El hecho de que el presidente Armas se hubiera pronunciado contra la creación de estos centros de corrupción empujó a las personas interesadas a contratar a un asesino para liquidarlo.»

—Otra posibilidad de la que se habló —añade Ramírez— fue ésta: el auténtico asesino mató al guardia de palacio, Vázquez, a quien le adjudicaron la muerte.

La otra hipótesis es que Castillo Armas fue liquidado por los agentes, lo que aquí llaman «hombres de acción», del dictador dominicano Trujillo. El presidente guatemalteco se alejaba de la órbita de los Somoza, Trujillo y el dictador venezolano Jiménez, para inclinarse hacia el costarricense Pepe Figueres. Por lo que se sabe, Castillo se negó a añadir la orden del Quetzal a las setenta condecoraciones extranjeras que poseía ya el dictador dominicano.

Mañana estaré en el país que Cristóbal Colón llamó Honduras, porque allí donde echó anclas, éstas no tocaban fondo. Hasta mí llegan los ronquidos de las habitaciones vecinas, y la caída de los mangos del patio con su maduro e impertinente «plof». Pienso en Guatemala; en los santos de narices rotas carcomidas; en las iglesias sacudidas por los terremotos, como bombardeadas con nápalm; en la ordalía de los machetes y los revólveres cincelados; en la «United Fruit», que desapareció porque el plátano ya no era tan rentable, y los beneficios, más menguados, para transformarse en la «United Brands». En doña Lupe y don Tomás Aragón, en los escuadrones de la muerte, en el poeta que escribe *mi patria es dulce, cándida y sombría. Y se ha olvidado de la risa y aun de la sonrisa. Y el canto se le atraganta. Pero amanecerá...* Me duermo al son de *Por fin cayó Mercedes,* de la gramola de Verónica y del resuello desvaído del acordeón.

A una hora temprana, mientras Verónica se limpia las legañas y la tienda de al lado, «La Predilecta», suelta sus toldos, limpian la plaza de cáscaras, panochas y restos de caña de azúcar, abren los futbolines entre un guirigay de gallos, clarineros y perros alborotadores, Salvador Ramírez me conduce hacia su farmacia para esperar el autobús hacia la frontera hondureña.

El lema de la farmacia pertenece a un autodenominado «Movimiento sin nombre», y dice así: «Sé correcto, jamás corrupto.» El visitador comprueba las existencias de la farmacopea.

—¿Qué tal vende el «Broncofenil»?

—Bien, pero me sobra.

—¿Qué tal de productos oculares?

—Completo.

—Cómpreme algo, don Salvador, para que me valga el flete.

Los indios se acercan con sus recetas o sus síntomas. Su español es el de los indios de las películas. El bulldog ladra al autobús, que llega con algún retraso. Como en la India, los indios guatemaltecos hacen sus primeras necesidades del día en las orillas del río. Deben de limpiarse también con la mano izquierda, aunque este extremo no lo tengo comprobado *de visu.* En la última aldea, Comapán, cientos de indios, bajados de las treinta y dos aldeas de la montaña, esperan al comandante Paredes para el mitin de la autodefensa civil. Llevan camisas blancas, bordadas, los sombreros relimpios, los pantalones planchados, los pies descalzos o con caites, sandalias de cuero o de neumático.

—¿Lleva pasaporte? —me pregunta el conductor, Emilio Lemus.

—Sí, en regla.

—Es que si no, tendría que pagar algo más, un suplemento para entrar en Honduras.

14. «SELLO DE ORO»

La ruta es pedregosa. El autobús *Dios con nosotros* asciende penosamente, corto de fuelle. Se detiene. Arranca. Se detiene. Arranca. Hasta que en El Florido se para del todo.

—Desayúnese —me dice el chófer, que coloca un grueso tope de madera sobre la rueda del autobús. Estamos en la pendiente.

El motor continúa en marcha, pero el desayuno dura más de una hora. Una anciana marchita aconseja a otra que no lleve su lora al otro lado.

—¿Es que hay contrabando de loras entre Guatemala y Honduras? —pregunto intrigado.

—Yo intenté pasar a Honduras con mi lora y no me dejaron.

La aldea tiene dos bautismos: según uno, se llama Caparaja, que en indio significa «lugar sin agua»; según otro, es El Florido, una contradicción en los términos.

—Desde los mayas es que no hemos mejorado nada —me dice la dueña del comercio, un supermercado rural.

La señora de la lora hace acopio de galletas, dulces y «Alka-Seltzer».

—¿Es la frontera del «Alka-Seltzer»?

—Es que la gente pasa mala del estómago.

El contrabando no es lo que era.

—Los precios han subido a la par en los dos lados, y desde que abrieron la frontera con El Salvador, hay poca tela que cortar. Los salvadoreños, ¿sabe usted?, son industriosos e inteligentes. Llevan las de ganar.

Cada tienda tiene su refranero a la vista. El de aquí reza: «El que no oye consejo, nunca llegará a viejo.»

—Con permiso —dice un mocetón que ordena varias botellas de ron «Sello de oro», preparado, según reza el marbete, con añejos. En una de las vitrinas selecciona unos vestidos para recién nacidos.

—Es para mi hija, de dos meses.

Llena luego dos vasos hasta la mitad de ron y pide coca. Me tiende un vaso.

—El guaro está aquí más barato —dice—. ¡Vamos a jalarlo (pasar de contrabando), eso que llevaremos puesto.

Bebemos en silencio, sin cambiar palabra, que es una forma de beber que me gusta. Se concentra uno en los efectos del alcohol, sin distraerlos con la cháchara. En poco tiempo caen tres botellas tamaño de petaca. Una plusmarca. Al cabo, el ron ayuda al hondureño a elegir el vestido. Pide un descuento y paga. Suena la bocina del autobús.

—Adiós.

—Que Dios le proteja, a usted y a su familia —digo agradecido.

Es la frontera de la modorra. «Aduana, reportes», anuncia un cartel. Un poco avergonzado, leo lo que dice en el pabellón de madera que sirve de Aduana: «El ayer ya pasó, el futuro no ha llegado, no pierda el tiempo *injiriendo* licor.» En la puerta de la Aduana hay una nota mecanografiada, pegada con una chincheta: «Ojo, nos encontramos en la aldea *hechándole* a los frijoles.» Busco, a los aduaneros.

—Con permiso, pero quiero pasar al otro lado dentro de la ley.

Me apuntan en el libro de emigración. Pago tres quetzales de franquía y me dirijo a pie al control de viajeros, mientras pienso en los proverbios morales que cuelgan del local: «La diferencia entre estar estancado y estar enterrado es sólo la profundidad del hoyo.» El sargento hondureño encargado de revisar los equipajes tiene treinta y cuatro años, y, según me dice, la casa llena de diplomas profesionales. Es un tipo baladrón que se cree muy bien informado.

—¿Por dónde anda Ruiz Matos?— pregunta.

—Ruiz Mateos. Por ahora huido. Destino desconocido.

Lo sabe todo sobre Ruiz Mateos: fortunas, devociones, maquinaciones, martirologios.

—A nosotros nos regaló una imagen de su Virgen, la del Perpetuo Socorro, pero le puedo garantizar que nunca ha disfrutado de pasaporte hondureño. La misión de Ruiz Mateos es escapar de un lado a otro, porque sabe que si se detiene un instante, si deja de pedalear la bicicleta, lo agarran.

Al sargento lo llaman *Tizón*. Los soldados, armados de «Galiles», lo escuchan como al oráculo. Hay *wanteds* en la pared, como en una empalizada del Oeste. Se busca. Se busca, por ejemplo, al profesor Manuel Rodríguez, «de ojos café, pelo liso, contextura fuerte, calzado 40. Exhorto de captura por delito de *tracción* a la patria mediante *doctrinamiento* de ideas disociadoras contra el Estado».

El sargento *Tizón* quiere trabajar en el Servicio de Inteligencia y aprender en USA.

—Va a entrar usted —me dice— en el país de la libertad y del libertinaje.

—¿No confundirá libertad con libertinaje?

—No, señor, libertinaje es la libertad total, la que nos trajo la madre patria.

Se sabe al dedillo las andanzas y tribulaciones de Ruiz Mateos. Sus orígenes, su sentimiento místico y mercantil de la vida, Jerez, la abeja.

—Es que Dios me ha dado memoria fotográfica.

—De todos modos, su inteligencia, su astucia y su capacidad para la oratoria, tendrían mejor destino que este lugarejo perdido en las montañas.

—La disciplina —explica— es mi destino. Soy un policía útil y disciplinado. Por cierto —añade— que si vuelve por aquí tráigame una «Instanmatic». Un policía sin máquina de fotos es un policía incompleto.

Al fondo, uno de los soldados dormita en su litera bajo un desplegable del *Playboy* y un cartel: «Secreto, ojo con lo que aquí se habla», y una imagen de Frankenstein con un candado en los dientes. Pero el sargento es una máquina de hablar.

—¿El secreto de mi juventud y de mi talento? Se lo voy a decir. Dos mesas de billar antes de acostarme, a las ocho de la tarde, con una cena ligera, dos bananos. Al levantarme, un jugo de naranja con un blanquillo (huevo), dos pancitos con crema, frijolitos y café con leche. Hacia el mediodía recorro tres kilómetros.

Pienso, reflexiono, agilizo mi cabeza, no existe arma más poderosa que la mente humana.

No llega el *pick up,* la camioneta, con destino a las ruinas mayas de Copán. Elijo un camión de ajos, me subo a él, me tiendo sobre los bulbos blancos y pienso en esos amigos, como Nizar El-Khadi, a los que les horrorizan los ajos, crudos o condimentados, y que detectan su olor a largas distancias. A pesar del fregoteo bajo la ducha, ese olor me durará días. El camión de ajos se llama *Dios te oiga,* y tiene esta leyenda: «No temas, porque yo estoy contigo, Isaías, 43-5.» Con una protección de tal calibre llegamos bien, sin contratiempos, a Copán. En el «Hotel Marina» pedí en el mostrador, de entrada, el primero de una serie de cubalibres con ron «Flor de Oro».

—Hoy lo toma y mañana cero goma —me dice Tulio, el barman, quien ha llegado presuroso del Ayuntamiento. La frase debe de ser un conjuro contra la resaca, ya que a pocos metros, en la plaza, está el brujo maya del Museo Arqueológico. A la resaca aquí le llaman «goma»; los cubanos, «perseguidora», y los colombianos, «guayabo».

Al recorrer Copán, paso al lado de las hermanas Rosillo, que son las brujas modernas y lo resuelven todo; desde casos de drogadicción y alcoholismo hasta un mal rumbo en los negocios. «Solusiones para todo, hermanas Rosillo.» En «El Esmero», el sastre pedalea sobre la «Singer». El barbero, que parece Bertold Brecht, trabaja sobre el rostro del cliente, tendido en horizontal sobre la silla.

—¿Qué tal la vida? —pregunto.

—La vida —me responde mientras limpia la navaja en la bacía— es un medio pasar, y así es la mía, señor.

En el hotel, dos gringos viejos, ingenieros que trabajan en un proyecto, enseñan los juegos de la guerra, con artefactos japoneses de bolsillo, la guerra del cosmos, a dos niños hondureños. Es una alegoría de la primavera gringa en Honduras, el transatlántico terrestre del presidente Reagan.

—*How much cost a water melon?* —pregunta luego el más viejo a una niña de rasgos mestizos. La radio, encendida a todo volumen, trae la ración de delitos de sangre y accidentes, incluido el de un autobús llamado de forma pagana, *El tejedor de sueños,* despeñado en una trocha.

El sol está alto cuando me dirijo, a pie, hacia las ruinas de Copán, que llevaban mil años engullidas por la selva cuando llegaron los españoles. Elvis Saul Martínez es un guía de doce años que vive entre los espíritus de los mayas. A fuerza de escuchar a los cicerones, se ha hecho su idea de estas ruinas, que se extienden a lo largo de 300.000 metros de selva y que me recuerdan, por su disposición entre la espesura, a las camboyanas de Angkor Wat. Elvis me habla de los habitantes del bosque, de las culebras coral, la de barba amarilla, la zumbadora, del gavilán, del tucán, de los papagayos, de las maravillas de Copán, la ciudad dedicada a Venus, las estelas, columnas de piedra de tres metros con figuras de animales y los rostros de los reyes con los datos biográficos, la fecha de nacimiento, los matrimonios, la muerte. Son los jeroglíficos más expresivos del arte maya, 2.500 imágenes-símbolo bajo las majestuosas ceibas. Salvo los saqueos con destino al Museo Británico o al de Boston, todo está como lo dejó el explorador norteamericano John L. Stephens, quien compró todas las ruinas por 50 dólares, hasta las ceibas de más de veinte pies de circunferencia que sombrean las ruinas.

Stephens se pregunta en sus memorias, *Incidentes de viaje en Centroamérica, Chiapas y Yucatán*, quiénes pudieron construir aquellas estructuras, ya que América estaba habitada por salvajes y «los salvajes jamás cincelaron estas piedras». Ningún residuo de la raza subsiste en derredor de las ruinas. «Yacen frente a nosotros —escribía Stephens— como destrozada embarcación en medio del océano, perdidos los mástiles, su nombre borrado, muerta su tripulación, nadie para informar de dónde vino.» El «pueblo desconocido», que el explorador cree que sólo podría proceder de Egipto, Grecia o Roma, eran los mayas. Stephens asombra a las gentes del lugar con sus «raras costumbres», como cepillarse los dientes. El explorador y su amigo, el dibujante Catherwood, preguntan una tarde a don José María, «¿cuánto quiere usted por las ruinas?». «Pienso —escribe— que no quedaría más sorprendido que si yo le hubiese propuesto comprarle a su pobre mujer, anciana y reumática paciente, para practicar en ella la Medicina.»

El trato se cierra. Un siglo más tarde, la «United Fruit», de Boston, compraría media Honduras. «El lector —escribe Stephens— tal vez tenga curiosidad de saber cómo se venden las ciudades antiguas en Centroamérica. Lo mismo que otros artículos de comercio, se regulan por la existencia en el mercado, y la demanda; pero no siendo artículos principales, como el algodón y el añil, se mantienen a precios caprichosos, y en ese tiempo estaba floja la venta. Yo pagué cincuenta dólares por Copán. Nunca hubo dificultades con el precio. Ofrecí esa suma para que don José María sólo me creyera un tonto; si yo hubiera ofrecido más, probablemente habría pensado de mí algo peor.»

—Hace tiempo ya que no hay saqueos —me informa Elvis Saúl—, pero se dice que el Buda de jade lo robó el hijo del presidente Jimmy Carter, que primero vino en una excursión y luego solo.

Árboles: cedros, guanacastes, ceibas, buenacastes, masica. Elvis se come el interior de los frutos de masica.

—Quiero ser arqueólogo —dice—. Me gusta la historia de mi país.

—¿Qué tal quedan los españoles en los libros de tu escuela?

Duda un instante.

—No quiero dañarle, pero quedan mal. Los españoles llegaron a Copán con sus caballos, bien armados con petos y yelmos. Los indios copanes se defendían con flechas y jabalinas, hasta que un jinete español saltó la zanja de las trincheras, y su caballo, dando coces, espantó a los indios.

—¿Y Cristóbal Colón?

—Me parece favorito.

El año de los mayas tenía 18 meses. Los sacerdotes dominaban al pueblo con el secreto de las estaciones del año. Los mayas no poseían un calendario que les advirtiese la llegada de la época de la siembra, o sea, la inmediata a la estación de las lluvias. El calendiario, más aproximado al tiempo sideral que el juliano o el gregoriano, constituía un secreto de la clase sacerdotal, y sólo el religioso, de 260 días, se hallaba al alcance de todos. «El secreto de los 365 estaba guardado celosamente, de forma que las variaciones sólo se hacían públicas en las grandes ocasiones, en las que se esculpían en algún monumento. Era un arte de ciencias exactas, de un simbolismo matemático.»

Elvis me muestra los venados, que son enclenques, de una raza venida a menos, y las chozas de corozo diseminadas sobre la montaña y entre el bananal.

—Si usted se va allí, no entendería lo que esas gentes le hablen. Si regañan o dicen malas palabras, usted no les entiende. Hablan dialecto.

El 24 de abril, según el calendario ordenado por los trece dioses superiores, a las doce y media, cuando los rayos del sol daban sobre la estela, incendiaban los bosques para plantar el maíz. Elvis se tiene bien aprendida la lección de las causas de la decadencia de la civilización maya, que un día abandonó la ciudad y dejó que le fagocitara la selva.

—Fue la sequía, el cansancio de la tierra o el paludismo, o la enfermedad del maíz que destruyó los cultivos, el cambio de la meteorología o la aparición de un parásito de la tierra. La selva invadió la ciudad despoblada. Hernán Cortés pasó cerca de ella sin llegar a verla, sin ver las escalinatas, los monolitos o los altares de piedra.

El final parece extraído de las páginas de la epopeya nacional, el *Popol-Vuh*: «Se fue la tarde, levantó el vuelo la torcaz, entró la sombra de la noche; la luna salió, semejando una máscara amarilla; entonces sopló el viento; a su soplo se fue elevando la voz de la selva, que imploraba la protección de las antiguas fieras. Y las fieras la escucharon y fueron llegando y decían "¡Arriba árboles! ¡Bejucos, enlazaos de nuevo! ¡Ciérrese como antes toda la selva!" Así fue: al conjuro de las antiguas fieras, la selva quedó tan cerrada, tan impenetrable, como si nadie hubiera cortado nunca un solo bejuco, una sola rama, un solo tronco.»

En una de las escalinatas de la Acrópolis, un vigilante de las ruinas está concentrado en la lectura de un libro minúsculo. Parece, bajo el vuelo de los picoverdes, turbado por un grave conflicto interior.

—*¿El Kempis?* —le pregunto.

—No, es el Nuevo Testamento, el Sermón de la Montaña.

Se llama Juan Oliveros.

—He caído de la gracia —me dice en una inesperada confesión, como si deseara librarse de un peso—. He pecado y he abandonado mi fe evangélica y he sido abandonado por ella. Ahora deseo la reconciliación por encima de todas las cosas.

—¿Ha sido tan monstruoso su pecado?

—No me deja vivir. En la lucha del bien con el mal, venció el mal. Perdí la gracia, he caído y quiero levantarme, resucitar como Lázaro, recuperar la gracia, pedir y obtener la indulgencia de mi congregación.

¿Qué horrible falta habrá podido cometer Juan Oliveros, empequeñecido con su pena en medio de un paisaje grandioso —el prodigio de traer toneladas de piedra y grabarlas— que contempla quince siglos de Historia?

—Empecé a trabajar aquí hace cuarenta años con el noruego don Gustavo, que era piloto, copiloto, zapatero, sastre, mecánico, carpintero y, sobre todo, arqueólogo. En aquel tiempo yo ganaba tres lempiras a la semana. Trepaba material con mezcla, agua y piedras.

Al problema de su pecado y la dura travesía de su redención, Juan, de sesenta y cinco años, añade un nuevo lamento:

—Mi hijo Jesús, de veinticinco años, a pesar de mis requisitorias no desea casarse. No quiere responsabilidades, no se deja.

La vida es cara, y Juan descubre los estragos de la inflación.

—Hace cuarenta años, yo daba un lempira a mi hermana y volvía del mercado con el canasto lleno. Hoy, con 5 lempiras no se llena la cesta.

El lempira es la moneda nacional, y debe su nombre al cacique indio Lempira, que combatió contra los españoles.

Otro de los guardianes de las ruinas, José García Cruz, no tiene problemas de conciencia, sólo de carestía de la vida.

—Hace tres años que no nos suben el sueldo. ¿Cree usted que con 7 lempiras podemos vivir?

Mi guía, Elvis Saúl, está convencido de que Copán le da sopas con honda a Egipto en cuanto a monumentalidad.

—Egipto —dice con desprecio—; tres pirámides y nada más. Además, nosotros inventamos el cero.

Escalinata de los jeroglíficos, zoomorfos con fauces abiertas, serpientes emplumadas, monolitos, en los que se aprecia, como en el alma de Juan Oliveros, la lucha del bien y del mal, cementerios con tumbas de piedra canteada, pirámide de los sacrificios con esculturas que representan la calavera, el campo de juego de pelota, con sus graderíos y sus marcadores. Oviedo, el cronista de Indias, describe la pelota con la que juegan los mayas: «Estas pelotas saltan más que el viento, porque de sólo soltallas de la mano en tierra, suben mucho más para arriba e dan un salto, e otro, e muchos, disminuyendo en el saltar por sí mismas.» En los bosques crece el árbol del hule, de la goma elástica. La cancha de juego se construyó cuando don Rodrigo combatía en Guadalete y los árabes invadían España. El juego de los mayas se parecía al baloncesto. Los capitanes españoles vieron jugar los últimos partidos a los aztecas, que heredaron el deporte de los mayas, un juego que tenía más de rito que de deporte. Los siete dioses menores bajaron al infierno para jugar a la pelota con los demonios. «Ganaron, naturalmente, los demonios —escribe Foxá en su visita a las ruinas—, porque todo juego, por lo injusto, tiene algo de maligno, y los siete dioses fueron decapitados, y colgaron sus cabezas del árbol de "La Jícara".»

El capitán del equipo vencedor cercenaba la cabeza al del equipo derrotado en mitad del campo. Añade Foxá que la sorpresa de los españoles ante la primera pelota de hule «es semejante a la de los indios ante el huevo de la gallina y la luz, que permite vivir parte de la noche».

Corren los venados, se inmovilizan en medio del calvero, ventean, levantan el hocico, mueven las orejas, olfatean el peligro y corren a ponerse a salvo. No dejo de pensar en el pecado de Juan Oliveros. Al llegar a la salida, entre los monos chillones y los papagayos, Elvis Saúl desentraña el misterio cuando yo menos lo esperaba.

—Juan no se ha atrevido a contarle su desliz.

—Es su conciencia.

—Todo fue por la política.

—¿La política?

—Sí, Juan pertenecía al Partido Nacional. Después de las elecciones, los gobernantes liberales echaron a los obreros nacionales que trabajaban en las ruinas. Salvo a Juan, que se convirtió al liberalismo. Creo que ése es el pecado que le tortura.

Junto a la plaza de Copán, un hombre de mostachos frondosos que ha atado su caballo junto a la empalizada del Ayuntamiento descubre con gozo, y con la ayuda del aguardiente de caña, una palabra a la que se aferra con delectación: literalmente. Ante un auditorio muy complacido, el caballista insiste.

—Literalmente, dice, li-te-ral-men-te, o sea, lo correcto, un hombre que llega hasta el final sin desviarse de su camino. Lo literal es lo cabal, lo conforme a la letra, literalmente.

Pasa una india de andares muy rumbosos y la toma, de inmediato, como alegoría de la literalidad.

—Ves, Francisca, tu hermoso culo es, literalmente hablando, un culo literal.

Las niñas salen del colegio. A las siete de la tarde, unas destempladas campanas llaman a misa. «No coman en el templo», recomienda un cartel. Pero san Francisco de Asís sería feliz al comprobar que aquí los perros también asisten a misa. Se instalan en el pasillo de la nave central, esperan a sus amos y hacen los mismos movimientos que ellos: de pie, sentados, genuflexión. El cura párroco, don Roque, ya entrado en años, tiene pocas novedades teológicas que ofrecer. «La muerte —dice en la homilía con un cansancio de siglos— no es el final del camino.»

Elvis Saúl deambula por la plaza. Me lo encuentro en el puesto de frutas del mudo, un ser que es todo sonrisa, bondad traslúcida.

—¿Qué? ¿Echando el pestañazo? —pregunta.

—Hay que bajar los frijoles, Elvis.

En el quiosco de bebidas, paredaño con la iglesia, Gloria, la tabernera, a vueltas con su hija de meses, me sirve una «Salva Vida» (bebida con moderación, según la etiqueta).

—No se me embole, Don.

Me pregunta por el cantante español José Luis Perales.

—¿Es verdad que fue alcohólico anónimo?

Una muchacha, a la que Gloria define como «madre soltera», viene a tomarse una horchata. Alberto bebe una cerveza. Trabaja en las ruinas y sale mañana hacia San Pedro Sula en su camioneta, con dos arqueólogas gringas.

—Tiene usted sitio en la parte de atrás —ofrece.

Un barbudo alto, con anteojos, le saluda al pasar.

—*Alló,* Juan.

—*Alló,* Alberto.

—Ahí donde le ve, estudia Arqueología para olvidar el alcohol. Agarró el hábito como marine en el Vietnam. Tiene serios problemas de alcoholismo. Empezó a tomar en Vietnam, en la Marina, dice que para ahuyentar el frío.

—¿Tanto frío hace en Vietnam? Yo no lo sentí.

—Dice que iban en su barco a toda velocidad, que a los que no bebían se les congelaban las orejas y les estallaban los vasos de la nariz.

—¿No sería el miedo, Alberto?

—Juan se lo achaca al frío.

—O sea, que no había otra alternativa que el guaro.

—No parece que hubiera otra.

A las ocho de la tarde, Copán es una ciudad muerta, desierta. También Elvis Saúl Ramírez se retira a descansar.

—Manuel —me dice al despedirse—, el gran día se acerca. El domingo me llevan a conocer el mar en Puerto Cortés.

Amanece. Con media hora de tregua estalla la escandalera de los gallos. El lema de este hotel, en tierra tan aficionada a los refranes, debería ser, *literalmente,* «gallo que no canta, algo tiene en la garganta», o «cada gallo canta en su gallinero, y el hondureño, en el suyo y en el ajeno, cuando es bueno», o quizá, «cantó el gallo; no supo cómo ni cuándo». Allí apareció, puntual a su cita a bordo de la camioneta, el *pick up,* Alberto, con las dos arqueólogas, Andrea y Nancy. Andrea, pecosilla y de sonrisa dulce; Nancy, rubia teñida. Estas horas de la mañana son agradables para viajar. El viento es limpio; el clima, suave, llevadero. Incluso hace frío. Alberto para en el camino de las ruinas a los que, armados del «córtalotodo», el machete, se dirigen hacia los campos de yuca y caña de azúcar, los maizales, los cafetales. Todos se conocen y se saludan. Un toque en el cristal de atrás y Alberto para la camioneta.

Ascendemos por la Honduras montañosa, sólo 22 % de tierra cultivable, «fruncida, verde, honda, como su nombre». Orquídeas; árboles de flores amarillas, el color de Van Gogh, que tanto me atraen; lianas; árboles de cientos de ramas, largas, solemnes y el rastro del tigrito (ocelote); el puma; el jaguar; la pantera negra. Por la carretera, bajo la mirada condescendiente de un pastor a caballo, vagabundean las vacas. Antes de llegar a San Pedro Sula, la capital industrial y económica de Honduras, junto a un campamento, un soldado pelado al cero corre por la orilla bajo la vigilancia de los centinelas. Después de un trecho vuelve sobre sus pasos, polvorientos, y corre, bañado en sudor, en una marcha sin final. Se diría el suplicio de Tántalo.

—¿Ha hecho algo malo? —pregunto a dos soldados que suben a mi lado, armados de sus fusiles.

—Sí —contesta uno de ellos, con una sonrisa y un movimiento de cabeza en signo de reprobación—. No acaba de entender que el Ejército es disciplina y sólo disciplina.

En los asientos delanteros, Andrea, al pasar, escruta la montaña, con la sierra del Espíritu Santo al fondo, y señala con el dedo índice las acumulaciones de piedra. ¿Buscará un nuevo Copán Ruinas?

Llevan unas cartas para franquearlas en Correos.

—Imposible —dice al volver Andrea—: hoy toca el día del Empleado Postal.

15. LA FRUTERA

Me llevaron hasta la estación de ferrocarril, no lejos de la catedral y de la plaza de San Pedro Sula. Pero el tren a Tela, a lo largo de la Costa de los Mosquitos, tierra de fortalezas españolas, largas extensiones de platanales, recuerdos de piratas y corsarios, ha salido hace unos minutos. Me refugio bajo un calor ya húmedo en el «Hotel San Pedro», a un tiro de ballesta de la estación. Aquí, la piel de la gente se ateza, se oscurece. Es la influencia de la sangre africana, de los morenos de la costa que hablan el pidgin y sobre los que el rey de España promulgó una legislación que fue ignorada: «Mandamos que en ningún caso se ejecute a los negros cimarrones la pena de cortarles las partes, que honestamente no se pueden nominar.» Tampoco las costumbres de los bucaneros, que navegaban ahítos de ron por las islas de la Bahía, eran más cristianas: «Le colgaron de una soga al cuello hasta que los ojos se salieron de las órbitas, y eran tan grandes como huevos. Después lo colgaron de las partes y lo dejaron así.»

El hotel es viejo, vívido, asiático, se diría que tailandés de Chiengmai. Sus recomendaciones a los clientes no están a la altura de las circunstancias: «Sentimos comunicar que, en vista de la inseguridad que priva en todo en la actualidad, no poder responder de los objetos perdidos. Les estimaríamos mucho que no hable a grito. Tenemos terminantemente prohibidas las visitas de MUJEres a habitación de hombres solos, y VICEVERSA, excepto en *casos especiales* autorizados por la administración del hotel.»

Sin embargo, el reglamento no encaja con la juerga sabatina, con el rumor de las broncas callejeras, cuando el aguardiente de caña agita, al anochecer, los machetes, ni con las rebatiñas de los gatos en los tejados. Menos mal que las columnas de hormigas que se pasean por la habitación son discretas y disciplinadas.

La ciudad la fundó Pedro de Alvarado en 1536, y apenas quedan vestigios del Imperio sobre el que no se ponía el sol. La catedral es de estilo neogótico, y la ciudad, un *melting pot* social de españoles, chinos, turcos, judíos, alemanes o gringos. De la jungla, caoba y maderas preciosas, y los valles, la *bananaland,* sube un hervor de dinero, a dos lempiras el dólar. En tiempos del *Pulpo,* la «United Fruit» decía que era posible comprar a un político hondureño por el precio de un asno de Kentucky. Los mestizos forman el 90 % de la población; los negros, el 5; los indios, el 4; los europeos, el 1. No ha sido un país inclinado a las revoluciones, como sus vecinos; aquí ha corrido menos sangre, aunque desde los primeros 161 años, desde la independencia de España, Honduras vivió 385 rebeliones armadas, tuvo 126 gobiernos y 16 constituciones. Las 667 familias (0,3 % de la población) y las dos firmas bananeras se han repartido la parte del león de la economía de este poco poblado país, coprotagonista de la «guerra del fútbol». La renta per cápita es de unas 4.000 pesetas para la población rural. Sin embargo, Honduras es un caso atípico en América Central, no se ha visto arrastrado a los conflictos regionales y tampoco participa de la violencia salvaje de Guatemala o El Salvador. La guerrilla de izquierda formada por los Chinchoneros, el Frente Morazanista y los grupos Padre Iván Betancourt y Lorenzo Zelaya tiene una implantación limitada.

En el centro de la plaza sestean los parados, víctimas de la crisis que se agudizó a partir de 1980. Los predicadores de las sectas californianas se lanzan sobre ellos como buitres de Dios. Hay un bar, una rotonda en la plaza, que se llama «Puerta del Sol», y tiene varias ikurriñas pintadas en la puerta. Su dueño, Paco *el Vasco,* o *el Navarro,* intenta el difícil compromiso entre el título del establecimiento, el tuétano de Madrid y el símbolo de los vascos. Las camareras van vestidas de espatadantzaris. Paco invita a unos cubalibres y hablamos de la Honduras todavía virgen para las inversiones; del italiano que quería arrancar mármol de las montañas y no le dejaron; algunas, aisladas, inversiones extranjeras.

—Mire —me dice—, en la plaza, todos los días son así.

Salvo hoy, día en el que los mendigos tienen permiso para tender la mano con un papel plastificado que dice: «Licencia de mendicidad.» Los comerciantes apilan monedas de dos centavos junto a sus cajas registradoras con destino a los mendigos, los impedidos, la procesión de los tullidos, en este día de la caridad libre y organizada. Hay una logia masónica y un templo ortodoxo griego, dos periódicos, dos cadenas de televisión, un teatro, quince estaciones de radio, varias librerías. Entro en una de ellas y hojeo los libros locales, refraneros, libros sobre la lucha obrera en Honduras, las huelgas en las compañías bananeras, sobre todo la de 1954, que abrió el paso a los sindicatos.

A mediodía, la radio conectada en la librería interrumpe sus emisiones e invita, entre música marcial, a todas las emisoras nacionales a que entren en cadena.

—Sólo lo hacen cuando va a hablar el presidente —explica el encargado.

—O cuando se ha producido un golpe de Estado —recuerda, sin alterarse, uno de los dependientes.

La ciudad, sumida en el sopor, tardará en vaciarse. Los comentarios que escucho a mi paso son éstos: «allá ellos», «son cosas de los políticos», «estamos curados de espanto». Pero el hombre fuerte de Honduras, el general Álvarez, va a salir rebotado hacia el exilio. Los oficiales jóvenes lo han detenido aquí mismo, en el aeropuerto de San Pedro Sula, después de una conferencia pronunciada por el general, duro y corrupto, en la Asociación para el Progreso de Honduras, en la que había pedido fondos. Cuando llegué al hotel, la radio repetía una serie de comunicados. El presidente Suazo Córdoba hablaría por la noche para tranquilizar los ánimos. Todo seguía igual, salvo que el general Álvarez, el hombre de los gringos apuntado en el *payroll*, la nómina de varias Compañías con intereses en Honduras, fue detenido a punta de «Browning» después de pasar la noche en la lujosa residencia de su amigo Valentín Flores, concesionario de una firma japonesa de coches y jeeps, los mismos que Álvarez «colocó» en el Ejército. Desde que los militares llevaron al poder, en 1957, a Villeda Morales, se reservaban el derecho de poner en cuestión las órdenes presidenciales.

Las relaciones del general, educado en la doctrina de la Seguridad Nacional, con los cuadros del Ejército se deterioraron después de una meteórica ascensión a la cúspide de las Fuerzas Armadas. Se le acusaba de imponer el autoritarismo más que el principio de autoridad, de permitir y alentar la corrupción generalizada, de disponer de tres residencias y una más en construcción en el Caribe. Es el golpe de los jóvenes turcos contra sus generales. Fueron doce horas de música militar y de comunicados. No sonó un solo tiro. En los parques, los soldados hacían manitas con sus novias y no tocaron alerta en las unidades militares próximas. Era un cuartelazo, una tempestad en un vaso de aguardiente. La ciudad, habituada a los golpes de Estado, no lograba entender bien por qué se convertía de pronto al héroe nacional, el tantas veces condecorado general Gustavo Adolfo Álvarez, en villano. Las razones y sinrazones sonaron de café en café y de teléfono en teléfono: abuso de poder; rebelión de los coroneles por el bloqueo en el escalafón y las magras soldadas, mientras Álvarez amasaba una fortuna de Creso; frenazo a un intento de invasión de Nicaragua y a la guerra sucia que había visto la desaparición de 104 personas. Álvarez salía, y otro general, el jefe de la Fuerza Aérea y factótum del contragolpe, «héroe» de la guerra contra El Salvador, Walter Loner, entraba en escena. Punto final.

En el «Bar Madrid», los llamados «comanches», las gentes de la oposición— comanches por comunistas—, evaluaban la situación.

—Lo sabían, ayer corrió el champán —decía con malicia y *sotto voce* un político derechista.

Pero los comanches sabían que en Honduras todo seguiría igual que antes. En el barrio de Bellavista, en la casa del multimillonario Valentín Flores, de altos muros y puertas metálicas, las luces estaban apagadas.

—Valentín ha volado a Miami —me dice el doctor Calderón, al que he encontrado en la sede de Alipo, la Alianza Liberal.

Las músicas militares, los comunicados que ponían patas arriba el organigrama militar, no arredraron a los alborotadores nocturnos. Sonó la rocola, y la noche pasada por alcohol y buganvillas dejó un reguero de borrachos en las calles de San Pedro. Se desperezaban en las aceras cuando me dirigía hacia la estación. El próximo destino era La Ceiba, *Ceibita la bella.* La novedad en la calle era el calqueo, la reproducción por contacto de rostros de famosos.

—Deje que les calque el rostro de su artista favorito, queda la figura eterna —decía, el reproductor—. Eterna para toda la vida —mientras raspaba con una pastilla sobre el folio en blanco—. Aquí tiene, a su alcance —añadía—, su grabado de los grandes artistas europeos. Julio Iglesias, Camilo Sesto, «Mocedades», aquí los tiene, impresos para toda la vida.

En el autobús vendían nieve, copos de hielo granizado con un leve golpe de jarabe o marrasquino. Preferí un coco decapitado al que añadí, como de costumbre, una rociada de ron «Flor de caña». A mi lado, el sobrio David Funes, de veinticuatro años, delantero centro del Victoria CF, de primera división, prefirió nieve. Tenía el pelo alborotado, gotas africanas en la sangre, el hablar espacioso y convincente, piernas ligeramente arqueadas, consecuencia del trote en los estadios, ni un gramo de grasa, muchas ganas de hablar.

—Vamos a La Ceiba —dijo—. La *Novia de Honduras*, por lo bonita y hospitalaria.

—Pero con las playas sucias —repliqué sin intención de aguarle la fiesta.

El delantero centro se sorprendió de mi sabiduría. En las tres horas que duró el trayecto, todo directo, recorrimos montes y valles, inmensos campos de piña y bananales de la «Standard». Recuerdo el poema de Neruda sobre las moscas sedientas de sangre de la «Frutera» que se llevan en sus barcos; el café y la fruta en la dictadura de las moscas. Honduras, dicen, es la primera de las Repúblicas bananeras en la línea Woody Allen. Dos plátanos por lo menos, huracanes, como el *Fiji* de 1974, que arrasó la costa caribeña; pronunciamientos; caudillos; carne perfumada de iguana; la Virgen del Perpetuo Socorro, regalo de Ruiz Mateos; noches de ron e indolencia y siestas interminables; su excelencia el embajador de los Estados Unidos; líneas férreas sin terminar; mordidas; peleas de gallos; el pirata Walker fusilado en Trujillo; la renta más baja después de Haití; bananas marca «Chiquita», presidentes borrachos o putañeros. Éstas son algunas de las malas ideas del clisé hondureño.

—Los españoles se llevaron el oro y nos dejaron las iglesias —dice David, el delantero centro—, los gringos, la piña y las bananas, y nos dejaron hospitales, escuelas y algunas carreteras, es verdad, pero se llevaron más que dejaron. Los placeres son por onzas, y los males, por arrobas.

—La verdad, amarga, y la mentira, dulce como el plátano —digo, por seguirle la corriente.

Allá por la primera década del siglo vivía exiliado en Nueva Orleáns, entre mansiones francesas y negros espirituales, el ex presidente conservador de Honduras, Manuel Bonilla. En la misma ciudad vivía un tal Samuel Zemurray, expatriado de Besarabia, que soñaba con fundar en Honduras el Imperio de los Bananales.

Un buen día se juntaron el hambre y las ganas de comer. Zemurray le prestó a Bonilla el buque *Hornet* y una tripulación armada. Después de ordenar champaña y caviar en un burdel de Nueva Orleáns para despistar a los agentes del Gobierno con la inminencia de una larga noche de amor, el ruso judío y Manuel Bonilla embarcaron con sus bucaneros. Uno de ellos era un fogonero convertido en general. Desde Trujillo marchó hacia Tegucigalpa y derribó al presidente constitucional, Miguel Dávila. En octubre de 1911, Manuel Bonilla, agradecido, regaló al de Besarabia, tierras sin fin por estos andurriales del valle de Sula, libres de impuestos, con miríadas de mosquitos y esclavos baratos. En 1929, *el Pulpo*, la «United Fruit», engulló a Zemurray al que llamaban ya *Sam the Banana Man*. Cuando, en 1935, una enfermedad del plátano, la sigatoca, devoró los platanales, la «Frutera» se trasladó a Costa Rica. El presidente Tiburcio Carias, que era un funcionario de la «United Fruit», permitió a ésta que desmontara 700 kilómetros de vía férrea y se los llevara del país. Cuando la epidemia desapareció, Zemurray y la «Frutera», cada uno por su lado, volvieron a las fértiles tierras que el judío ruso vendió en 1950, a los setenta años de edad y enfermo de Parkinson.

En 1975, la «United Fruit» se hacía llamar «United Brands», y su presidente era un judío ortodoxo, Elie Black. Sus agentes en Suiza «mordieron» al presidente Osvaldo López Arellano y a su ministro de Economía, Abraham Bennatón Ramos, con 1.250.000 dólares para obtener un trato de favor en el cobro de los impuestos. Pero el escándalo del soborno, el «Bananagate», estalló en las páginas de los periódicos, y las autoridades norteamericanas pusieron en marcha una investigación. Eli Black, en la bancarrota y antes de verse en la cárcel, prefirió resbalar en una cáscara de plátano y se tiró desde el piso 40 de su oficina del edificio Pan Am en Manhattan. El presidente López Arellano, despojado del poder en «Tegucigolpe», tuvo un aterrizaje más afortunado en las calles cosmopolitas de Miami.

Con los años, la «United Brands» revocó la fachada negrera e inhumana, tipo capitalismo salvaje, de la «United Fruit Company», de Boston, con una imagen más civilizada, puesta al día, con su estadística de escuelas, hospitales, laboratorios, carreteras asfaltadas y campos roturados, ganados a la selva virgen. «Además —me decía uno de sus funcionarios—, el convenio colectivo se negocia con el sindicato. Un obrero puede ganar 15 dólares al día.» *El Pulpo* se convertía así en un inofensivo chipirón.

David, el delantero centro, me pregunta por Diego Armando Maradona, el *crack*.

—¿Le gusta?

—Sí, es bueno.

—¿Por qué?

—Le veo donde hay que estar, en el área, se revuelve bien, tiene olfato de gol. Si no lo marcan bien, y ahí está el quid, hace diabluras con el balón. Claro que estos últimos tiempos no está muy en forma, se ha vuelto llorón y autocompasivo, caprichoso, y soporta mal a los demás, salvo a la maffia que le rodea. En una palabra, es de cristal.

—A mí —explica David—, me gusta bajar al terreno de los medios porque ahí me siento más creador, más imaginativo, más útil e inspirado. Creo de todos modos, añade, que el delantero centro tiene ante sí una gran responsabilidad. Está acosado por todas partes, pero yo juego siempre con Dios y eso me ayuda.

—¿Con Dios?

—Sin él no podría salir a la cancha. Soy Adventista del Séptimo Día, y Dios me transmite toda la fuerza necesaria. Con él nunca me siento solo, me veo mental, física y espiritualmente reforzado. A veces pienso que mis goles los marca Dios.

—Eso no es jugar limpio, David.

—¿Acaso usted no cree en Dios?

—Einstein solía decir que Dios no sabe jugar a los dados.

—¿Y es capaz de vivir sin Dios? —pregunta, espantado—. Es imposible, su vida debe ser muy desgraciada, inútil, le veo mal, desarbolado, disculpe por la confianza.

—Hombre, el caso es que la vida sigue. Dios no tiene religión. Se puede creer en la justicia, en la verdad, en la igualdad, en la fraternidad.

—No basta. Se empeña en marginar a Dios, y Dios no ha muerto.

David es uno de los diez mil jugadores de fútbol hondureños. Estudia peritaje mercantil.

—El problema de los jugadores es que se gastan los ahorros y llegan sin pisto a los treinta y cinco años. Se lo gastan en las muchachas, que vienen hacia nosotros como moscas a la miel. Nos adulan mientras jugamos y ganamos. Por eso yo quiero estudiar computación y prepararme para cuando cuelgue las botas.

Jugó en el Olimpia de Tegucigalpa. Le rompieron la rótula, y su equipo le dio por acabado.

—Con la ayuda de Dios me recuperé pronto y fiché por el Victoria de La Ceiba. Estoy en forma.

—Gracias a Dios.

Le atrae el universo de las nuevas tecnologías, los armamentos nuevos, las guerras estelares.

—Estados Unidos —dice— tiene un presupuesto de 255.000 millones para gastos militares. ¿Sabe cuál es el presupuesto total de Honduras?

—Algo de eso les toca a ustedes, ahora que los militares gringos se han instalado aquí con sus bases, sus instructores, sus aviones espías, sus radares, sus cientos de instructores gringos —le digo.

—Sí, ya sé de qué me habla. Del transatlántico terrestre de Honduras. Pero, dígame, ¿no tienen ustedes bases militares gringas en España? ¿No las hay en Francia, Italia o Alemania? ¿A qué viene tanto aspaviento? ¿No tienen ustedes la OTAN?

Al llegar al campo de fútbol de La Ceiba, David me lo presenta como si fuera su casa.

—Aquí me entrenaré dentro de unas horas. No soy Maradona, pero está invitado.

Hay un anuncio muy juicioso en las paredes que recuerda algo esencial a las turbamultas del fútbol: «Nosotros creemos que el Gobierno debe ser de las leyes más que de los hombres.»

La Ceiba es tierra de negritos, de música afrocaribeña, reñidero de gallos, palafitos de madera, hamacas a la sombra. En uno de los cines del centro, los niños se agolpan entre ráfagas de polvo. Proyectan *Los Pitufos.* Cuando bajamos del autobús, las motos japonesas de los jóvenes hinchas convergen hacia David Funes. No hay duda: el delantero centro que tanto cree en Dios es una figura. Me voy a pie hacia la playa. Éste es el mar que va a conocer Elvis Saúl. «El Partenón» es el restaurante de un griego. Le veo junto a la playa, golpeando una estaca para tender una alambrada que proteja su cabeza de playa como los alemanes la de Normandía. Me recuerda al griego de *El cartero siempre llama dos veces.*

He tomado posiciones frente a la playa después de cruzar por el edificio, que es un desmesurado homenaje de amor a todos los dioses del Olimpo. En el límite de las olas pasan negros de gafas reflectantes y camisas chillonas, que arrastran grandes transistores que emiten música africana procedente de los estudios de Radio Belize. Aquí descubro la imagen tanto tiempo soñada: un clima cálido y un negro de brazos Mohamed Alí, que lanza piedras al mar mientras musita *reggae.* El camarero me ofrece langosta. Nada en el horizonte. Alguna vela borrosa, un par de gaviotas. Se pelean perros bastardos. En una mesa de al lado, los pájaros clarineros se disputan unas migajas. Después dormiré la siesta debajo de un cocotero con un sombrero de palma a la altura reglamentaria sobre la cara, al estilo Robert Mitchum, que es quien mejor lo hace.

La noche es el sudor, el rumor de la música africana, la ducha inútil, el sueño díscolo bajo un cartel que reza: «Por respeto a nuestra cultura, se pide que respete el sueño del vecino. En consecuencia, los juegos "con una mujer" están prohibidos durante las horas de sueño.» Era toda una invitación al amor diurno, a la pasión entre hombres o, como diría el poeta, «a la pera matinal y vaga».

En la terminal de autobuses, Arnoldo Altaminaro elogia a La Ceiba mientras me sirve en su estanquillo un vaso grande de papel con coca y ron «Flor de Caña».

—Aquí no hallará usted corrompición —me explica.

La Ceiba se me ha ido viva, con *corrompición* o sin ella, pero estos vasos de néctar, mientras el viajero suda todo lo que bebe, son inmortales. Sartre decía que el jazz es como el plátano, hay que consumirlo allí donde se produce. El cubata, al entrar bajo este sol, en medio del vaho de calor que descompone el paisaje, produce un cosquilleo de felicidad, prepara al próximo viaje, despeja los últimos flecos del *caffard*.

Ya en el autobús, Roberto, que trabaja en el control de la malaria, me adjudica las dosis de contraveneno después de cubicar mis carnes mortales.

—Usted ya no es un niño tierno. Para una persona de su peso es necesaria una dosis de cuatro cloroquinas y una primatina de quince miligramos.

—¿Pero no han acabado ya con el paludismo?

—Está controlado, pero no erradicado. En todo el mundo dicen que hay unos ciento cincuenta millones de enfermos de malaria. O sea, que mucho cuidado.

Quedan a la derecha los barracones del Cuarto de Infantería. En el club de tropa, los soldados departen con sus novias.

—En este país, ya lo ve —añade Roberto—, no hay opresión. Cada uno agarra por donde quiere.

Campos de piña cuyas lindes no se divisan.

—Ahora, mire por dónde, a la piña la hacen parir a base de polvos. Le echan un líquido que preña a voluntad a la mata.

Las iglesias están abiertas de par en par. Vacías.

NICARAGUA: Estación de León. A punto de salir hacia Managua.

El fallido viaje para entrar en Rivas en plena guerra del verano de 1979. Evacuan a los heridos ante la mirada de mi conductor Perdomo.

El «Hotel Intercontinental»,de Managua a pocos pasos del búnker de Somoza. Una pirámide truncada para un multimillonario gringo chiflado y el final de una guerra.

Rostros cubiertos con pañuelos sandinistas, azul y negro. La guerrilla se convirtió en una marea contra el dictador Somoza.

Manuel Leguineche entrevista cerca de Rivas, en julio de 1979, al comandante Justo que combatió con el cura asturiano Laviana.

Los sandinistas llegan a Managua. Ecos de la entrada de Fidel en La Habana.

Las beatas de León pasean a sus vírgenes y santos para exorcizar al «diablo» sandinista.

COSTA RICA: una juventud tipo **boy scout.** Gorras de béisbol y machetes.

Fruta madura: vagones más limpios y alguna guitarra quejumbrosa.

El ferrocarril de San José a Puerto Limón, sobre tumbas de chinos.

PANAMÁ: Una siesta de siglos de cara al mar. Del pirata Morgan a Omar Torrijos.

Ruinas de España: murallas frágiles contra los asaltos filibusteros.

El Canal: Torrijos no quería entrar en la Historia sino en el Canal.

Panamá City como Beirut, basura y baterías de rascacielos.

MAR CARIBE
OCÉANO PACÍFICO
MÉXICO
GUATEMALA
BELIZE
HONDURAS
EL SALVADOR
NICARAGUA
COSTA RICA
PANAMÁ
COLOMBIA
Villahermosa
Usumacinta
PALENQUE
BONAMPAK
YAXCHILÁN
UAXACTÚN
TIKAL
Tuxtla Gutiérrez
San Cristóbal de las Casas
Sayaxché
Flores
Poptún
Orange Walk
Belize
BELMOPÁN
Stann Creek
Golfo de Honduras
Punta Gorda
Puerto Cortés
Puerto Barrios
Tela
La Ceiba
Trujillo
C. de Honduras
San Pedro Sula
El Progreso
Aguán
Huehuetenango
Cobán
L. Izabal
Volcán Tajumulco
4220
Tapachula
Quezaltenango
Zacapa
Motagua
Ulúa
COPÁN
Coatepeque
GUATEMALA
Chiquimula
Santa Rosa de Copán
Retalhuleu
Antigua Guatemala
Mazatenango
San José
Nueva San Salvador
SAN SALVADOR
Sonsonate
San Miguel
Usulután
Golfo de Fonseca
Comayagua
TEGUCIGALPA
Juticalpa
Dulce Nombre de Culmí
Danlí
Patuca
Coco
Choluteca
Estelí
Chinandega
León
MANAGUA
Masaya
Granada
Jinotega
Matagalpa
Río Grande de Matagalpa
L. Managua
Juigalpa
Rama
Bluefields
LAGO DE NICARAGUA
Rivas
San Carlos
San Juan
Bahía de San Juan del Norte
Pta. Patuca
Lag. de Caratasca
Puerto Lempira
C. Gracias a Dios
Puerto Cabezas
Pta. de Perlas
84°
88°
92°
16°
12°
8°
80°
C. Sta. Elena
Golfo del Papagayo
Liberia
Nicoya
Puntarenas
PEN. NICOYA
Golfo de Nicoya
SAN JOSÉ
Alajuela
3432 Irazú
GUAYABO
Limón
Turrialba
Cartago
Bahía de Coronado
PEN. OSA
Puerto Armuelles
Pta. Burica
Golfo de Chiriquí
Coiba
Almirante
Lag. de Chiriquí
Golfo de los Mosquitos
3477
Chiriquí
David
PEN. DE AZUERO
Pta. Mala
Colón
Canal de Panamá
ISTMO DE PANAMÁ
PANAMÁ
Arch. de las Perlas
Golfo de Panamá
La Palma
Jaqué

—Me crié bajo el catolicismo, pero aún no he tomado una determinación sobre la fe.

—No quiero dañarle —respondo—, pero está ya en la edad.

—Lo sé, pero es mucha la responsabilidad del creyente bajo el catolicismo. ¿Usted se congrega?

—Últimamente, no mucho —respondo—. Me congregaron para toda la vida cuando era niño.

—No me extraña. En el catolicismo hay que obedecer demasiado. Ahora hay hasta curas que dicen que Jesús fue el primer revolucionario. Ahí tiene en Nicaragua al padre Escoto y al monje Cardenal, que se decidieron por la metralleta y la cruz. Pero las buenas revoluciones se acaban cuando pasan a depender de intereses e ideas del extranjero. ¿No le parece?

Las familias se bañan en las corrientes de agua. Fruta, chapuzón, música de transistor y poco más. Al fondo, entre la neblina del vapor de la tarde, junto a las chozas de manaca, se alinean los autobuses escolares, *School Bus*, regalo de los Estados Unidos. Ha caído, de súbito, la noche. El bosque está incendiado de punta a cabo por los puntos intermitentes de las luciérnagas. El autobús va lleno. Las madres, de pie, pasan sus cipotes (niños) a las damas sentadas para que los acunen y los duerman. Pasan en el *bus* más horas que en el propio hogar. El autobús es un fetiche, una drogadicción. Salvo escalar el Everest, en estos vehículos con nombres y citas bíblicas, se puede hacer de todo. En los bares de los pueblos compiten los maestros del billar.

—Un juego bien limpio y discente —comenta Roberto.

Sube un matrimonio bañado en lágrimas. Se sientan al lado.

—Acabamos de enterrar a nuestra hijita —explica el hombre, que viste como todos aquí: pantalón azul y camisa blanca—. Era mi adoración. Dios lo ha querido así.

—Lo siento.

—Se nos ha ido en pocas horas —añade—. Una inflamación del hígado, la pediatra no ha sabido decirnos más. He dejado de trabajar dos días, he perdido 90 lempiras, pero, ¿quién me devuelve a mi hijita?

Fue una noche sin historia en el hospedaje «Valencia».

A la mañana siguiente, el guachimán (del inglés, *watch man*, vigilante) esperaba en el andén de Tela.

—Aquí —me dice—, esperando la ley de Dios.

Llevaba en la mano dos sombreros de palma, uno, nuevo, sobre el viejo. El tren hondureño es de lujo si se compara con el guatemalteco. No en vano es más pulido, tiene suelo de acero y asientos *pullman*, aunque estén rajados. Los construyeron en 1958.

—Cuesta más que renta —me indica el guachimán.

Honduras no ha tenido suerte con el ferrocarril. Tegucigalpa es la única capital que no lo tiene, y muchos de sus habitantes sólo lo han visto en las películas. El de la costa lo proyectó un grupo de hombres de negocios desde sus oficinas en Londres. Cuando la viajera Mary Lester vino por aquí, en 1881, le explicaron lo que había pasado: «Los prospectos que pusieron en circulación eran todos falaces. Se engañó a la gente consiguiendo que invirtieran dinero y compraran las acciones del ferrocarril. Sobrevino una gran quiebra, y muchas de las mejores gentes de aquí se arruinaron completamente. Algunos de estos hombres, me consta, se suscribían a la Sociedad para la Propagación del Evangelio, y otros, para la Conversión de los Judíos. ¿Por qué mandará Inglaterra toda su basura aquí?»

Me ha tocado el vagón de los lunáticos. Un joven alto, de casi dos metros, con una honda cicatriz que le cruza la frente recorre los vagones predicando el evangelio de su locura. Se detiene en el nuestro.

—Hasta aquí hemos llegado, papaíto —me dice—, todo el viento, papaíto. Soy Manuel Eduardo Mori, papaíto, papá, mira papá, todo es viento y destrucción, papaíto, psiii, no digas nada, papá, papaíto, lo adivino.

Un anciano, sucio y abandonado, juega con cientos de billetes de lotería.

—Son caducos —me dice—. Caducados. A nadie le darán la fortuna.

Luego se limpia las uñas con un machete.

—Aquí —añade—, ningureando para vivir.

Alguien que acaba de subir al tren le saluda.

—¿Cómo vas?

—Regular.

Regular es un tópico, una manera de hablar. En Nicaragua dicen «más o menos», es un regular tirando a mal, a como siempre, a qué le vamos a hacer, a qué mas da. El revisor, un tipo panzudo y malhumorado, no viste uniforme, lleva pantalón oscuro y una camisa como las corrientes, de hilachas doradas.

De nuevo estamos en San Pedro Sula, la ciudad de Pedro de Alvarado, que ha tenido mejor suerte que su fundador, el conquistador extremeño siempre espantado por los volcanes y muerto a los pies de su caballo en una carga contra los indios. Tanto trajín, tanto salto y «noche triste», tanta andadura para nada. Pedro de Alvarado le escribía desde Antigua a su jefe Hernán Cortés. *Suplico a vuestra merced le haga relación a Su Majestad de quién soy yo y lo que a Su Majestad he servido en estas partes, y donde ando y lo que nuevamente le he conquistado y la voluntad que tengo de servirle en lo que adelante, y cómo en su servicio me han lisiado una pierna, y cuán poco sueldo hasta ahora he ganado yo y estos hidalgos que en mi compañía andan, y el poco provecho que hasta ahora se nos ha seguido.*

La catedral, junto al «Bank of America». En la plaza, los parados disfrutan de su ración de espectáculo. Un pastor evangélico les grita ante la mirada incrédula de algunos: «¡Al que confíe en Dios, no le faltará nada!»

—Estaba a punto de suicidarme —me confiesa uno de los oyentes—. Llevo más de un año sin trabajo y tengo ocho hijos, pero me ha salvado lo que dicen estos hombres, y es que no sólo de pan vive el hombre.

Un punto que merodeaba por el hotel me llevó hasta el palenque de gallos. Cuando llegamos, se cruzaban las apuestas.

—Cinco lempiras por el gallo colorado.

Calixto acariciaba a su gallo. En el reñidero había manchas de sangre, plumas, excrementos de los gallos huidizos, cobardes. A la entrada, sin la cantadora del cuento de Juan Rulfo, los gallos lanzaban desde sus jaulas los quiquiriquís prolongados. Arriba, daba luz al redondel un hexágono de neón repleto de mosquitos. Desde Indonesia no había visto una pelea de gallos. Aquí los galleros llevan pistola al cinto. En el centro, ante la mirada del juez, se colocan las navajas en las espuelas de los animales con bramante y esparadrapo negro. Pican a los gallos, los encelan. Apenas si hay espectadores en las gradas. Es, obviamente, un espectáculo en decadencia.

Suena la campanilla. Los gallos se observan, nerviosos, pero en seguida están a la pelea, limpiadas con limón las cuchillas. Los animales pechean, encrespan las golillas. Aletean, se sobrevuelan. El gallo pinto, más astuto, corre por el reñidero perseguido por el colorado. Lo cansa. Se enfrentan, caen, se levantan. Picotazos, golpes de cuchilla, repliegues, acometidas. Pronto vuelan plumas y plumillas hasta mi asiento. La ventaja es para el colorado, pero el juez detiene la pelea. «Se le ha quebrado la navaja», dice Calixto, que besa a su gallo en la cresta, le pasa la lengua, le da calor con su aliento, le sopla, le desahoga. Luego, escupe la sangre o lo que sea. Campanillazo. Ahora el gallo pinto toma la iniciativa, ataca a la pechuga, le destroza con su espolón, le derriba. El gallo colorado, convulso, emprende una indecorosa huida. Calixto grita de felicidad. Alza su gallo. «Es cuestión de preparación, inspiración y alimentación», me dice.

Vuelven al pesaje de los animales para las siguientes peleas. Los gallos son gringos o andaluces; los traen de Nueva Orleáns, de Carolina del Norte o de Cádiz. Uno muy bueno puede valer 200 dólares.

—No basta la bravura —dice Tito Zelaya, el soltador—. Uno menos corajudo puede ser más astuto y vencer.

Ernesto Tercero es vendedor de navajas para espolones. Las tiene hasta de carey, como las que usan en Colombia. Me muestra su estuche con toda clase de cuchillas. Es nicaragüense. Me tiende su tarjeta «Distribuidor exclusivo de Navajas Paco Calleros. Gallos sementales y todo lo relacionado.» Calixto me habla con fervor de sus mil gallos invencibles, entre ellos, un español muy fino al que le ha sacado hasta ahora 16 machos. Me presenta al que fue gallero de Somoza.

—Tiempos aquellos —recuerda—. Yo le cuidaba y soltaba a mi general a sus siete campeones. Por uno de ellos me han ofrecido 500 y no lo vendo.

El palenque es un hervidero de somocistas achispados.

—Yo pertenezco al Servicio de Inteligencia —me dice de buenas a primeras un exteniente de la Guardia Nacional de Somoza—. No se me escapa una sola inteligencia.

Se remanga la camiseta hasta el cuello y muestra sus heridas de guerra en el brazo y la espalda.

—Masaya 1979 —explica—. Me dieron verga con un «M16».

El autobús salía hacia la capital, Tegu, a las nueve y media. En la terminal, los viajeros se concentraban en torno a un hombre de unos cincuenta años, desnudo, pringoso, lleno de heridas, de ojos extraviados y pelo lleno de greñas. Empujaba contra uno de los autobuses y decía incoherencias.

—Vete al aeropuerto —le gritaban—. Aquí no haces nada.

Nadie se atrevió a acercársele. De vez en cuando lanzaba una piedra. Recogió un bidón vacío y, con el basural, montó un altar de papeles de periódico, paja, palos sueltos. Acodado sobre el altar, gruñía cuando me llamaron porque mi autobús se ponía en marcha.

Pronto estábamos en la carretera entre abetos, cedros y pinos de Alepo. La Honduras invertebrada y montañosa, bajo una brisa grata y perfumada de coníferas. A mi lado, Melania Folgar, de veinte años, come y ofrece ciruelas, que lleva en una bolsa de plástico. Viene de San Pedro, donde se ha presentado al concurso de Miss. Estos concursos son el deporte nacional. Me muestra un periódico al borde de una piscina, en traje de baño de una pieza, con sus compañeras de reparto. Es una reina sin reino. De oficio es maestra de secundaria.

—Me gustan las Matemáticas —dice—, pero preferiría ser modelo profesional.

Las medidas están bien —89-65-82—, pero le falla la estatura. Aquí las prefieren altas. Camisa verde (que papá le trajo de las Bahamas) y vaquero amarillo, vuelve a las clases y a los estudios. Al llegar a Comayagua, la antigua capital de Honduras, llega el secarral. Arden los arbustos, el humo ofusca la cordillera, y hasta nosotros llega un intenso olor a monte bajo quemado. Mientras limpia la ciruela hasta el hueso, Melania repasa el cuestionario de Química. Qué es el núcleo, qué es el protón. Está inquieta, acalorada, y se abanica con Max Plank, Volta, el de la pila del mismo nombre, y la teoría de la relatividad de Einstein. Los niños recién nacidos huelen a talco. Atrás ha quedado la base de Palmerola, donde los gringos entrenan a los contras del sandinismo en Nicaragua, con su batería de radares, helicópteros y soldados en instrucción. Las maniobras «Granadero» estaban en marcha.

—Allí donde hay pitanza, allí se para el autobús —comenta un vecino.

Oleadas de vendedores nos asaltan con sus cestas de membrillo seco y apelmazado, dulces, tortas, mangos. Pasamos de los pinos interminables a las colinas grises. Comayagua fue la capital durante 333 años, tras su fundación por Alonso de Cáceres, hasta que el pueblo se rebeló porque no toleraban a la amante del gobernador. Todavía toca la campana que Felipe II regaló a la iglesia de la Merced, no lejos de la primera Universidad de Centroamérica.

Tegucigalpa aparece al fondo del valle, en la hondonada, rodeada de chabolas desparramadas por las colinas. Tegu es un bazar. Junto a los edificios oficiales, los tramitadores esperan a los clientes con la espalda pegada a la pared. Nada se puede hacer en la lenta, caótica burocracia de Tegu sin los tramitadores. El chófer negro que me lleva al hotel habla el *spanglish.*

—Yo sólo hablo moreno —me dice— y doy gracias a Dios por el humor con que me ha obsequiado.

—¿Siempre está del mismo humor?

—Siempre, como el primer día que vine al mundo. Los catrachos somos así, señor.

16. «EL JARDÍN DE ITALIA»

Para mí, el centro espiritual de Tegucigalpa, ciudad provinciana con buganvillas en patios andaluces, está en el café «El Jardín de Italia». Es el centro, el mentidero de las conspiraciones, transacciones, circulación de chismes, bulos. Es un cafetín cincuentenario en el que platican intelectuales, buscavidas, periodistas, mujeres de la vida sobre la guerra y la paz, lo divino y lo terrenal. El ruido estimula los contactos humanos. Tegucigalpa es como un pueblo: todos se conocen. Zenón me habla del tabaco, del cigarro puro hondureño, que tan mal valoran sus paisanos.

—Hubo un puro que fue el orgullo de Honduras hasta que se engusanó la semilla —me dice—. Se llamaba «El Amable del Mundo».

El titular de un diario local dice: «General Álvarez, no renuncié, me sacaron.»

—Los políticos —dice Zenón— prometen hasta que llegan al poder.

El «Jardín de Italia» está en el centro peatonal, entre callejas de comercios y bares llenos. Un cartel reza: «En silenciosa desesperación.» Es el teléfono de la esperanza. En la plaza, bajo la estatua ecuestre del general Morazán, entre alfombras de lotería nacional y chirridos de zanates, el predicador de la secta discute en plan Hyde Park con un agnóstico en materia de religión.

—Señor —dice con la mirada puesta en el cielo—, los insensatos desprecian Tu sabiduría.

—Yo estoy y estaré siempre —proclama el estudiante de gafas circulares y ligero tartamudeo— con Erasmo de Rotterdam. Lo que usted cuenta me suena, me suena a enredo, a fa..., fabulación.

—¿Erasmo de qué? ¿Erasmo de dónde? Sin Jehová, ese Erasmo no existiría.

El sermoneador, de piel oscura y voz de barítono, enarbola una Biblia de cuero gastado.

—Sumérjase, impío, en las Escrituras. Aunque usted niegue a Dios, un día resucitará.

El corrillo se divide.

—Le dejo que se arrepienta —el predicador vuelve a la carga—. Su fin se acerca. Usted, como yo, desciende de Adán por desobediencia.

—¿Por qué existen diferencias de clase y de raza si su Dios es perfecto? —interpela con sorna y cruzado de brazos el estudiante.

—Dios lo sabe. Hágale esa pregunta al Altísimo. Crea en Dios y se rasgarán las tinieblas en las que vive.

—No.

—Entonces está arruinado.

«¡Está muerto!», grita alguien desde el público en apoyo del predicador. «¡Gloria, gloria en las alturas!», corean algunos, ganados para la causa.

—No quiero bendiciones, quiero soluciones —remata el estudiante.

—Habla por boca de Satanás, y yo no discuto con Satanás, dice Mateo, 24, 6, 7 y 8. Lee la Biblia.

El estudiante hace un nuevo gesto de rechazo:

—Usted me viene con Darwin, pero, dígame si tiene valor, ¿quién hizo al mono? —prosigue el predicador—. Enséñeme un mono abogado o un mono ingeniero.

A los ojos de los presentes lo ha fulminado dialécticamente. Como un gallo derrotado, el estudiante desaparece entre los corros de la plaza, entre algunas carcajadas.

—Mateo, 24, 6, 7 y 8 —continúa el apóstol de las sectas, enardecido—: Se levantarán nación contra nación, habrá guerras, pestilencia, terremotos. Guerras terribles, como en Nicaragua y El Salvador, pero infinitamente peor que una guerra es una lengua insensata y blasfema. Se aborrecerán unos partidos políticos y otros, los azules ganarán a los colorados, pero más tarde los colorados a los azules, se tomarán la revancha unos de otros. El hijo se levantará contra el papá, el papá contra el hijo, la madre contra la hija, la nuera contra la suegra. Hermanos, tenemos que amarnos los unos a los otros. Dios nos vigila. ¡Aleluya!

—¡Aleluya!

Todo me recuerda a la agresividad y los anatemas que lanzan los pastores de las películas del Oeste. El predicador es un hijo de Hollywood. En Honduras, los misioneros protestantes norteamericanos suman ya 362; los curas católicos, 210. Algunos «delegados de la palabra» hondureños se convierten a las sectas fundamentalistas, con sus arcas llenas de dólares.

—¿Cómo le va?

—Siempre en la lucha.

Es el saludo en el «Jardín de Italia». Zenón toma negritos y pintados. Poco alcohol. Se conserva para la causa del amor.

—Este café —me dice— es la Universidad del Pueblo, la almoneda, casa de citas, casa de empeño, lugar de préstamo, se cierran negocios de 5 a 200.000 dólares.

En efecto, veo cómo un campesino empeña una pistola «Beretta» por cien dólares.

—Aquí están caras las pistolas —explica Zenón.

Hay un espejo grande al fondo, con la fecha de fundación del local (1933), junto a los anuncios de empanadas de carne. Mientras habla, observo que Zenón está a todas, a la que baila. Muá, muaaaá, tira besos a la calle, vienen a verle mujeres gordas o delgadas, guapas o feúchas, licenciadas y pescadoras en ruin barca. Zenón es el mismo para todas: obsequioso, galante, casquivano, insinuante. Un maestro en la seducción. Mientras me habla de los políticos, sus debilidades y sus corruptelas, sus amoríos presentes y pasados, no deja de lanzar besos a la calle.

Un estudiante de Derecho, el personaje más alto de la ciudad, sombrero mugriento y barba desaliñada, se pasea de mesa en mesa. Llega hasta la nuestra.

—Hoy no, mañana —le dice Zenón.

—Es una pena, una ruina, toma mucho, aunque luego se compone, como Honduras, que no siente los golpes; los olvida pronto.

—Al rato, al rato —dice Zenón a los que le saludan. Y añade—: Tiene usted que venir en noviembre y en diciembre, cuando esta calle vibra con el dinero fresco de los aguinaldos. O tiene que viajar a Cosiguina, para que le cuenten el año del polvo, o a Yoro, en el mes de julio.

—¿A Yoro en julio?

—Llueven pescados. Recogen el pescado de canastas llovido del cielo. No hay mar o lago cercano a más de media legua, pero allí, en julio, los aguaceros son de pescado de agua dulce. Los peces caen en una extensión de doscientos metros cuadrados. El cielo se vuelve negro y suelta una tormenta de peces que brincan sobre la tierra. En ese momento los pájaros zanates, los alcaravanes, o los alcatraces, o los ajoquines, se abalanzan sobre los peces, las mojarras, los guapotes, los sábalos, y se los diputan a los habitantes de Yoro, que llenan sus cestos. Un milagro.

Es obligado referirse al presidente de la República, el doctor Roberto Suazo Córdova, alias *el Brujo*, por su inclinación a la «santería».

—Era muy beodo, pero dejó de tomar y no fuma, pero es mal marido.

—¿Quién no lo es en los tiempos que corren? ¿Tiraría usted la primera piedra, Zenón?

—Es pisón de oficio. Sólo aparece en público con su esposa cuando viene el Papa.

—¿Pisa mucho?

—Pagando, como yo, y como todos los presidentes. Recuerde al antecesor de Suazo Córdova, el general Policarpo Paz García.

—Dicen que le gustaban el whisky viejo y las mujeres jóvenes.

—Se pasaba semanas enteras en sus burdeles don Policarpo. Un día, sus ministros lo encerraron en el cuarto del palacio presidencial sin ropa y sin zapatos, para evitar que escapara. Pero estaba en forma y saltó la tapia del palacio, en calzoncillos, subió a un taxi y le ordenó que le llevara hasta el lupanar. Sus guardaespaldas dieron con él en la cama donde pisaba a su favorita.

Zenón habla de los gringos.

—Se han instalado aquí a cambio de nada. Esto se llama venderse gratis. Cuando cayó aquella bomba atómica en España, bien que les apretaron ustedes a los gringos. Aquí, el embajador Negroponte ha traído armas y agentes de la CIA, pero yo no como con un fusil «M 16». Eso sí, aceptamos a los gringos, pero no nos dejamos cambiar la hora.

—¿Cambiar la hora?

—Se sublevó el pueblo porque nos querían levantar a oscuras por lo del ahorro energético. Nos querían madrugar, en una palabra, y lo que al final han cambiado son los generales y no la hora.

Al camarero, que se llama Pichi, se le ha olvidado la comanda.

—Estás enamorado, arriata —le riñe Zenón.

El comercio de la calle está en manos turcas, árabes; los Facussé, Salame, Sicafi, Murra.

—Toda la peatonal es de ellos —explica Zenón con un punto de resentimiento—. O eres turco, o te vas de «espalda mojada» a los Estados Unidos. Son muchos los que gritan *Yankee, go home,* pero piensan «llévame contigo». Menos mal que yo tengo a mis novias. Otros tienen a Dios. Las muchachas de aquí son querendonas. Vea usted.

Lanza besos a la calle en dirección a dos colegialas del Central, vestidas como marineritos y sentadas en una repisa.

—El amor es muy sencillo; la mujer, si no te lo da, te lo agradece. La de aquí es mujer caliente, pasional, ardorosa; nada más que le tocas la piel, suspira.

Muá, muaaaá. Las colegialas estaban a punto de caramelo.

—Normal —dice Zenón—. Los muchachos no les dan nada, al contrario, les quitan.

El uniforme de los colegios de pago, el Central, el Grey o el Higueras, tiene un gran predicamento social. Algunas que no son colegialas, que son dependientas o mucamas, se los ponen para presumir, para llamar la atención, para subir en la escala social. En un rápido salto, Zenón se va hacia las colegialas y las trae a la mesa. Así de sencillo. Para cuando quiero darme cuenta, mi amigo ha desaparecido sin decir «Al rato». Dulce y Aída son su regalo de despedida. Pueden tener quince, dieciséis años, y saben lo que les espera en la vida.

—A mí me gustan los europeos —dice Aída—; son más civilizados. Los hondureños son mandones, machistas, te hacen una colección de hijos y te dejan en casa con ellos, con sus papillas y sus diarreas, mientras ellos se pavonean en los bares bebiendo chilate o ron de caña o buscando novias.

A las seis refresca en Tegu. Estamos a 975 metros. El hotel resultó varias veces alcanzado por la artillería y las bombas, en golpes de Estado. Es la emoción y la desgracia, el tormento y el éxtasis, de su proximidad con el Congreso y el Palacio con su aire de Disneylandia. Ahora lo han reconstruido a prueba de bombas y de pronunciamientos. En la televisión nocturna se anuncian los muertitos. «Paz a su alma y resignación a su familia les desea la Funeraria *La Milagrosa.*» Con tan lúgubre programación, es una suerte dormirse pronto y soñar en mariachis que tocan mientras cae una lluvia de peces sobre el valle de Yoro, y Zenón, en medio de cientos de mulatas con banastas que recogen sábalos, canta como Luis Mariano.

La Tica Bus, junto al cine «Centenario», me dicen que no circula ya hacia Guatemala. Sugieren otra línea, *Mi Esperanza,* que desafía a los desastres de la guerra. El autobús de las 7,30 está completo, pero al final sobra un asiento. Veo al fondo dos europeos con aspecto de escandinavos, con sus mochilas y trebejos. La carretera es buena, y la circulación, escasa. El conductor se entretiene en sortear iguanas o en pisarlas (en el sentido de hollar, apisonar). La gente lee los periódicos. Dicen que hay quien los compra para certificar su *status* social y hacer creer que es alfabeto.

El conductor y su copiloto han bajado en San Lorenzo, cerca ya del golfo de Fonseca, para desayunarse con nacatamales y huevos fritos. Un yantar tan abundante, que el volantista vuelve lleno de gases y eruptos, y si empalmáramos su esófago con el motor de explosión, circularíamos con su propia energía. En San Lorenzo veo gallos de cerámica portuguesa y una taberna que se llama «Pulpería Gandhi». No sé qué pensaría el Mahatma si viera que se sirven de su nombre para vender alcohol. Llegamos a La Fraternidad, no lejos ya de la frontera nicaragüense. Cruzamos por una calle que se llama de Alfonso XIII. El rey de España debió de intervenir como hombre bueno en algún pleito fronterizo. Desde aquí hay que tomar un taxi, que vale dos lempiras para los forasteros y una para los indígenas.

Nadie diría a simple vista que es una frontera caliente. Los soldados toman en los chiringuitos y parecen olvidar que su territorio sirve de trampolín a las fuerzas antisandinistas del FDN del Negro Chamorro y los suyos. Es una frontera eléctrica, lo que llaman «el tapón natural» contra «el expansionismo soviético». En enero de 1982, las tropas nicaragüenses dieron muerte a 200 soldados en los ataques al interior de la frontera hondureña. El trámite es rápido. Un consejo recuadrado nos informa que la disciplina «no es servilismo ni es obediencia». En otro cuadro más grande, solemne, orlado y bendecido, aparece ejemplificada la Patria, la tierra de los padres, con sus criaturas naturales, su Prócer, su Sabio, su Mártir, su Apóstol, su Acta de la Independencia. Los camiones esperan que mengüe la solanera para partir.

—A las dos empiezan a salir los furgones —me indica un soldado—. No se arriesgue usted bajo este sol en pasar a pie a Nicaragua. Son cinco kilómetros de fuego.

Pero a los escandinavos —son daneses— no les arredra la travesía. Los «coyotes» cambian el dólar a 150 córdobas. Una chica pecosa y bajita, con cola de caballo y nariz respingona me pide que le cambie diez dólares. Los conductores juegan al póquer para matar el rato. Un nuevo pasquín recomienda «no pierda la cordura». El campesino, que vive a este lado de la frontera, se queja con ese deje fatalista de los de su oficio.

—Aquí, señor, la tierra es ingrata y estéril. Sólo da piedras.

El calor aprieta. Uno de los soldados de la guarnición de frontera insiste en que «la pasada a pie es una grosería. No se la recomiendo». Soldados con cartucheras gruesas y cantimploras vacías piden frescos y cachaza. Un viajero a la espera responde cuando le preguntan, en abstracto, por la vida.

—Ni mal ni bien —responde—. De las dos cosas tiene.

La radio trae las impresiones de los políticos reunidos en el zaguán del Congreso en Tegucigalpa. El jefe de los aviadores es el nuevo hombre fuerte.

—Ésos, para explicarse, dan más vueltas que de aquí a San Pedro Sula —me dice el dueño del estanquillo, mientras me sirve gallo pinto, arroz con frijoles.

Los centinelas entretienen su ocio con una viajera que tiene los dientes taraceados en oro y un pecho de senos turgentes que pugnan por escapar de un jersey de rabioso color amarillo. Pero los quintos, con su olor a sobaquina, no son santos de su devoción.

—Soy una monja carmelita de pasada a Nicaragua —explica sin arrobo, para librarse de ellos.

—¿Una carmelita, así como va de pimpante?

—Sí, ahora podemos ir más sueltas, más modernas, con permiso del Papa.

—¿Cómo se llama?

—Madre Marisa, convento de la calle de la Consolación, en Managua.

—¿Me traerá una estampita al regresar o una medallita de la sangre de Cristo? —solicita el recluta.

Uno de los funcionarios de Aduana se acerca al grupo para interesarse por alguien que viaja a Matagalpa.

—Es que mi hermano está allí —indica—, en el Circo Infantil Americano. Es trapecista; que le digan, por favor, que le espero en Semana Santa. El centinela no ceja en su acoso a la monja.

—¿Nunca estuvo enamorada?

—Sí, pero primero es Dios.

—¿Cómo la dejó escapar su novio?

—Hablábamos desde hacía años, pero un día me lo mataron.

—Es lástima. Entonces, ¿es señorita?

La falsa monja hace un gesto de desagrado, y el soldado se vuelve a la garita.

—Es la única manera de espantarlos. Hace poco vino a enamorarme un chavalón que estaba empeñado en acompañarme hasta el mero convento.

17. COMPAS Y CONTRAS

Una camioneta se dispone a salir hacia Esteli. Hago *autostop*, que aquí llaman «hacer raid», y me aceptan a bordo, al aire libre, en la parte de atrás. En el asiento delantero viajan el conductor y una encopetada dama nicaragüense. La antigua Aduana nica está a unos doscientos metros, abandonada. Aquí empieza la esloganorrea: «A 50 años, Sandino vive.» «El enemigo es el mismo, somocismo, imperialismo.» Los barracones aparecen destartalados, con huellas de combates. Hacia la montaña, algún disparo aislado de fusil. La frontera nicaragüense está a unos cinco kilómetros, una choza improvisada de tabla y un vagón, un *caravan* conectado a un poste eléctrico. El cartel advierte: «Nuestra ignorancia ha sido siempre aprovechada por los pícaros.» El funcionario tiene malas pulgas. Soldados verde olivo a lomo de mulas y borricos toman senderos de cabras. Me recuerdan a Sierra Maestra. El cambio de moneda está prendido con otra advertencia: «No se meta en laberintos por su dinero.» El conductor de nuestra furgoneta es salvadoreño, un pulgarcito de cabeza y cuerpo insignificantes bajo un descomunal sombrero de palma.

—Pucha —dice—, estoy muerto de sueño.

La publicidad de vallas recomienda: «Reservista de la patria, asegúrate de hacer blanco en el corazón del enemigo.» Se mueven algunos convoyes militares. Nicaragua es una sociedad militarizada. Los daneses saltan a nuestra camioneta. Saludan. El control en El Paraíso dura cinco horas. En el barracón del Frente Sandinista llaman a las brigadas de voluntarios del café. En un figón pido cuajada, tortillas y té caliente, el mejor antídoto contra la sed. Los daneses vienen de México. Están molestos, defraudados por la acogida hondureña.

—Nada que ver con la hospitalidad guatemalteca —me dicen—. ¿Sabe usted qué mosca les ha picado a los hondureños? Están deprimidos, son irritables, desconfiados. ¿Se habrán imaginado que somos guerrilleros de izquierda? A las cinco de la mañana nos levantaron en Tegucigalpa a culatazos en la puerta. Decían que eran de la Interpol y han revisado nuestras mochilas y pasaportes, pieza a pieza. Menos mal que la pesadilla ha terminado.

Se nos une un hondureño que va hacia Costa Rica en busca de trabajo.

—En mi país no hay nada, y tengo un amigo tico que me va a buscar algo.

La monja ha encontrado un coche y me saluda al pasar.

—Adiós, Madre Marisa —le despido—. No olvide la medallita de la Sangre de Cristo.

—Descuide, las hay a cientos en mi convento.

—Fíjate —me dice de pronto uno de los daneses—, la luna es aquí más delgada que en Europa.

Hay problemas de carburante. Nuestro conductor se detiene en vano en todas las gasolineras. Los galones previstos para el día en el surtidor 500, se han agotado. Llegaremos a Esteli cuando es noche cerrada. Esteli, la ciudad que los sandinistas llaman «Tres Veces Mártir». Los hoteles están repletos. Por fin nos hacen sitio en el Mesón. La 5 es una habitación rodeada de roncadores profesionales. La nota dice: «Después de las diez de la noche, usted desea descansar. Si se siente "eufórico", conserve la cordura.» Las paredes son de cartón piedra. Nadie parecía contar con la euforia de los que roncan, de los que rugen.

Una ducha reconfortante. En el comedor hay fotografías de Camilo Cienfuegos. Tres parroquianos leen el periódico de la oposición sandinista, *La Prensa,* que dirigió hasta su asesinato Pedro Joaquín Chamorro. El vecino de mesa me lo tiende «con gusto».

—¿Usted es de *La Prensa*? —pregunto.

—No, por Dios, pero hay que leerla para ver qué opina el enemigo. Yo ayudé a organizar la Policía en Esteli. Aquí nos tiene, esperando al enemigo imperialista gringo, pero «no pasarán».

Un parroquiano, en equilibrio inestable, se acerca a nuestra mesa para pedir fuego.

—Soy zapatero y compositor de música popular —se presenta a sí mismo—. De las dos cosas puedo servirle: canciones y zapatos.

—Mejor las canciones.

Se arranca con una canción épica al guerrillero, estilo del cubano Carlos Puebla. Después, ¡cómo no!, una canción lírica a la madre. *Tú, que lo eres todo en el mundo...* Después, zapatero a tus zapatos, vuelve a su mesa y a su colección de cervezas marca «Toña».

Ha sido una noche poblada de ronquidos hasta que suena la ducha. Esteli es una ciudad que se recupera con dificultad de los estragos de la guerra contra Somoza. Una catedral agujereada a lo largo de las dos ocupaciones de la ciudad por parte de los sandinistas y los ataques a tierra quemada de la Guardia Nacional somocista. Los daneses van directamente a Managua; yo, a León. Para los daneses, la Nicaragua mediterránea, la tierra de en medio, es un peldaño hacia Costa Rica y Panamá. Para otros europeos que suben al autobús en Esteli o que aparecen en las ventas del camino, es tierra de promisión, *kermesse* heroica. Es el romanticismo de la revolución sandinista. Se les ve en las escuelas, en los campos de algodón, en el trabajo voluntario, en los talleres o los hospitales. Una huida hacia el trópico desde la tediosa Europa. La Cuba de los ochenta. Les llaman «sandalistas».

Aquí se advierte la penuria del transporte. En pocos minutos el autobús se llena y aparecen patos, pollitos, gallos, vendedores ambulantes y viajeros de a pie entre empujones para hacerse sitio. Eso sí, con resignación, sin malos modales. Los soldados tienen dificultades en acomodar su fusil «AK 47». En el empalme de San Isidro, sentados a la sombra, los jóvenes europeos o norteamericanos, atraídos por la revolución de Sandino 1979, leen en comandita los salmos de Ernesto Cardenal. Otros beben un «fresco» en la cantina de la terminal y ojean *Barricada*, el órgano del régimen. Luego, tráfico de convoyes con soldados rendidos, de ojos febriles, en las cajas de los camiones. Son los *compas*, que corren hacia los dos frentes, Norte y Sur, fronteras de Costa Rica y Honduras para volar verga a los *contras*. Compañeros, *compas*, y contrarrevolucionarios, *contras*, forman el alfa y el omega de la conversación y de las preocupaciones cotidianas. Y de la lista de bajas, unos 3.000 muertos por cada bando desde 1981.

León es la ciudad donde murió y está enterrado Rubén Darío, a los pies de un león de mármol, en el interior de la catedral. De golpe, me vienen al recuerdo aquellos días de julio de 1979, cuando la guerrilla sandinista administró su primera ciudad, los ataques contra el fortín somocista, los bombardeos de los aviones «Push Pull». En la ciudad, baleada y bombardeada, los desperfectos siguen en pie cinco años más tarde. En el «Hotel América» exhiben, ayer y hoy, las figuras de la Virgen, del Sagrado Corazón y del Papa como para ahuyentar al diablo sandinista. Una procesión pasa al lado con sus enramadas, sus cánticos de conjuro, de regreso a la iglesia. León no puede entenderse sin sus procesiones y sus mecedoras. O sus poetas. Todos los nicaragüenses llevan dentro un poeta, bueno o malo, posmodernista o revolucionario. Aquí, los enemigos del régimen dan la batalla con baterías de cromos del Sagrado Corazón con sus cenefas de terciopelo rojo y su fe procesional. En el «Hotel América» no hay sitio para el viajero. Ni siquiera le dejan pasar al patio andaluz de mecedoras y buganvillas. Se supone que uno es el diablo rojo.

—No quedan habitaciones.

Es una forma de contestación, de pataleo. León es una sociedad polarizada entre los fusiles «AK 47» y las estampas de Juan Pablo II. Espero a un taxi en la esquina junto a dos vendedoras con puestos de ciruelas. No se muerden la lengua.

—Esto está mal, muy mal —dicen—. No hay dinero, sólo colas para comprar y cupones de racionamiento. A los chavalos nos los llevan al algodón.

—Mejorarán las cosas —digo.

—O irán peor.

El 2 de julio de 1979, de madrugada, cruzaban desde Managua las líneas del Ejército somocista para llegar a los puestos de la guerrilla, a unos kilómetros de León. Después del último control de la Guardia Nacional, se extendía por la carretera una peligrosa, incierta, tierra de nadie. Nada por aquí, nada por allí, hasta que surgieron los muchachos sandinistas, con sus escopetas al aire y sus pañuelos al rostro.

—¡Alto!

El comandante Patricio me puso una pistola en la garganta mientras yo levantaba las manos del volante.

—Yo conozco esta pistola, las fabrican en mi pueblo —dije en un alarde de sangre fría.

Era una «Astra» modelo 400. Le entregué mi carné de Prensa,

expedido por el secretario de Prensa de Somoza, Rafael Oliverio Cano. Valía para los dos lados.

—La pistola se la acabo de arrebatar a un guardia de trece años hace una hora. Si viera usted cómo lloraba...

Con la bandera blanca al viento y la contraseña en los faros del coche, me presenté en las afueras de León.

—Hoy comieza la quinta semana de la liberación de la ciudad —me explicó el jefe de la Inteligencia local, al que, por el volumen de su tripa, le llamaban *el Gordito de Oro.*

Había controles cada cien o doscientos metros. Los sandinistas formaban, milicianos o regulares, una fuerza heteróclita. Las armas parecían compradas de segunda mano en un bazar. Carabinas, escopetas de caza, con y sin cañones recortados, revólveres de exposición, espingardas, todo lo que pudiera escupir fuego. La vestimenta era igualmente estrafalaria: zapatillas de tenis, alpargatas, vaqueros, camisetas con inscripciones exóticas, gorros de todas clases. Y, en general, buen humor dentro de la disciplina y el compadreo. Las expresiones «compita», «compañero» y «hermano» eran las más frecuentes entre ellos.

El Gordito de Oro resultó un hombre de educación exquisita.

—Disculpe las molestias —me dijo—, pero comprenda la situación. No podemos dejar entrar en León así como así. Además, hemos prohibido el paso a los corresponsales norteamericanos, si es que aparece alguno por aquí. Me mostró la lista de los proscritos.

Luego, las barricadas de adoquines propiedad de la fábrica de Somoza, árboles derribados, más barreras de guerrilleros y una petición constante en los labios: «Compita, ¿no te sobra un cigarro?» Cien metros después: ¿Tiene algo para comer, siquiera unas galletas? No pedían alcohol. En este punto, el mando insurreccional era muy riguroso.

En la zona sandinista, morigerada, imperó la ley seca. La ciudad donde estudió Tomás Borge, donde fue asesinado Tacho Somoza, el padre de Tachito, a manos de un poeta llamado Rigoberto López Pérez, de veinticuatro años, el bastión del partido liberal, estaba en calma chicha. Los niños corrían con sus bicicletas sobre el empedrado. Otros lanzaban aviones de papel e imitaban el vuelo de los que, tras planear sobre la ciudad, se lanzaban en picado sobre las inmediaciones del fortín. En el balanceo de sus mecedoras, las comadres leonesas hacían calceta y comentaban las últimas noticias transmitidas por la emisora rebelde Radio Venceremos.

—El fruto está maduro; antes de cuarenta y ocho horas caerá el fortín de Somoza —me decía la comandante Miriam, exuniversitaria, uno de los cinco militares que formaban el Estado Mayor Conjunto. De los cinco que lo formaban en León, tres eran mujeres. Dora María Téllez, de veinticuatro años, era el comandante supremo del sector. Estuvo con Edén Pastora en la toma del Palacio Nacional, en agosto de 1978.

Miriam firmaba salvoconductos sobre la culata de su fusil de asalto, un «M 16» veterano del Vietnam. Miriam tenía gafas de concha, vestía vaqueros, camisa negra transparente con cinturón de paracaidista, mocasines. En el Cuartel General, una vieja taberna, tecleaban instrucciones de combate varias guerrilleros.

—«Comandante, que proteja mi hacienda, que me la quieren saquear», «comandante Miriam, que necesito un salvoconducto para Managua», «comandante, que me han confundido con un "oreja" (confidente de la Policía somocista) y me quieren llevar a juicio popular, que yo no soy ni "sapo" ni "oreja", que necesito un comprobante suyo». Miriam los miraba a todos con sus ojos miopes cansados. Era tercerista —llamada así porque surgió la tercera después de la GPP y la proletaria— como los hermanos Ortega o como Víctor Tirado o Edén Pastora, la tendencia económica y militarmente más fuerte en el FSLN, de ideas, en 1978, más o menos socialtempladas. Miriam me explicó el organigrama de la Administración sandinista sobre León. Por un lado, en el plano militar, el Estado Mayor Conjunto, y como prolongación civil de éste, el MPU, el Movimiento del Pueblo Unido, que organizaba la vida en los barrios, el abastecimiento de alimentos dos veces por semana. El Comité de Defensa Civil reunía a treinta cabezas de familia, y cada quince comités había un CP, un comité popular.

El dinero no estaba abolido, pero poco se podía hacer con él. Funcionaba el trueque, leche por frijoles o velas por arroz. La guerrilla hacía funcionar las granjas y las fábricas aceiteras, las harineras, las panificadoras.

—Este tipo de administración la generalizaremos a medida que liberemos otras ciudades —me decía la comandante—. Luego lo mantendremos o lo cambiaremos, de acuerdo con los resultados.

A partir de las cuatro y media o cinco de la mañana, hombres, mujeres o niños, acudían en León a las granjas, más o menos colectivizadas, para recoger leche y provisiones. A esa hora, también los instructores del Frente Sandinista comenzaban los ejercicios de adiestramiento con los nuevos voluntarios, no lejos de la catedral.

A pesar de las restricciones de gasolina y las alarmas de la aviación, el movimiento de los jeeps blindados, pintados con consignas del Frente, no cesaba a partir de esa hora. Una camioneta con altavoces recorría la población para recordar a los leoneses que debían «mantener la moral alta», haciendo oídos sordos de las soflamas de la radio oficial de Somoza. Quedaban lejos los años en los que el cura Thomas Gage vio a los leoneses cuidar de sus hermosos jardines, criar pericos, hartarse de carne y pescado barato, «vivir en bellas casas y pasar una vida dulce y ociosa». Los españoles llamaron a Nicaragua «el paraíso de Mahoma», por las delicias «de que allí se goza».

En una finca del centro se exhibía un carro «Sherman» ganado al enemigo. León era ya, con Esteli, la ciudad reliquia de la revolución de los Carlos Fonseca Amador, Silvio Mayorga, muerto a los veinticinco años, y Tomás Borge. Los muchachos lo hacían mejor como soldados que como administradores. Además, a veces salían a la superficie las diferencias ideológicas entre las tres tendencias del Frente, los terceristas, los llamados proletarios, Jaime Wheelock, Carlos Núñez o Luis Carrión, y en los de la GPP, la guerra popular prolongada, la más radical, tendencia de Tomás Borge, Henry Ruiz o Bayardo Arce. El rector de la Universidad de León, para el que había hecho de correo, Mariano Fiallos Oyanguren, hijo de una alavesa de Villarreal, temía que pudiera ocurrir una catástrofe si la Guardia Nacional recuperaba León y se desataban las represalias.

—Pero, con todo —añadía Mariano—, creo que lo más grave es la situación económica. Ya no se podrá plantar el algodón, se han abandonado los cultivos, y la guerra ha destruido un alto tanto por ciento de la infraestructura industrial. Nos costará mucho poner en pie todo lo que se ha devastado.

La Guardia Nacional utilizó a fondo la artillería y las bombas para borrar al país del mapa, pero los muchachos se multiplicaban en la montaña y en la ciudad como si la guerra fuera un juego de niños. El director del único diario local, cuya publicación se suspendió al comienzo del levantamiento popular, Rodolfo Abaunza, hijo del general que asesinó a Sandino (uno de los catorce que lo hicieron) me mostraba la rotativa parada del *Centroamericano*. «El Frente procura —me decía— poner orden y disciplina según su estilo, que es muy regimentado, demasiado regimentado para mi gusto.»

El comandante Charrasca era el héroe de los muchachos en

León. Lo encontré ante el Cuartel General de la comandante Miriam, con su uniforme verde olivo, su gorra negra y su pañuelo rojo al cuello, los colores del sandinismo en armas. Me confesó que era el terror de los guardias somocistas. Había hecho de su guerra tanto una respuesta política como una cuestión personal. Era un delincuente común purificado por la guerrilla, pero, según supe más tarde, el mando cuestionaba sus métodos. Era muy indisciplinado «y no obedecía planes». De momento parecían adormecidas las tensiones, las contradicciones internas en la cúspide del FSLN. Cuando llegó el momento de asaltar el Palacio, los terceristas y los militantes de la guerra popular prolongada no se pusieron de acuerdo sobre el plan de acción. «Estuvo a punto de ocurrir una tragedia —me decía un profesor universitario—. Los dos comandantes se encañonaron a quemarropa. Después se calmaron los ánimos, pero esas divergencias, más pronto o más tarde, volverán a producirse.»

A partir de las cinco de la tarde, en la excapital de Nicaragua salía a las calles la procesión de la Virgen de la Merced, patrona de la ciudad. Se elevaban al cielo, dominado por los cada vez más escasos aviones de Somoza, las rogativas por la paz. Los guerrilleros detenían sus jeeps. Los borrachines de León no se habituaban a cinco semanas sin licor. Don Pedro, con su sombrero de pita en la mano, mendigaba un trago de guaro en cada puerta, en plena crisis del síndrome de abstinencia. La ciudad hacía honor a su divisa que es, aunque les cueste creerlo, «¡Viva León jodido!»

Unos días después, mientras pasaba la noche tendido en una hamaca en una casa de los alrededores de León —la aviación de Somoza batió la carretera durante todo el día—, llegó por radio desde Washington la primera señal de que Anastasio Somoza tiraría la toalla. Estaba dispuesto a dimitir cuando los Estados Unidos lo considerasen necesario. «Me siento como un asno atado luchando contra un tigre después del embargo a la Guardia Nacional y la resolución de la Organización de Estados Americanos. Aunque ganara militarmente, sé que no tengo futuro. Cuando todo deja de funcionar, lo mejor es llegar a un acuerdo honroso.» Con el agua al cuello, lo que Tachito Somoza pedía era la inclusión de ministros conservadores y un puesto para la Guardia Nacional en el nuevo Gobierno. A renglón seguido, Radio Venceremos dijo «no» a la ampliación de la Junta. Su ministro de Asuntos Exteriores, el sacerdote de la Orden Maryknoll y de ascendencia aragonesa, Miguel d'Escoto, dijo que, «en el pasado, los Estados Unidos impusieron Gobiernos y soluciones en Nicaragua, y ésta ha sido la tragedia de nuestro país. Esta vez lo impediremos».

Cinco años más tarde, León dependía de una economía centralizada, de los cupones de racionamiento, de los secretos del mercado negro, de la escasez administrada. La CIA tendió un cinturón sanitario en torno a Nicaragua, en guerra larvada por los cuatro costados. León estaba a favor y en contra del régimen de los 9 comandantes. Si el «Hotel América» estaba en contra, el «Hotel Europa» estaba a favor. Descansé un rato, una cabezada, emparedado entre habitaciones ocupadas por los rusos.

La tertulia nocturna con los dueños del hotel se abrió con el recuerdo del general Sandino. En las casas situadas junto a la estación, los leoneses tomaban el fresco a las puertas de sus casas. En América Central, la acera, la calle, es una prolongación del hogar.

—No se puede no estar con ellos, con los sandinistas —me decía el dueño del hotel, abogado de profesión—. Son lo mejor que tiene el país, después de tanta sangre derramada.

—Pero ésta es una ciudad conservadora, ultracatólica.

—León era liberal y ahora es más conservadora que ninguna otra, y Granada, la gran rival, es más revolucionaria.

Había visto pasar la revolución frente a su casa, y también los atropellos de la Guardia Nacional con los muchachos del barrio.

—Mire esa inscripción en la pared: «Juramos vencer.» La pintó, y yo se lo vi hacer, Oswaldo. Después de las pintadas, Oswaldo y su hermano salían a hostigar el fortín de los somocistas. Una mañana llegaron las voces: «Los muertos, traen los muertos.» Alguien había denunciado a los dos bachilleres, los mismos, quizá, que ahora denuncian a los contras. La Guardia Nacional había dejado los cadáveres mutilados a la puerta de su casa.

Cinco muchachos fueron ametrallados en el Calvario por colocar un cartel sandinista en la torre de la iglesia.

—Sandino mataba a los yanquis, perdonaba a los guardias, pero les cortaba las orejas. Quizás haya visto por la calle a algunos ancianos desorejados. Y la muerte de Somoza padre, de cuatro tiros que le disparó Rigoberto. Somoza hijo, que había nacido aquí, nunca se lo perdonó a León. Quiso reducirla a cenizas y casi lo logró.

Augusto César Sandino, en la memoria de don Víctor, era el campesino iletrado, el hombre de los mercados, fabricante de cinchas, intuitivo y valiente. Los sandinistas de hoy:

—Se han metido contra la primera potencia de la Tierra y quizá se equivocan, pero lo han hecho por dignidad nacional. Ahora se construyen casas, escuelas y hospitales. En el mercado se quejan, pero estoy seguro de que si los gringos nos invaden, todos nos pondremos en pie como hizo Sandino.

En el León de 1979, descubrían a un guardia vestido de civil por la etiqueta de los calzoncillos.

—Ellos tenían su propia fábrica de ropa en Managua, que era también de Somoza. «¿Lo han identificado bien?», preguntaba la comandante Dora María Téllez. «Sí.» Pues «chicharrón». Ponía el pulgar hacia abajo y ahorcaban al guardia en la montaña.

León: ciudad española del Siglo de Oro, con sus mendigos aferrados a los muros de sus muchas iglesias, edificios dedicados a los comandantes que cayeron aquí, lleno de lápidas y recomendaciones para llegar a ser un buen revolucionario. El León de Rubén Darío, muerto aquí en febrero de 1916 a los cuarenta y nueve años. La casa de Rubén, el poeta de Metapa, está cerrada, pintada de negro. Dentro, concentrados los símbolos del poeta, los cisnes, centauros, lagos, pétalos, bacantes:

Yo soy aquel que ayer no más decía
el verso azul y la canción pagana.

El profesor Debayle guardaba, en tiempos, en una redoma, la masa encefálica del poeta autor de *Juventud, divino tesoro.*

Rubén había deseado para su tumba «rocío, vino y miel», ahora tenía sus sesos en un frasco y el cuerpo bajo un león de mármol en la catedral. Había sido durante un tiempo para los intelectuales locales, parodiando a Heine, «un cenzontle nicaragüense que hacía su nido en la barba de Victor Hugo». Pero Rubén volvió para ser americano desde la Europa enloquecida de sus noches de alcohol y escribir su homenaje a Sandino o la oda *A Roosevelt.* Le acusaban de cantar más a España, a Chile o Argentina que a su propia patria. «Es como acusar al pájaro —respondió Pablo Antonio Cuadra— de no cantar siempre en el árbol de su nido.»

Ahora Rubén se vería obligado a elegir partido. El uniforme verde olivo de los guerrilleros en el poder, como Ernesto Cardenal, o las páginas de la democracia liberal conservadora de *La Prensa,* como Pablo Antonio Cuadra. Una de las dos Nicaraguas hiela el corazón de la otra. Los hermanos, los *compas* de ayer, son los enemigos de hoy. En las casas de León, *compas* y *contras* se observan, se acechan, Marx-Sandino contra Pío XII-Juan Pablo II. Procesiones contra desfiles de masas.

Junto a la casa de Rubén Darío, en la calle Real, pregunto a dos mujeres por un mesón de comidas. Son muy asustadizas y llevan mantillas negras, medias negras, trajes negros, ajados y limpios.

—¿Usted cree en Dios? —me pregunta una de ellas de sopetón.

Las barricadas de Beirut en el Líbano, cristianos, chiítas, drusos, musulmanes ortodoxos, donde preguntan «¿cuál es tu Dios?» con una metralleta en la nuez, le han enseñado al viajero la virtud cardinal de la ambigüedad y el panteísmo. En un sitio te matan por ateo; en otro, por cristiano.

—¿Usted cree en Dios? —repite la mujer su pregunta.

—De una forma u otra, toda la Humanidad cree en Dios, señora.

—¡Menos mal, Dios sea loado! ¡Ave, María Purísima!

—¿Temen ustedes a las sectas luteranas?

—¡Ay!, ésas son preferibles a los pierdistas, a los que corrompen a los niños.

La señora no dice quiénes son los pierdistas. No quiere mentar la bicha de los 9 comandantes sandinistas.

—Es la hora del Juicio Final —añade, inquieta, mientras mira a un lado y otro de la calle.

Son dos cristianas, blindadas de agua bendita, que se dirigen a las catacumbas.

—Ave, María Purísima —dice la una.

—Sin pecado concebida —responde la otra.

León de casas desconchadas y beatas aterrorizadas, vivanderas y pulperas, colas frente a las tiendas de lencería y ropa, mendigos de nuevo cuño que se hacen pasar por guerrilleros en paro o monaguillos hambrientos, según los casos. Vienen hacia ti y dicen: «Hace dos días que no como, soy una víctima del hambre.» Se palpan el estómago, encogen la tripa, inclinan la cabeza, explican, en idiomas babélicos, los síntomas del hambre y la inanición. Son mejores artistas que los niños limpiabotas de Saigón. Les aplaudo al final de la interpretación, asombrado.

—No se fíe de ellos —me dice Tito, un estudiante que me acompaña en el último tramo al restaurante «La Cueva del León»—. Son viciosos del aguardiente. Los meten en los centros de reeducación y se fugan. Para ellos, la única revolución es el guaro.

En «La Cueva del León», «el mejor restaurante de Occidente. Orden, respeto y moralidad», almuerzan docenas de rusos. Sandino I vivió la Nicaragua de los gringos; Sandino II, la de soviéticos y cubanos, aunque los jóvenes gringos de hoy vienen a beber en las fuentes de la pureza revolucionaria, el embajador de la URSS inaugura una exposición de fotografías de Moscú, y el embajador de los Estados Unidos, otra sobre la *Action Painting* de Jackson Pollock.

León, la primera capital, es la eterna contrincante de Granada. Norte y Sur, introversión y extraversión, sedentarismo y nomadismo, ensimismamiento y fuga, retaguardia y vanguardia, liberales y conservadores. Aquí surge, según Cuadra, la desconcertante contradicción de Nicaragua: «León, vitalmente conservador, hace suyo, mental e ideológicamente, el Partido Liberal. Granada, vitalmente liberal y progresista, toma el conservadurismo.» Hoy es al revés. Claro que el Partido Liberal era el de los Somozas. Ni George Orwell lo entendería.

León tiene hoy diez mil habitantes menos que cuando estuve en él hace cinco años. Es la sangría, el éxodo de las profesiones liberales. Miami, si hay dinero, Costa Rica, México, Honduras, son las vías de escape de las clases medias. Los jóvenes, algunos, huyen del servicio militar obligatorio. El sandinismo busca su «hombre nuevo» y revisa los vicios del pasado, hasta el uso del vos, el voseo aristocrático, que era el lenguaje del gamonal, «Igualamiento, mas no igualdad». Un cartel de Carlos Fonseca, que tenía veintiséis años cuando fundó con Mayorga y Borge el FSLN, hijo ilegítimo de un ejecutivo de la empresa «Somoza, S. A.», y autor de *Un nicaragüense en Moscú,* aparece frente a otro del Papa Wojtyla. Son los dos altares de León. Las puertas de las casas permanecen abiertas de par en par para exhibir sin pudor las diferencias. Carlos Fonseca, descubierto en una emboscada por la Guardia Nacional en 1976 y muerto en el ataque, aparece con una perilla a lo Lenin. Tomás Borge fue detenido, torturado y condenado a 123 años de cárcel, hasta que le liberó el comandante Cero en el asalto al Palacio Nacional.

En una escalera de la catedral, un dentista, brazos cruzados, habla sin despecho de lo que pasa frente a lo que le pasa. Este hombre ha alcanzado la ataraxia, el estado de la imperturbabilidad. Un caso raro entre las dos Nicaraguas apasionadas. Ni siquiera pregunta, como casi todo el mundo, «¿Qué le parece el *proseso*?»

—Yo no me quejo de la vida —dice—, sólo sé que me falta la

materia prima para los empastes, para las dentaduras, el oro y sin el oro no puedo trabajar. Mi destino, señor, son los brazos cruzados. ¡Qué le vamos a hacer!

Antes de que mi taxi multilocal, con destino a Puerto Corinto, saliera de la estación de León, doña Margarita, la dueña del «Hotel Europa», daba de comer a su irascible perro, traumatizado en 1979 por la Guardia Nacional.

—En cuanto veía un Guardia, se volvía loco. Le transmitieron la psicosis, y según los veterinarios, su caso no tiene cura.

Repollos en las vías, restos de cebollas, ajos, frutas pasadas, pirámides de plátanos, verdes o descompuestos. Mal olor. El otro frescor salvaje del Caribe. Camino de Puerto Corinto, los revolucionarios están al algodón, rodeados de vallas que dicen: «Por la patria, siempre en zafarrancho de combate.» «Se morirán de nostalgia, pero no volverán.» «Todas las armas al pueblo.» Corinto se sobresalta algunas noches cuando llegan las lanchas pirañas de los contrarrevolucionarios, con sus fuegos artificiales, o cuando estallan las minas de la CIA, no lejos de la bocana del puerto.

—¿Vendrán esta noche las lanchas? —pregunta Gerardo Castellón en el «Bar Central».

Todos los *compas* se alzan de hombros.

—En ese caso ya sabéis —continúa el estibador—: Unos debajo de la cama, y otros a por las armas.

Puede hablarse de las noches interminables de Puerto Corinto, en medio de un calor espeso y sofocante. A la sombra de las ceibas del puerto los estibadores, también cruzados de brazos, esperan a los buques mercantes, que no fondean al ritmo de antes. A lo largo de la playa, veo emplazada la artillería antiaérea. Son los «cuatro bocas» de patente china y fabricados en Checoslovaquia, que el panameño Omar Torrijos, a quien Somoza llamaba «el general de la cantimplora», regaló a los sandinistas. Por la mañana se ha producido una manifestación de los estudiantes contra el minado del puerto. Después, los de más edad han salido al campo para recoger algodón. Todas las manos son necesarias en un país que ha pasado de una economía de guerra a una economía en guerra.

Todavía se ven las antenas del *Alma sultana*, hundido en la bahía, al hacer contacto con las minas de sensores acústicos o magnéticos. Los milicianos escrutan el mar con sus prismáticos. Preguntan:

—¿Cree que vendrán los gringos?

Hay algo más de curiosidad que de temor en sus miradas. Desde aquí hasta la frontera de Honduras, en los campamentos militares o en los campos de béisbol, el deporte nacional, los jóvenes del servicio patriótico hacen instrucción física y de tiro. Tiros, pocos, porque hay que ahorrar munición para el enemigo. El tono vital en el puerto denota una larga coexistencia con el riesgo. Desde aquí evacuó sus caballos de raza, sus gallos preferidos y sus «Mercedes», Tachito Somoza en las últimas horas de su régimen. Ahora, las chicas esperan en vano a los marineros rubios, de ojos azules. Las muchachas vienen en su mayoría de León, de Managua y Granada. «Las de Corinto caen muy poco en la prostitución —dicen en Corinto—. Según parece, Managua, León y Granada son verdaderos almácigos de prostitutas. Al parecer, cada ciudad le endosa la culpa de la prostitución a las otras», escribía, en 1971, el alemán Hermann Schulz, en *Una tierra de pólvora y miel.*

Se vive con la cartilla de racionamiento en la mano: una libra de azúcar y una de arroz por semana, un par de trozos de jabón, una cuarta de aceite, 20 galones de gasolina mensuales. El propósito de la CIA al minar los puertos nicaragüenses es obvio: estrangular la economía del país. La situación recuerda, en cierto modo, a la del Vietnam del Norte a lo largo de los años sesenta. El problema de la vivienda es pavoroso, presenta un déficit de 380.000 casas. Este año sólo podrán construir 3.500. Por otro lado, la población de la capital, Managua, ha pasado de 400.000 a 800.000 habitantes.

Las chicas esperan a sus marinos, y los jóvenes algodoneros, el baile del sábado amenizado por «The Bithers». En el cine proyectan *Maleficio bajo la luna llena.* «No hay que preocuparse —me dice Gerardo—, estamos en cuarto menguante.» En algunas casas se puede leer la señal del castigo: «Aquí vive un contra», o las advertencias de los Comités de defensa sandinista, calcados de los cubanos. Media Nicaragua vigila a la otra media. «Te vigilamos.» En la espera de las lanchas, de las minas, de los gringos, la ciudad procura no perder del todo el sentido del humor. Está en boca de todos lo que ayer por la noche ocurrió en la discoteca «Samantha». A un chino le quisieron robar el reloj mientras bailaba, y resultó que era campeón de Kung Fu. La gente de Corinto comenta con humor el estado en que quedaron los ladrones.

El taxista, José Dolores, quiere llevarme al «paraíso del bikini», la playa de las Enramadas, después de comer chicharrones con yuca, «moros y cristianos», o sea, arroz con frijoles, pinalillo, y de postre, maduro, plátano asado con queso en el restaurante «Menéndez». José Dolores piropea a todas, todas las chicas.

—Hasta a las panzonas —comenta una viajera.

—Mamita, hay que ayudar a la revolución —se defiende.

18. ¡TODOS AL SUELO!

El tren de marca japonesa «Tekoku» sale de la estación de León a las ocho de la mañana. A las siete y media está tan repleto de viajeros, que no cabe una jaculatoria. A la hora de salida vuelan las canastas, arrecian los pisotones, cacarean los gallos, excitados. Tan sólo la vinandera se queja, indignada.

—Babosa, es pastel lo que pisas.

A las voces aisladas y a los improperios les pueden las sonrisas. Lo malo es que al pasar por el volcán Momotombo, los olores del Caribe y los codazos, todos los viajeros de pie y pugnando por respirar, no dejan sentir los efluvios de Victor Hugo o de Rubén Darío. Hugo había llamado al volcán, al pasar por aquí, «coloso calvo y desnudo». Rubén bajaba de su León en un ferrocarril más lírico y confortable que el mío:

El tren iba rodando sobre sus rieles. Era
en los días de mi dorada primavera
y era en mi Nicaragua natal.
Agua de un vario verde y de un gris tan cambiante,
que discernir no deja su ópalo y su diamante,
a la vasta llama tropical,

yo tenía quince años: ¡una estrella en la mano!
y era en mi Nicaragua natal.

Yo luchaba por buscar un hueco, una rendija en la ventana y vislumbrar siquiera «aquel volcán de gesta, ronco y sonoro, cuya voz escuchó un día Cristóbal Colón», pero las canastas de fruta, de pasteles, las cabezas más ágiles que la mía, las manos que buscaban un asidero, casi me lo impiden. Hasta que por fin, en un frenazo, «llegué y vi las nubes, la prestigiosa testa» del Momotombo:

Señor de las alturas, emperador del agua,
a sus pies, el divino lago de Managua,
con islas todas luz y canción.

El volcán estaba a la altura de su onomatopeya. Los viajeros, comprimidos, más pendientes de las noticias que traía el revisor Medardo en su Radio Macuto-Ferrocarril. Medardo, bajo y rechoncho, saltaba como Tarzán sobre esta humanidad enlatada sin que se le moviera el gorro. Un tal César Ramos había pedido *raid (autostop)* a los hermanos Narváez, pero la camioneta que conducía chocó contra el tren que venía del Sauce. Por eso, cuando los nicas dicen «ir de viaje», significa que irás y no volverás.

—Fíjese cómo pita nuestro maquinista para advertir a los carros —me dice Medardo.

El otro accidente era muy peculiar. Francisco Carvajal satisfacía «una necesidad mayor» debajo del vagón del ferrocarril ayer a las 6,15 de la tarde. Carvajal no se percató de que una locomotora hacía evoluciones y, de repente, al engarzar ésta con el vagón, Carvajal, agarrado a sus pantalones, fue arrastrado varios metros. Sufrió graves lesiones y fue hospitalizado. Los viajeros comentan entre empellones lo arriesgado que resulta en estos tiempos ponerse a cagar debajo de un vagón aparcado.

Cuando el tren llegó al apeadero del Palacio Nacional, me despedí con el lamento del genio en el canto XXXII del Noveno Círculo del Infierno de Dante: «Mira dónde pones los pies; procura no pisar las cabezas de nuestros desgraciados y torturados hermanos.» La catedral semiderruida por el terremoto de 1972, el parque, el Teatro, donde tocó Duke Ellington, el Palacio Nacional, que resistió mejor, recuerdan Dresde en 1945 o el centro de Hiroshima. Es la ciudad muerta. Gigantescos retratos de Sandino que me traen al recuerdo las canciones de su Ejército en Segovia:

A diez centavos les vendo
cabezas de americanos.

El Palacio del Congreso, al que García Márquez ha llamado «el Partenón bananero», fue el segundo golpe al régimen de Somoza en 1978, después del asalto, en 1974, por un comando guerrillero a la casa del exministro José María Castillo y el asesinato de Chamorro. La sesión había comenzado aquel mediodía soleado del 22 de agosto de 1978 en el segundo piso del Palacio Nacional, Salón Azul, a las 11,45, bajo la dirección del vicepresidente de la Cámara de Diputados Luis Pallais Debayle, primo de Somoza. El diputado del partido de la minoría, doctor Cristóbal Genie, abrió los debates para denunciar el alza abusiva de los precios de los artículos de primera necesidad. De hecho, algunos señores diputados liberales a la derecha, conservadores a la izquierda, estaban entretenidos en ojear una revista pornográfica que traía anuncios de muñecas hinchables. Era un «culito», como llaman a la mujer en Nicaragua, lleno de ventajas: «No pide dinero, no llora, ni se queja, no se va con las amigas a jugar canasta, no se ve afectada por los altibajos de la moda, a menos que usted mismo se lo permita. Está hecha únicamente para agradar.»

—No te puedes quejar, ahí la tienes —dijo el diputado zancudo Roger Mendieta, a otro del ala liberal «de setenta años y lleno de desesperación sexual». Entonces fue cuando el Comandante Cero, cuarenta y dos años, entró en tromba en el hemiciclo. «¡Apártense —gritó—, viene el Jefe!» Creyeron que Somoza llegaba. Se detuvo a unos cinco metros de la puerta, sobre la alfombra roja que separa el Congreso, y gritó:

—¡Todos al suelo!

Así comenzó el asalto al Palacio de Invierno. Después hizo cuatro disparos de su «G 3» contra el cielo raso. Dos años y medio más tarde, el coronel de la Guardia Civil Antonio Tejero imitó con las mismas palabras, los mismos disparos, la operación de Edén Pastora y su comando Rigoberto López Pérez, formado por veinticuatro sandinistas. Tejero llevaba tricornio y el uniforme verde; Pastora, uniforme verde olivo de la Guardia Nacional, fusil «G 3», pistola de 9 mm, granadas aquí y allí, su banda de munición, el salbeque, radio de onda corta, boina, botas negras y una sonrisa burlona.

—¡Ajá! —exclamó mientras se dirigía a la presidencia—, con

que éste es el Congreso. ¡Éste es un Congreso de hijos de puta! ¡Liberales somocistas! ¿Y los conservadores que dicen que son de la oposición? ¿En dónde están? ¡Esto es una chanchera!

A la operación se le puso, en clave, el nombre de «Chanchera».

El Comandante Cero reconocía que alguien le envió a Tejero el guión con pelos y señales de su asalto al Congreso de Managua. Tendido en el suelo, el vicepresidente de la Cámara rezaba el credo. Luis Pallais, el primo de Somoza, se enfrentaba, al comprobar que no era la Guardia Nacional ni el Jefe los que llegaban, a una muerte segura. Fue necesario que la linda secretaria de la Cámara «le pusiera la mano sobre una de las piernas para que dejara de temblar convulsivamente». Después de 45 horas de negociaciones, Tachito Somoza se vio obligado a cumplir las exigencias de los guerrilleros: 500.000 dólares, la libertad para 58 presos políticos, entre ellos Tomás Borge, y vía libre hacia Panamá.

En el centro derruido y solitario era difícil encontrar un taxi.

—No los espere —me recomendó un transeúnte—, hay escasez de combustible y no pueden apartarse de sus rutas para llevarle al «Hotel Estrella».

En efecto, hice señas a algunos taxis, pero todos movían la cabeza en signo negativo. Al fin, uno de ellos se animó a cambio de una tarifa especial, 50 córdobas. En el vestíbulo del hotel esperaban rusos, vietnamitas, libios, coreanos del Norte. La inercia hizo que me inscribieran con el que debe de ser mi apellido en ruso: Leguinechof. En el bar, adornado con autógrafos de Gerardo Diego y la viuda de Mussolini, doña aquel, entre otros, me recuperé de la sorpresa. Después le pedí al taxista un viaje de inmersión en mi memoria de la revolución sandinista en Managua. La primera parada en el «Intercontinental,» el hotel en forma de pirámide truncada, a doscientos metros del búnker de Somoza, en la loma de Tiscapa. Aquí las direcciones de las calles están en función del lago: «Tres cuadras al lago...»

En mi primer viaje a Managua, los obreros en paro, convertidos por Somoza en jardineros, recorrían en sus camiones la ciudad para arrancar la mala hierba, crecida con el terremoto. Estaba prohibido construir una sola casa que no fuera de madera o lata, sin pagar un canon al dictador. Por algo Nicaragua era su finca particular. A medida que la protesta nacional se aglutinaba tras el asesinato de Pedro Joaquín Chamorro, la codicia de Somoza («No te vas, te quedás», le gritaban sus contados partidarios) crecía. Un chiste circulaba por la capital relacionado con la piñata del terremoto. Cuando un prohombre del régimen le comunicó a Somoza que Managua había sido devastada por el temblor, el general preguntó: «¿Qué mitad, la tuya o la mía?»

El terremoto dejó unos 10.000 muertos, 20.000 heridos y 250.000 personas sin hogar. Los óbolos que llegaron del extranjero para construir nuevas viviendas se los metió en el bolsillo Somoza. Los víveres se vendieron en el mercado negro. Del terremoto surgieron nuevas empresas, creadas por Somoza aquel diciembre de 1972 para enriquecerse aún más con las desgracias ajenas: «Concretos Premezclados, S. A.»; «Tubos Inicsa»; «Equipos Pesados, S. A.», para la demolición y acarreo de escombros; «Estructuras de Metal Metasa», construcción de casas prefabricadas Casanica, o la inmobiliaria «Urdesa», para la compraventa de terrenos. Bajo tierra, en su despacho presidido por el fundador de la dinastía, Anastasio Somoza García, la calculadora electrónica de Tacho II no dejaba de funcionar.

Aquella madrugada de diciembre, el excéntrico multimillonario norteamericano Howard Hughes se revolvía en la cama de su *suite* del décimo piso del «Hotel Intercontinental». Hipocondríaco, enfermo imaginario, Hughes vivía encerrado en su habitación desde hacía dos meses. Somoza se acercaba a verle para cerrar el trato que le había llevado allí: el relanzamiento de la compañía nacional de aviación «LANICA», que era también propiedad de Somoza, con la fusión con su propia compañía, la «Hughes Air West». Pero el 8,5 en la escala de Richter impidió la firma del contrato.

Al multimillonario, el azar le colocó en el umbral de la muerte, pero el hotel, propiedad de Somoza y de la «Pan Am», resistió la sacudida. Hughes trasladó al «Intercontinental» sus obsesiones y sus manías. Como un nabab indio, tenía un hombre para cada función; el cordón sanitario con que rodeó su vida llena de misterios y miserias. Por ejemplo, Hughes, obseso de la higiene, tenía un cazador de moscas a su servicio. Su obligación era cazarlas para evitar que perturbaran su sueño o su ocio y entregárselas en una bandeja de plata recogidas en un «kleenex». Mientras Somoza contaba su dinero en el búnker de Tiscapa, protegido por su guardia pretoriana del Campo de Marte, Hughes dirigía sus misteriosas operaciones, su tela de araña organizada por ejecutivos mormones cuya obligación era no fumar, no beber, no oler a ajo, llevar el pelo corto, no preguntar «¿por qué?», no mirar a los ojos del jefe, no dirigirle la palabra.

Cuando Managua estalló en sus hechuras bajo el terremoto,

Hughes creyó que el fin del mundo había llegado y huyó sostenido por sus ayudantes (no hubo más remedio que tocarle) y depositarlo en una camilla hasta que pudo salir de aquel infierno a bordo de un jet privado. Desde ese hotel en forma de pirámide truncada, entre espías y mataharis, diputados «zancudos» (así llamaban a los conservadores), guardias que registraban habitaciones, esbirros de Somoza, algunos periodistas vivimos la última fase de la revolución. Fue desde allí desde donde Fernando *el Negro* Chamorro, sandinista hoy pasado al FDN, que combate contra Managua a caballo de la frontera hondureña, disparó su lanzagranadas contra el búnker de Somoza y la Escuela de Entrenamiento de la Infantería Básica (EEBI), que tenía al frente a Tachito III, Anastasio Somoza Portocarrero. Los hechos ocurrieron un mes antes del asalto de Edén Pastora al Palacio Nacional.

Fernando Chamorro se instaló con su hijo en el hotel de Somoza; tercer piso, la altura suficiente para disparar contra el búnker y el campamento de los pretorianos de *el Chiguín* (el niño), como llamaban al hijo primogénito del dictador. Los cohetes lanzados por *el Negro* Chamorro dieron en la sala de Juntas de la EEBI, de la que acababa de salir la plana mayor del Ejército somocista. Chamorro agotó su munición. Después, silbando y mirando al techo, bajó en el ascensor de servicio, pero fue detenido por los soldados en la puerta de atrás. Chamorro fue uno de los liberados en la operación del Palacio Nacional.

Nunca los corresponsales de Prensa disfrutamos de un observatorio tan privilegiado. Un chapuzón en la piscina, un daiquiri, se cruzaba la calle hasta el portón del búnker de Somoza y el antiguo Casino Militar, en cuyas cocinas reinó desde los tiempos de Tacho I un avispado refitolero catalán. Conocí a Anastasio Somoza Debayle en una de aquellas conferencias de Prensa tan parecidas a un psicodrama. Con su bigote recortado, la calva disimulada, el estómago oculto con guayaberas amplias o trajes oscuros, su aspecto de *latin lover* talludo, su español con cadencia gringa, Tacho II daba la imagen de un dictador muy seguro de sí mismo, siempre a punto para abroncar a alguien.

Desde que su padre lo envió a estudiar a la Academia Militar de West Point, Somoza pensaba en inglés y hablaba, si era necesario, en el *slang* del recluta norteamericano. Cuando los sandinistas le obligaron a salir del búnker, la dinastía llevaba a sus espaldas cuarenta y cinco años de represión y saqueos. Tachito era seductor cuando convenía y ácido e impertinente, sobre todo bajo los efectos, frecuentes, del alcohol. Sus cambios de humor eran legendarios, lo mismo que sus ataques de cólera. Sus edecanes temblaban al verle, lo mismo que algunos de los militantes y ministros a sus órdenes. Por el tono y el enunciado de las preguntas de los periodistas internacionales, se empezaba a notar que, por lo general, la simpatía se inclinaba hacia los rebeldes. Su lucha empezaba a ser tan inútil como tratar de apagar un incendio de un salivazo. Hace diez años que un estudiante de veinte años, Leonel Rugama, agitador en la Universidad contra la dictadura escribió lo que pensaba en un poema:

Un compañero me pidió diez córdobas
para ir a una fiesta al club universitario,
y yo le respondí:
Diez córdobas vale una caja de tiros 22.

Esto mismo se podía haber dicho en prosa, pero los nicaragüenses lo escriben todo en verso. Salvo Tachito, que sólo pensaba en sí mismo, en su fortuna y en su amante la miskita Dinorah Sampson, la Eva Braun del régimen. La prosa de Somoza era destemplada; su dialéctica, agria. El «ordeno y mando» de un sargento. Su norma era la de las tres pes, «plata para el amigo, palo al indiferente y plomo para el enemigo».

Ernesto Gutiérrez escribió en 1929:

Mi país es tan pequeño,
que 2.000 guardias sostienen al Gobierno.

Tacho I descubrió pronto las virtudes del aprendizaje del inglés, y la educación en Estados Unidos, adonde llegó a la edad de diecinueve años, en 1916, para estudiar Economía en Filadelfia. Su padre era senador, y a un antepasado lo ahorcaron por robar caballos. Mientras tanto, en Nicaragua, los *marines* norteamericanos mantenían el orden. Tacho vendió coches de segunda mano en Filadelfia y se casó con la hija de un dentista. Al volver puso una tienda de venta de coches en Managua. Un ligero error de cálculo: en Nicaragua apenas había carreteras. Pero la Fundación Rockefeller necesitaba un inspector sanitario que hablara inglés: Tacho se enroló con entusiasmo en la cruzada contra las enfermedades gastrointestinales, aunque su misión en este mundo no estaba precisamente en la entrega a los enfermos y a los necesitados. Eligió entonces una profesión más remuneradora: la de falsificador de moneda. Su suegro tuvo que salvarle de la cárcel.

Anastasio Somoza necesitaba otra oportunidad. En 1926, en plena rebelión de las provincias, se presentó ante el general liberal José María Moncada. Esta vez había elegido un caballo ganador, aunque, como militar y jefe de un destacamento liberal en lucha contra los conservadores, Tacho sufrió una primera y humillante derrota. Después se autoconcedió el rango de general. Era ya el general Anastasio Somoza, el intérprete del enviado de los norteamericanos, Henry L. Stimson, el «amistoso y agradable joven liberal». Las elecciones presidenciales de 1928 dieron el triunfo al general Moncada con la bendición de los gringos. Augusto César Sandino, a quien Henry Barbusse llamó «el general de hombres libres», denunció a Moncada por traición y se echó al monte con 200 de los suyos cerca de la frontera hondureña. Sandino, hijo de un plantador de café, Gregorio Sandino, que no le reconoció, y de una india, Margarita Calderón, que comenzó a trabajar en el campo a los seis años y fue encarcelado a los nueve junto con su madre por una deuda, se refugió en Tampico, trabajó para los yanquis en La Ceiba, estudió la revolución mexicana y regresó a su patria con tres mil pesos en el bolsillo para unirse al liberal Sacasa, que dirigía «la opción menos mala». Organizó un ejército popular, tomó Jinotega, salvó a Moncada, que luego firmaría con Stimson el Pacto del Espino Negro, que consagraba la creación de la Guardia Nacional bajo el mando de oficiales norteamericanos y la cesión de los intereses y destinos del país a la tutela de Washington. Fue un defensor del indohispanismo.

Sandino, *un árbol que se enroscaba / o una tortuga que dormía / o un río que se deslizaba,* según lo vio Neruda, se negó a entregar las armas y se hizo fuerte en Las Segovias. La suya era una guerra de guerrillas: la emboscada. En julio de 1927 firmó su primer manifiesto: «El hombre que de su patria no exige más que un palmo de tierra para su sepultura, merece ser oído, y no sólo oído, sino también creído.» A partir de entonces trajo en jaque a los marines y sus setenta aviones de combate. Sus mineros y campesinos cantaban en el vivaque de la montaña:

Y cantando este corrido
hemos pasado un buen rato;
en Nicaragua, señores,
le pega el ratón al gato...

Durante siete años, Sandino entabló 500 combates con los marines.

En enero de 1933, los soldados gringos evacuaron Nicaragua, al firmarse la tregua con el presidente Juan Bautista Sacasa. El embajador norteamericano eligió al general Somoza como comandante de la Guardia Nacional. Sandino era el obstáculo para sus planes. Desconfiado y astuto en la montaña, crédulo en la ciudad, Sandino cayó, en febrero de 1934, en la trampa que le tendió Somoza —le había dado el abrazo de Judas—, a la salida del palacio presidencial. La muerte del general ocurrió así, según cuenta Abelardo Cuerda: «Jodido, mis líderes políticos me embrocaron, dijo Sandino. Los diez guardias parados a tres varas de distancia, una ametralladora frente al pecho de cada uno de los que iban a morir. Pasaron unos minutos; y después, en un instante, Delgadillo disparó tras un matorral un balazo al aire. El subteniente Monterrey, que ya había aleccionado a sus guardias, fue el primero en disparar su pistola sobre Sandino, colocándole un tiro media pulgada arriba de la tetilla derecha. Sandino se sacudió y emitió un rugido sordo. Al tiempo de sacudirse, otra bala le penetró en la sien izquierda, saliéndole exactamente por la derecha; una tercera bala le entró en la mitad del plexo y del ombligo, saliéndole al lado izquierdo de la columna vertebral. Murió instantáneamente.»

Con Sandino cayeron su hermano Sócrates y los generales Estrada y Umanzor, el primero que jugó con dados fabricados con las mandíbulas de los marines muertos en las escaramuzas. El sargento Rigoberto Samarrilla le arrancó a Sandino el anillo de brillantes, que al día siguiente vendió por 70 córdobas. El reloj de oro se lo regalaron a Somoza, y alguien lo hallaría cuarenta y cinco años después en un cajón del blocao de Tacho II. Abelardo Cuerda vio el cadáver de Sandino cubierto de moscas, «con sus cinco pies y tres pulgadas de estatura, unas ciento treinta libras de peso, ojos negros y pequeños, encapotados. Unos pies tan chiquitos, finos y blancos, como cualquier estrella de Hollywood hubiera querido para sí. Su rostro estaba surcado de arrugas, que lo hacían parecer más viejo (contaba, al morir, treinta y nueve años...) Ahora, en esas arrugas se había coagulado la sangre. El pelo liso y fino como de indio, echado hacia atrás».

Ocho presidiarios cavaron una fosa en el campo de aterrizaje de Managua. Un guardia apellidado Ruiz se guardó un calcetín del general, otros le arrebataron pedazos del traje. Sandino fue el primero al que arrojaron al hoyo. «Hizo un ruido sordo al caer, pues la fosa era muy profunda. Sobre las tumbas hay monte y unas flores de jacalate. Cuando se ponía la luna, echaban las últimas paladas de tierra.»

El general Somoza tenía ya la vía libre hacia la presidencia. A finales de mayo de 1936, el presidente Sacasa sale hacia el exilio, y el 1.º de enero de 1937, Somoza es elegido presidente tras unas elecciones urdidas por sus hombres de la Guardia Nacional. En los tres primeros años en el poder atesoró tres millones de dólares, y recibió como regalo la cabeza del último de los oficiales sandinistas que aún luchaba en las montañas. Se suspendieron las libertades civiles, y en 1939 acudió a Washington en visita oficial. Durmió con su esposa en la Casa Blanca. Aquel viaje le sirvió a Roosevelt como ensayo del que harían poco después el rey Jorge VI y la reina Isabel. Fue entonces cuando el secretario de estado, Cordell Hull, impresionado por los abusos de Somoza, comentó al presidente Roosevelt en un famoso diálogo:

—Este Somoza es un hijo de puta.

—Puede que sí —admitió Roosevelt—, pero es *nuestro* hijo de puta.

La Guerra Mundial la aprovechó *el Jefe* para quedarse con todas las propiedades de los alemanes. Para complacer a los norteamericanos, algo ansiosos de un cambio de estilo en Nicaragua, cedió la presidencia a su enemigo, el doctor Leonardo Argüello, quien duró 21 días en el poder y colocó en su lugar a un tío suyo. En 1949, Tacho era de nuevo presidente de los nicaragüenses. A su regreso de West Point, su hijo Tachito fue nombrado comandante de la Guardia Nacional. Había recibido un Ejército como regalo de graduación. La fortuna del presidente Somoza, con participación en todos los negocios, se estimaba ya en 100.000.000 de dólares. Era la cleptocracia. En 1956 anunció que se presentaría a la reelección. La ciudad de los liberales, León, fue elegida para la nominación del General, político y hombre de negocios. La noche siguiente se celebró en la Casa del Obrero un baile en su honor. La orquesta comenzó a tocar el mambo de Pérez Prado *Caballo negro*. Desde la presidencia, Somoza, revestido de chaleco antibalas, recordaba su habilidad como bailarín, que le ganó el amor de la esposa del embajador norteamericano Hanna. Ahora tenía sesenta años y plomo en las piernas. Fumaba uno de sus aparatosos cigarros habanos y seguía las evoluciones en la pista cuando un joven bailarín sacó de pronto un revólver de la camisa e hizo cuatro disparos contra el dictador cuando el trompetista atacaba el *Caballo negro... tú tienes cola blanca.* Era el poeta y tipógrafo Rigoberto López Pérez, que murió de treinta disparos de la guardia somocista. El dictador fue trasladado a un hospital de la zona del Canal, donde, a pesar de los esfuerzos de los médicos que le envió el presidente Eisenhower, en su avión personal, murió ocho días más tarde. Hay otra versión del tiranicidio: Rigoberto contó con la ayuda de su novia para planear el atentado. La envió a Somoza como cebo, se hizo el ofendido, corrió hacia el dictador, ella sacó un revólver del corsé y se lo entregó a Rigoberto, que hizo los disparos.

«Al final de sus días —escribió Pedro Joaquín Chamorro en *Estirpe sangrienta: los Somoza*— no había una sola actividad mercantil de Nicaragua que no estuviera dominada por su capital: periódicos, emisoras, café, ganado, cemento, oro, plata, petróleo, compañías de aviación, Marina Mercante, establecimientos comerciales, edificios, casas residenciales, caña de azúcar, cacao, maderas preciosas, siembras de agricultura, importación y exportación, Bancos, acciones, etc. Era gallero y jugador. Con una parte del producto ilegal, que obtenía de los juegos prohibidos, pagaba a sus oficiales del Ejército más fieles. Jugaba, reía y bebía, dejaba jugar, beber y reír. Su enorme capital obraba siempre como un monstruoso punto de apoyo para su tiranía: producía alcohol, permitía los juegos prohibidos, recibía participaciones ilícitas por dejar existir los monopolios. Era el único exportador de ganado, las empresas del Estado pagaban la nómina de sus fincas y no pagaba impuestos a la tesorería de la nación. Además de eso, tenía sueldos por concepto de presidente, de jefe director del Ejército, de gerente general del Ferrocarril y de un sinnúmero de puestos más. Era aficionado a los caballos de carreras y, para lucir los colores de su cuadra de pura sangre importados, mandó construir un hipódromo en las costas del lago de Managua con los dineros de todos los indigentes de Nicaragua.»

La oligarquía nicaragüense se quedó con el resto, con los despojos.

Al conocer la muerte de su padre, Tacho II sufrió un ataque de desesperación. Su primera idea como comandante de la Guardia Nacional fue la de bombardear y destruir León. Pero todo estaba atado y bien atado. Su hijo mayor, Luis, graduado en la Universidad de Luisiana, le sucedió en la presidencia. Quizá porque aflojó algo las riendas, porque fijó en seis años, sin posibilidad de reelección, el mandato presidencial, los bienpensantes del régimen le llamaron Somoza *el Bueno.* Durante su presidencia se produce la entrada de Fidel Castro en La Habana. El periodista Pedro Joaquín Chamorro, director de *La Prensa,* varias veces detenido, intenta en vano, henchido de fervor revolucionario, la invasión de Nicaragua desde Costa Rica, con la ayuda de un declarado enemigo de la dinastía; el presidente de Costa Rica Pepe Figueres.

En 1963, un presidente amigo de la dinastía sucedió a Luis; era René Shick, conocido por su desmedida afición al guaro. Lo llevaron al Palacio Nacional desde una clínica en la que fue ingresado con *delirium tremens.* Shick murió en 1966 y dejó el puesto al comandante de la Guardia Nacional, Tachito. Luis Somoza murió un año después. El país era todo suyo. Separado de su esposa legal, Hope Portocarrero, de nacionalidad norteamericana, con la que comparecía en sociedad una sola vez al año, en una recepción oficial en la que no se dirigían la palabra, las pasiones de Tachito eran su amante, la morena de piernas largas Dinorah Sampson, a la que conoció cuando ella contaba diecisiete años, la vodka y el dinero. Sobre todo, después de su ataque al corazón, el dinero. Lo quería todo para él, más cada año que pasaba y con mayor avidez. La oligarquía terminó por volverle la espalda, porque en el reparto de la riqueza, Tachito se lo quedaba todo.

El terremoto de 1972 es el punto de inflexión del régimen. Hasta su nueva reelección por pucherazo, en 1974, la fortuna, con Nixon en la presidencia —un «compañero» al que ayudó con un millón de dólares para su campaña electoral—, le había sonreído. Por primera vez la Iglesia se negó a asistir a su toma de posesión. Pedro Joaquín Chamorro organizó una oposición interior de signo moderado: UDEL. Los 500 guerrilleros que formaban las tres tendencias del Frente Sandinista comenzaron a reorganizarse en las fronteras y en las ciudades. Jimmy Carter fue elegido en 1976. Tantas malas noticias y las juergas con alcohol en el búnker y en su finca de Montelimar, debilitaron el corazón de Tachito. En 1977 sufrió una angina de pecho y fue trasladado a Miami. «Que no se equivoquen los que especulan con mi salud —dijo—. Otros la tienen peor.» La oposición política y la alzada en armas vieron aquí el principio del fin de la dinastía, pero faltaban tres largos y duros años, cubiertos de sangre y heroísmo.

El asesinato de Chamorro a manos de un clan de cubanos que exportaban sangre para una empresa de Somoza por los pistoleros llamados Pedro Ramos y Domingo Avecedo, *Cara de Piedra,* fue un golpe para la sensibilidad popular. Ahora la agitación social y la guerrilla eran una misma cosa. La protesta sacudió las ciudades nicaragüenses, y la huelga general duró dos semanas. Encerrado en su sótano, Somoza recibió con un ataque de ira la noticia de que el presidente Carter le retiraba la ayuda militar para su Ejército y Policía al mismo tiempo, la todopoderosa Guardia Nacional, fundada y entrenada por los gringos. Hay algunos mitos que desmentir en este punto. Ni el búnker era la fortaleza inexpugnable, rodeada de fosas para serpientes y leones, ni la Guardia Nacional un Ejército armado hasta los dientes. El búnker era un recinto subterráneo de no grandes dimensiones, con un sofá de cuero en un despacho, un comedor y otras reducidas instalaciones. La Guardia Nacional, por el afán de Somoza de ahorrar gastos superfluos, un Ejército con tres viejos tanques «Shermann», sólo uno de los cuales funcionaba, y un puñado de avionetas «Push Pull» y «Cessna», artilladas. La inyección de material llegó cuando la guerrilla llenaba el país como mancha de aceite, procedente de Israel (500 «Galil», 500 metralletas «Uzi») y de la Argentina.

La oposición de «los 12» se instaló en Costa Rica, desde cuyas fronteras, porosas, penetraban los comandos guerrilleros. Torrijos, de Panamá, y Carlos Andrés Pérez, de Venezuela, no regatearon la ayuda militar al Frente Sandinista, que pasó pronto a tomar la iniciativa. México rompió las relaciones con Somoza. Cuando llegué a San José de Costa Rica, la Organización de Estados Americanos votaba por 17 votos contra dos la sustitución de Tachito como presidente de Nicaragua. Aunque Somoza descubrió pronto que Washington no le sostendría en el poder, afirmó en tono numantino y desde su búnker que «nunca abandonaría a sus hombres como hizo el sha del Irán». La puntilla fue el asesinato del periodista de la cadena norteamericana «ABC», Bill Stewart, de treinta y siete años.

19. «GAVILÁN, AQUÍ ALFA UNO»

Cuando llegué a Managua, Bill, al que conocí en la guerra de Chipre cinco años antes y luego en Teherán, era un cadáver, aún caliente, bajo una manta. En medio de una atmósfera de temor, los corresponsales extranjeros hacían las maletas en el «Hotel Intercontinental». A pesar de las garantías de Somoza, se esperaba una noche de cuchillos largos. Los corresponsales extranjeros eran, a los ojos de la Guardia somocista, cómplices del «sandino-comunismo». Los periodistas acogieron con total incredulidad en su conferencia de Prensa del Casino Militar las palabras del presidente. «Ha sido un hecho aislado que deparó la guerra —dijo—. Expreso mis sentimientos de condolencia al pueblo norteamericano y al director de la "ABC". Ustedes deben creer en mi buena fe, deseo que permanezcan en Nicaragua y puedan trabajar en libertad.» A estas alturas de la insurrección nadie creía en la buena fe de Tachito. Desde la habitación 307 del «Intercontinental», convertido en estudio de televisión, los técnicos de la «ABC», Clark y Cefalo, que lograron filmar el asesinato del reportero, transmitieron vía satélite las imágenes del asesinato. Causaron el efecto de una bomba. Se veía a un guardia que ordenaba tumbarse a Bill Stewart, le golpeaba con la bota en un costado y le disparaba con el subfusil de asalto en la nuca. El cuerpo del periodista botó sobre los adoquines. Después asesinaron al intérprete Juan Espinosa, cuyo cadáver se comieron los perros. La Guardia informó del asesinato en un lacónico comunicado que hacía el número 77 de la guerra: «En el día de hoy, a las diez de la mañana, cuando viajaba en su coche "Mazda", en cumplimiento de su trabajo, perdieron la vida al aproximarse a una barrera de la Guardia Nacional, en el barrio Reguero, en el sector oriental, el periodista norteamericano Bill Stewart, de la «ABC News», y el ciudadano nicaragüense Juan Francisco Espinosa Castro, que le servía de intérprete.»

Era un día de enervante calor en el barrio oriental de Managua. El viento movía con furia las palmeras y arrastraba polvo, arena y desperdicios. Dos semanas más tarde, cuando los sandinistas cercaban la capital, un juez militar nos presentó a un guardia que lloraba como un niño asustado. Se llamaba Álvarez, y era el asesino de Bill. El asesinato de Bill resultó una enseñanza para los que permanecimos en Managua a lo largo de toda la guerra. Reaccionar con dureza, nunca echarse al suelo, increpar al retén de los Guardias. Cada vez que el retén de la Guardia detenía mi coche en las encrucijadas de la cuesta de Santo Domingo, en la entrada del barrio residencial de Las Colinas, una frase drástica confundía a los soldados.

—Póngame con el cuartel de Somoza.

La rotundidad del idioma hacía el resto. Nunca se nos vio con el carné de Prensa en la boca. Aunque todas las precauciones eran pocas, bandera blanca en la antena del coche, bandera de España sobre el techo, toda clase de credenciales, camisa y pantalón vulgares, nada de uniforme paramilitar para corresponsales de guerra, que había puesto de moda en su taller del número 151 de la calle Tu Do de Saigón el sastre chino Chieu-Yen. El cuerpo de Bill, con la cabeza destrozada, la camisa a cuadros ensangrentada, llegó al hotel al mediodía. La tribu de los corresponsales lo recibió rabiosa e indignada. La mayoría decidió abandonar Managua en solidaridad con el compañero muerto. Cien mil personas habían salido ya de la capital.

«Estamos como una roca», titulaba el diario de Somoza *Novedades*, que el pueblo llamaba ya «No Verdades». Era la declaración del comandante de León, Gonzalo Evert, un militar con fama de sanguinario. En el código de la GN era conocido como *Vulcano*. Tardaría poco en arder en su fragua. Somoza insistía «nos van a durar dos semanas». En Washington, el presidente Carter comentó con dureza el asesinato de Bill: «La muerte de Stewart es un acto bárbaro que todos condenamos. El pueblo norteamericano comparte sentimientos de ira por la muerte de este hombre.» La versión del asesinato se la dio de primera mano Ana Navarro Montenegro a Roger Mendieta, el diputado conservador que se reunía con nosotros en el «Intercontinental» y que luego publicó un libro, *El último marine.* El testimonio de Ana Navarro a Mendieta fue así:

«Los guardias estaban matando a todo el que pasaba. Yo estaba ya a la puerta de mi casa cuando vi venir al gringo. El busito lo había aparcado una cuadra más al sur de mi casa. Entonces me dio no sé qué al pensar que lo iban a matar como a los otros y le llamé para adentro de mi casa. Él se dejó venir y se detuvo en la propia puerta. Yo le dije que se metiera, que lo iban a matar, pero él me contestó: "No español, yo periodista", enseñándome el carné. Le repetí que se metiera, que lo iban a matar, pero él me contestó lo mismo. Al momento se dejaron venir como siete guardias de los que estaban en la esquina y llegaron hasta el zaguán, casi a dos varas de la puerta en donde estaba de pie el gringo. Entonces ya no supe qué hacer, me puse nerviosa y le dije: "Dé la vuelta a la izquierda y salga por allí", como si tratara de orientarlo. El periodista caminó un poquito y se detuvo en la cuneta a hablar con los guardias que estaban frente al portón. En ese momento surgió la voz de un guardia alto, delgado, moreno, en traje de campaña y gritó: "Acuéstate, hijueputa." El gringo volvió con sus mismas palabras: "No español, yo periodista." Se puso de rodillas, se le salieron las lágrimas, temblando de miedo, mientras con sus ojos imploraba la compasión del guardia. "¡Que te acostés, hijueputa!", repitió. Y cuando estaba en el suelo, le dio patadas en el costado y en el sobaco. Después, haciéndose un poquito para atrás, le dejó ir un balazo en la cabeza, que hizo saltar el cuerpo del periodista.»

Fue entonces cuando apareció un oficial. «Os habéis metido en un clavo —dijo—; el hombre que habéis matado era periodista gringo.» El que había disparado contra Bill respondió: «Matémoslos a todos y digamos que fueron los sandinistas.» El conductor de la camioneta de la «ABC», Pablo Tiffer, se agarró a esa idea para salvar la vida: «No se preocupen, diremos que han sido los del Frente.» Con esa condición pudieron retirar el cadáver de Bill. Aquellas imágenes, tantas veces repetidas, fueron la bisagra emocional de la guerra. Los nicaragüenses sólo pudieron verlas el 20 de julio de 1979, casi un mes más tarde, cuando los sandinistas ordenaron su emisión en las redes locales de televisión. Para entonces, Bill era uno de los 50.000 muertos de la guerra contra Somoza.

Junto a la muerte del reportero de televisión había otros elementos, sin los cuales no puedo completar un recuerdo del último mes de Tacho II en el poder. El *scanner* de UHF, un rastreador de frecuencias a través del cual seguíamos las transmisiones de radio de la Guardia con el Cuartel General del Campo de Marte y el blocao de Somoza. «Cagar», en clave, era bombardear; «papalote» era el avión; «tango», la tanqueta. Todo habitante de Managua con posibles tenía su *scanner*, el radiorreceptor de alta frecuencia traído de Miami, y sintonizaba mañana, tarde y noche, con las tiendas cerradas y la vida cotidiana interrumpida, las frecuencias de la Guardia Nacional. Fue una guerra que escuchamos en directo. La jerga era interminable: «Papá, Golfo Mike Yanki Victor Kilo Kilo Whisky Romeo Mike Alfa Sulu Informe Papá.» A veces, la explosión de las granadas, el intercambio de disparos de armas automáticas, las imprecaciones de los guardias, coincidían con su retransmisión por el *scanner*, con señal abierta a todas horas:

«Alfa Uno de Gavilán... Alfa Uno de Gavilán...

—Gavilán, aquí Alfa Uno.

—Me copia.

—Óscar Kilo, Oscarito...

—Hay varios chapuceros (sandinistas) en el cauce.

—Móntenles verga. ¡Rempújelos, que ya le mando más gente!

—Están gritando. Me están llamando. Dicen que avance.

—Cuidado con una emboscada, Gavilán... No dejen muy lejos las móviles.

—Los hijueputas están haciendo señas, que avancemos.

—Retroceda mejor, cuidado con una emboscada, cuidado con una mina.»

En algunos pueblos, los sandinistas instalaron altavoces que permitieron, a lo largo de una escaramuza o un asalto, tener informada a la población, agazapada en sus casas.

—¡Ajay, pendejos! —gritaron en Esteli, según recoge Mendieta, a los soldados de la Escuela de Entrenamiento Básico que dirigía *el Chiguin*, el hijo de Somoza—. Ahora sí se van a morir... aquí no son mujeres las que vas a violar, hijo de puta, maricón. Allí te van boronas, y soltaban un tiro tras otro, una frase tras otra. Después, mientras uno de los muchachos cargaba el fusil, el otro le sustituía en la trinchera de adoquines.

—¡Ajay, jodido! Aquí estoy, no me he ido. Los combatientes sandinistas no se van. No se rinden. ¡Patria Libre!

—¡O morir! —respondían en las otras trincheras.

El teléfono no dejaba de funcionar, las informaciones de una frecuencia se intercalaban con las de otra, se grababan, se copiaban, se difundían. Así supimos de la caída de «Sierra 3», según la clave una posición en la que los guardias resistieron con fusiles «Garand» el asalto de los sandinistas superiores en número. O las metáforas de Somoza para mover sus últimos peones.

El adoquín forma parte de la intrahistoria de la insurrección. Era uno de los más saneados negocios de Somoza, pero con los adoquines, los sandinistas construyeron barricadas y trincheras. Otro fueron las bombas de fabricación casera, las bombas de mecate, tornillos y pólvora atados con cáñamo, que pusieron de moda en el barrio indígena de Masaya, en Monimbó. Otra seña de identidad fue el pañuelo rojo y negro a la altura de la nariz y las informaciones de Radio Reloj de Costa Rica. Esa emisora hizo una cobertura total, entre verdades y exageraciones, esquelas radiadas y publicidad, del desarrollo de los acontecimientos. Siempre pensé que esa misma emisora podría arrepentirse un día del entusiasmo revolucionario de aquellas horas tan sorprendente en una República tildada de pequeñoburguesa. Era evidente que el ala más radical del sandinismo se llevaría el gato al agua. El mando del FSLN era, en su mayoría, de ideología marxista, cuando el pueblo que le había prestado su apoyo no lo era. Después del 19 de julio de 1979, los sandinistas decidieron que, de una u otra manera, lo fuese. Siempre me pareció que era una revolución hecha contra los Estados Unidos y también contra Somoza.

Cuando llegué al «Hotel Intercontinental» era la diáspora, la desbandada general.

—Elija la habitación que quiera, aquí tiene las llaves —me dijo el recepcionista mientras se iba.

—¿Quedan toallas limpias?

—No —respondió—, utilice papel higiénico.

El mando sandinista acababa de anunciar que bombardearían por la noche el búnker de Somoza. La central telefónica y el télex estaban situados junto al *comptoir*. En los pasillos del hotel se confundían parientes de Somoza, ministros que llamaban a la puerta de la habitación para cambiarme dólares, diputados temerosos de un ataque, guardaespaldas malencarados, el lumpen del somocismo, dispuestos a «volar vergas». De aquel laberinto de Kafka y

Woodie Allen vino a sacarme el embajador de España, mi paisano Pedro de Arístegui, que desmentía con ese gesto la tradicional enemistad entre diplomáticos y corresponsales. Perico, que así le llamaban todos, desde Somoza hasta el último empleado de la Embajada, guardaba en su residencia un búnker para los periodistas. Me instalé allí, durante toda la guerra, dos días después de haber llegado desde Costa Rica, a bordo de un «Hércules 130» de la Fuerza Aérea Española, con el teniente coronel Conejero al mando. Este «Hércules» se llevó evacuados a San José de Costa Rica a los últimos españoles que quedaban en Nicaragua. Pero había traído al aeropuerto de Las Mercedes un milagroso cargamento, que se convirtió en un talismán para los decaimientos de ánimo y las «mordidas» o los trueques de Goyita Santos, la gobernanta de la Embajada, 24 cajas del mejor whisky escocés. Con un télex, un transistor, un radiorreceptor de alta frecuencia, una botella de whisky y una dosis de humor, hicimos treinta días de guerra y diez de posguerra.

Dos noches en el «Inter» fueron suficientes para verificar que la EEBI, las tropas de choque del régimen, cantaban aún por las noches el patriótico *Morituri te salutant* a sus dos jefes, Somoza padre y Somoza hijo. Los gritos marciales se elevaban sobre los barracones del Campo de Marte y, según se decía, a falta de una luz del despacho para que los nicas pensaran *Il duce labora*, Tachito dejaba entornada la puerta del búnker para escuchar, a las cinco de la mañana, la adhesión de los soldados.

—¿Quién es el enemigo de la Guardia? —preguntaba el mercenario Echanis a los hombres del batallón.

—¡El pueblo!

—¿Quién es el padre de la Guardia?

—Somoza.

—¡La Guardia, arriba!

—¡El pueblo, abajo!

De vez en cuando cambiaba el estribillo.

—¿Quiénes son ustedes?

—¡Tigres! ¡Somos tigres! —respondían los soldados del *Chigüin* (el muchachito), el hijo del «Jefe», también conocido como *Capitán Terremoto* después de 1972.

—¿De qué se alimentan los tigres?

—¡De la sangre del pueblo, de la sangre del pueblo!

Si Tacho I recibió un Ejército, la Guardia Nacional, como regalo de graduación en West Point, Tacho III recibió, en 1975, la

EEBI, la Escuela de Entrenamiento Básico de Infantería, a su imagen y semejanza. Eran cinco mil hombres que, unidos a los siete mil de la GN, formaban la punta de diamante de los Tachos Dos y Tres. El jefe de la Guardia era José Somoza, hermanastro del presidente, más conocido por *Papá Chepe*. Le gustaba más el perfume del cuartel que las veleidades aristocráticas de su esposa.

Los métodos de la Guardia y de la EEBI estaban a la vista en los controles. La consigna, por lo general, era disparar primero e indagar después. En el Centro Español, donde se habían refugiado algunos españoles, y en los barrios, recogí testimonios estremecedores. Una española que prefirió mantener su nombre en el anonimato por temor a las represalias, me dijo una mañana a poco de llegar:

«Mi marido, Felipe Corea Caballo, de treinta y tres años, gerente de la empresa sueca "SKF", en Nicaragua, salía como a diario en su coche "Ford Cortina" en dirección a la fábrica. Estaba preocupado por el vigilante, que amenazaba con irse por la proximidad de los combates. Mi marido llevaba su bandera blanca sobre la antena de la radio. El toque de queda había concluido ya. Al salir de la fábrica, subió al coche y arrancó. Pocos metros después, sin avisar, una patrulla de la Guardia abrió fuego sobre él. Fueron ocho balazos. El vigilante lo trasladó a la Cruz Roja en el coche, y desde allí a un hospital, donde le operaron. El doctor me dijo que estaba muy grave. Una de las balas, de grueso calibre, le seccionó el intestino grueso y el delgado y le vació el hígado. Otra de las balas se le alojó en la médula espinal. Era necesaria otra operación. En ese hospital no había médicos ni instrumental, tan sólo tres enfermeras agotadas, al borde del colapso. Cuidé de mi marido toda la noche. Se quejaba de fuertes dolores, pero no había morfina ni calmantes. Se había agotado todo, o lo habían saqueado los guardias. Llamaron a un cirujano, el doctor César Martínez, que le intervino como pudo. Luego llegó la ambulancia para trasladarlo al Oriental. "Quiera Dios que no nos detenga la Guardia", me dijo el conductor. Lo normal era que los guardias abrieran las puertas de las ambulancias para rematar a los heridos. En la camilla de arriba viajaba una señora con un balazo en la cabeza. Yo sostenía la botella del plasma. Allí estaba el retén de la Guardia. Abrieron las puertas de la ambulancia de par en par.

»—Ése que va arriba, ¿es un hombre o una mujer? —preguntó el guardia al enfermero.

»—Una mujer. Tiene alojada una bala en el cerebro.

»—¿Y éste de abajo?

»—Es mi marido —respondí—. Lo llevamos a otro hospital para operarlo de nuevo.

»—Yo te digo que no pasará de aquí. Está herido de bala y es un "chapucero", un subversivo. Lo vamos a rematar.

»Lo agarró de la camisa para sacarlo de la camilla. Le mostré los documentos, su identidad.

»—Es un hijueputa, lo han herido los nuestros.

»—¡Arranca, hermano, por caridad! —grité al conductor.

»La ambulancia se puso en marcha a trompicones. La Guardia disparó sobre nosotros, dos, tres ráfagas, no sé. Cuando lo sacamos, mi marido había muerto. No hubiera sobrevivido, no quedaba sangre, tan sólo los quirófanos, vacíos, sin instrumental. Bajo una balasera, mi padre logró sacar el cadáver y lo enterramos en el patio de casa, cubierto con una sábana. No quedaban ataúdes en Managua. Espero que florezca la hierba sobre la tumba, para que mis dos hijos no sospechen nada.»

La viuda se llamaba María Antonia Vivas.

Las Colinas, donde estaba situada la Embajada de España, era el barrio residencial, a diez o doce minutos en coche desde el centro dislocado de la capital. Para llegar hasta allí había que pasar numerosos controles de la Guardia Nacional en la carretera a Masaya, ocupada por los insurgentes. La Guardia hacía descender a los ocupantes de los autobuses, registraba los coches particulares en busca de armas y rebeldes. Desde la Embajada, defendida por un guardita orondo y cumplidor llamado Julito, que confundía ráfagas con «garrafas», se podía sentir el paso de los aviones en misión de bombardeo sobre el barrio Shick, situado tras un talud.

En la Embajada, Goyita, con su aspecto y su voz de Gracita Morales, no sólo reinaba, sino que gobernaba sobre la intendencia y la limpieza del moderno bungalow de la residencia del embajador, desde la cocina y el jardín hasta la piscina y el campo de tenis. Durante la guerra, la residencia se convirtió en lugar de refugio de los perseguidos del régimen somozista. Luego ocurrió al revés. Goyita acudía con el conductor, al que Perico Arístegui llamaba Ramsés II por su imperturbabilidad, o con Pablito, a los mercados de la capital para rebañar en las existencias. Al acabarse el pienso cerraron las granjas, y la población, hambrienta, se merendó pollos y gallinas en pocos días. Con los saqueos de la Destilera, inspirados por la Guardia, se acabó el guaro. El vacuno estaba, en gran medida, en zonas controladas por los guerrilleros, por lo cual las chuletas, los churrascos, no pasaban de ser una ilusión a lo Carpanta. El mercado negro estaba en su esplendor. Goyita, con sus trucos y sus intercambios, supo mantener la cocina en movimiento, y los estómagos, entretenidos. En una ocasión apareció con dos chanchos escondidos en el maletero del coche, con lo cual, en un período de incertidumbre y austeridad, tuvimos nuestra ritual matanza del cerdo.

Todas las ciudades son un estado de ánimo, y la nuestra, Managua, revivía los días aciagos del terremoto, bombardeada, asediada, convertida en teatro de operaciones de una guerra desconcertante. El embajador tenía una nutrida biblioteca, producto de sus singladuras diplomáticas en Europa y América. No había, por lo tanto, margen para el tedio. Para no caer en la misantropía, el secreto era la acción, el impulso, la agitación, la curiosidad. Un partido de tenis para sudar, una zambullida en la piscina, un trago largo y un oído atento a todo lo que pasaba. En el rastreador de la radio de alta frecuencia o en las calles. La curiosidad del embajador era insaciable, como la de su Ministerio en Madrid, que le exigía telegramas para explicar la evolución de la guerra. Las caídas de los dictadores, las revoluciones, tienen un morbo evidente. Es la historia del hombre omnipotente, indestructible, quien, rodeado de un Ejército profesional, aislado y cada vez más desconectado de su pueblo, protagoniza una caída de los dioses. Al final, como había visto en Teherán en el Palacio de Invierno, dos, tres personas, la excepción a la regla, lloraban la partida del tirano. Ese mismo número de personas lloraba también ante la cancela del búnker cuando Somoza decidió partir hacia Miami con los muertos de la familia en sus ataúdes.

La autoridad y el carisma del embajador Arístegui convirtieron la Embajada, a lo largo de la guerra y a pesar de todos los peligros de acceso y salida, en un centro de información y debate. Siempre había alguien que llegaba con noticias frescas, con rumores más o menos intencionados, y a veces adquiría la actividad de un corro de Bolsa. Mientras los funcionarios del régimen estaban ocupados en el reflejo de la defensa propia, la oposición llevaba una vida de Pimpinela Escarlata, en la conspiración, en la quinta columna. Los antisomocistas —algunos de ellos serían luego ministros— venían a la Embajada en Las Colinas para cambiar impresiones, echar un trago, cada vez más difícil de encontrar, jugar un partido de tenis o cenar en comunidad las viandas que la milagrosa Goyita había obtenido en los mercados.

Desde Rivas Gasteasoro, Coronel Vigil, ministros luego del primer Gobierno sandinista; Calero Portocarrero, el exrepresentante de la «Coca-Cola»; Edmundo Jarquín, al que llevamos whisky a la cárcel hasta que lo soltaron; Sócrates Gómez, Wilfredo Jiménez, el coautor de *Son tus perjúmenes mujer*, médico en la Cruz Roja, siempre con el recetario en una mano y la guitarra en la otra, hasta el poeta Luis Rocha, refugiado en la Embajada, formaban una tribu itinerante y ávida de noticias. En la cocina hablaba en inglés con las cocineras misquitas para obtener, en ausencia de la rigurosa Goyita, algún plato adicional. Las guerras abren el apetito. En los cobertizos de la Embajada, algunos diputados «zancudos» o liberales habían dejado sus coches a la espera de volver o de no volver algún día. El embajador me adjudicó uno para mis correrías: un coche japonés de color amarillo que pertenecía al diputado conservador Icaza. El suministro de la preciada gasolina era misión de Ramsés o de Pablito.

Después del toque de queda, a las siete de la tarde, se escuchaban tiroteos esporádicos en las cercanías. Una patrulla de la Guardia había tropezado con los muchachos, o bien un cateo, una operación de «limpieza», estaba en marcha en los barrios. A veces, a la mañana siguiente recogíamos casquillos junto a la piscina o en la pista de tenis, ante la mirada siempre desasosegada del perro del embajador, «Ghost». Una noche, la otra cama de mi habitación apareció ocupada por un personaje de cejas tupidas, un rostro del tipo de Miguel Ángel Asturias, camisa de flores, manos en los bolsillos delanteros de los tejanos y voz profunda. Era el redactor jefe de *La Prensa*, Danilo Aguirre. Tan sólo unas horas antes, la Radio Nacional de Somoza había puesto precio a su cabeza. Después de varias semanas en la clandestinidad, Danilo llamó a la puerta de la Embajada, acompañado de su amigo y redactor, también del periódico de los Chamorro, Luis Rocha.

Durante los primeros días Danilo, culto, sereno, se me apareció reservado, muy prudente, huidizo. Después, en aquel batiburrillo de radios de madrugada, *scanners*, telefonazos, perdió su sigilo. Se incorporó de una forma activa a mi trabajo, iluminando fechas, personas y circunstancias del sandinismo y el somocismo. No perdió, a pesar de todo, un último rastro de inquietud, que se traducía, en las horas del sueño, en delirios de preocupación. Una noche en que trataba de conectar Radio Sandino, despertó sobresaltado, bañado en sudor.

—No pasa nada, estás a salvo, tranquilízate Danilo.

—No es por mí —contestó—, es por mis tres hijos. Están con los muchachos —(así llamaban a los sandinistas)— y hace semanas que no sé nada de ellos.

Luis Rocha, casado con una extremeña, Mercedes, jefe de las páginas de cultura de *La Prensa,* poeta y presidente del Instituto de Cultura Hispánica en Managua, era un prodigio de buen humor. Nuestro entretenimiento secreto consistía en burlar la vigilancia que Goyita ejercía sobre su bodega para afanar algún licor. Bajito, de ojos pequeños y sonrisa contagiosa, Luis me llevaba y me traía en su coche por los guateques, en los que los nicas se entregaban a su pasión favorita por encima de la edad y la guerra, el flirteo, el arte de enamorar, la agudeza y arte del ingenio social, la seducción, la sensualidad entre el sudor y el alcohol. Cócteles, sesiones de largas parrafadas con los amigos, últimas noticias, misiones algo arriesgadas, visitas «de médico» a parientes y amigos. En las horas de calma chicha en el velador del jardín, pedía a Luis que me recitara alguno de sus poemas. Era poesía «exteriorista», como la llamaría Ernesto Cardenal, «trascendente a lo real inmediato», poesía narrativa tendencia Octavio Paz. Luis se hacía de rogar, y sin énfasis, como quien habla, se arrancaba así:

Los sandinistas están en todas partes.
El Frente le aparece hasta en la sopa al dictador,
decía el pueblo fiel y Somoza:
This is a stupid situation
I am a friend of the United States,
y entonces Somoza saluda a Mr. Shelton (el embajador)
y Mr. Shelton le hace una señita
a los asesores militares norteamericanos,
y el Mr. Presidente USA está pendiente
de que todo salga bien:
300 alistados de la Guardia Nacional
equipados con el más moderno armamento «made in USA» y con [severas y
prolongadas prácticas de contrainsurgencia, rifles «Garand», máu- [seres,
30-30, «M-1», carabinas, bombas, gases, escudos, máscaras, pistolas
«Smith & Wesson» de 9 mm, tres tanquetas, ametralladoras de todo [calibre,
bazokas, equipo móvil, demoledoras, radios, ambulancias y un tanque
«Sherman»

combatieron heroicamente durante cuatro
horas
contra tres hombres y una mujer del
Frente Sandinista de Liberación Nacional.

20. SACAR LOS FRIJOLES PARA PLANTARLOS MÁS LEJOS

Por la diferencia horaria con Madrid, todas las mañanas tenía la información recogida en mi bloc de notas y dispuesta para la transmisión. Visitas, diálogos, *scanners*, radios y, en el coche del «zancudo», me dirigía, muy temprano, a la sala de transmisiones del «Hotel Intercontinental». Allí, la Guardia Nacional registraba bolsos, comprobaba carnés y, con ademanes adustos, dejaba pasar. En el télex, que Somoza no cerró para leer lo que contábamos, había algunas disputas con los compañeros, cada vez menos, que se asomaban por allí para transmitir. Con las tiendas, salvo una, cerradas, los bares clausurados por falta de material, el entretenimiento era el vestíbulo, el ir y venir de los soplones y los preocupados jerarcas del régimen. «Somoza se va», «no», «los gringos vienen a salvarnos», «van a asaltar el búnker». Ministros y diputados, con sus maletas y sus tesoros, buscaban esperanza, palabras de aliento. En una palabra, se engañaban unos a otros.

A la izquierda, junto al salón Rubén Darío, que se convirtió en el Palacio del Congreso en las horas finales, la tienda de *souvenirs* estaba abierta. La dueña, cruzada de brazos, miraba mucho una fotografía dedicada de Julio Iglesias a su paso por el hotel. Tenía sesenta años y suspiraba.

—¿Los españoles son tan ardientes como Julio?

En la centralita de teléfonos, una mulata que combatía el calor con prendas mínimas metía y sacaba clavijas con llamadas de medio mundo. Los jerarcas, los «últimos de Managua» del somocismo deseaban hablar con sus familias, asegurarse un último vuelo, alquilar residencias. El tráfico telefónico con Miami era constante desde que una avioneta de la unidad aérea rebelde «Carlos Ulloa» bombardeó las inmediaciones del búnker y se libraban duros combates en Rivas, al Sur, que el FSLN quiso convertir, sin lograrlo, en el «Dien Bien Fu» de Somoza.

La Radio Nacional insistía: «El mejor comunista es un comunista muerto.» Las moscas se adueñaban de la ciudad. Hacía veinte días que nadie retiraba las basuras. En los puestos de verduras, los precios subían vertiginosamente. El dinero apenas tenía valor. Lo que contaba era un puñado de arroz y frijoles. Por los dos lados se acumulaban tropas de refresco para la gran batalla de Managua. Tras el breve desalojo del «Intercontinental» por el ataque sandinista, los jerarcas máximos dormían sobre las alfombras del búnker. El comandante Saco decía por Radio Sandino: «Para evitar bajas, lo mejor es ir despacio y con buena letra.» Somoza, desde su búnker, con un puro habano en la boca como si fuera Churchill, recordaba: «No tengo miedo ni sufro del corazón.»

A pesar de la lluvia racheada, los aviones de Somoza seguían bombardeando el sector oriental de Managua. Hasta mi habitación llegaba el sonido opaco de las explosiones de bombas de mil libras. «Hemos liberado a Managua de la barbarie», afirmaba la Radio oficial. El arzobispo de Managua, Obando y Bravo, a quien visité en su residencia, me hablaba de los efectos de las bombas. «El terremoto del 72 es una sombra, una caricatura, en comparación con las horas que vivimos en Nicaragua. Según mis informes, pasan de 20.000 los muertos tan sólo en Managua. Bombardean con barriles de quinientos litros, llenos de hierros, tornillos y metralla, que, al estallar, causan gran mortandad. Me han dicho que el efecto de los charneles alcanzan a más de medio kilómetro.»

La guerrilla de la capital se retiró a Masaya. En su lenguaje feroz, la radio somocista pedía: «Pueblo de Managua, persíguelos, liquídalos, mátalos, los guerrilleros huyen, acósalos.» Mientras tanto, los guerrilleros buscaban armas, municiones, medicinas y víveres en las quintas y granjas que rodeaban la capital. Una noche, una partida de nueve sandinistas entró en la finca «San Jorge» propiedad del industrial catalán Pepe Canela, presidente de la Cámara de Comercio Hispano-Nicaragüense. Faltaba poco para que entrara en vigor el toque de queda. Lina Canela abrió la puerta. Era una incursión nocturna en aquella zona, entre platanales y cocoteros, a trece kilómetros de la capital, en la carretera a Masaya. Pero no sabían los muchachos que iban a tropezar con un barcelonés negociador nato, regateador implacable.

—Los guerrilleros llevaban pañuelos rojinegros anudados por encima de la nariz e iban armados de pistolas. Observé a la comandante. Llevaba el fusil de asalto, me contaba el Catalán.

—Compañero —dijo la comandante mientras se dirigía a Pepe Canela—, necesitamos armas, municiones, dinero, comida, medicinas, coches y radios para los muchachos.

—Vamos a ver lo que se puede hacer —respondía el industrial catalán con un gesto de buena voluntad—. Yo vivo desde hace veintidós años en Nicaragua.

Los hizo pasar al salón de lectura. Había varios libros sobre la mesa, entre ellos, la *Autobiografía de Federico Sánchez*, de Semprún, dos libros sobre Cuba y una biografía del Che. Los había colocado allí estratégicamente. Los guerrilleros advirtieron la hoz y el martillo en la portada del libro de Semprún.

—No quiero que penséis que soy vuestro enemigo —aclaró Canela con un gesto de inteligencia—. Ya veis cuáles son mis lecturas.

—No venimos a quitarte nada, compa, sólo queremos tu colaboración para con la causa. ¿Tienes armas?

—Una escopeta de caza, un rifle del 22.

—¿Pistolas?

—Soy hombre de paz.

—Necesitamos el rifle.

Pepe no dudó un instante.

—Está bien, pero me dejáis sin defensa. ¿Cómo podré protegerme si me asaltan los guardias?

—Bien, entonces nos llevamos la radio.

—De acuerdo —respondió Canela con gran capacidad de persuasión—, pero si os lleváis la radio, ¿cómo podremos escuchar mi señora y yo los comunicados de Radio Sandino?

Los guerrilleros cuchicheaban.

—Danos lo que tengas para comer, arroz, queso, frijoles, bananas.

—Mira, *compa* —respondía el catalán—, nosotros recibimos aquí la visita de refugiados que vienen para matar el hambre. Si os lleváis lo que tenemos ellos salen perdiendo.

Los guerrilleros parlamentaron.

—Hemos visto tu coche, lo necesitamos —pidió la comandante.

José Canela los acompañó hasta el garaje.

—Mirad —les dijo—, le faltan tres ruedas. Está en reparación. Lo siento. (Semanas antes, Canela había guardado los neumáticos en el jardín.)

Volvieron al interior de la casa. Uno de los sandinistas señalaba la hilera de botellas de licor y vinos en el bar del salón.

—Tienes muchas botellas de guaro.

—Para nosotros, el vino es como para vosotros la chicha (refresco a base de maíz fermentado).

—¿Medicinas?

—Sólo aspirinas.

—Tenemos un compañero enfermo en el monte. Está débil.

—Os puedo dar algo —señaló Canela mientras buscaba una botella de vino quinado «San Blas»—. Es reconstituyente.

—¿Dinero?

—Una *miqueta*. Aquí tenemos sólo lo indispensable por temor a los saqueos de la Guardia Nacional.

Pepe echó mano de la faltriquera y sacó un billete de cien córdobas, unas setecientas pesetas de la época.

—Esto es todo lo que tengo.

Así fue cómo, tras una hora de tira y afloja, el catalán despidió a la guerrilla, que había venido por arroz, dinero, armas, coches, radios y municiones, con una botella de quinado «San Blas» y un billete de cien córdobas. José y la comandante se dieron la mano. Ella dijo:

—Gracias por tu colaboración con el Frente. Aquí tienes un recibo con la nota de lo que nos llevamos.

—Ya sabéis dónde me tenéis —repuso Pepe, complacido.

No siempre las requisas tenían un final feliz. Una noche, los muchachos entraron en la casa de un matrimonio amigo. Él coleccionaba armas. Las tenía de todos los calibres, pero, al fin y al cabo, eran armas de coleccionista. Arturo advirtió a los guerrilleros urbanos que era muy peligroso atacar con ellas. Pero el comando tenía la misión de atacar el TELCOR, el centro de comunicaciones.

Los muchachos —no tendrían más de catorce o quince años—, desaparecieron en la noche en dirección a su objetivo. Es como si acabaran de leer el poema del padre asturiano Gaspar García Laviana, muerto en combate en el Frente sur.

A morir, a morir
guerrillero,
que para subir al cielo
hay que morir
primero.

Entraba en contradicción con la filosofía del fundador del FSLN Carlos Fonseca, el rechazo o la tentación del martirio, la vehemencia, el impulso individual, el sacrificio, «de un solo golpe», el peligro de la espontaneidad. «La lucha sólo puede ser el resultado de una larga paciencia.»

Antes de media hora, en el perímetro de TELCOR sonaron disparos, tableteo de ametralladoras. Se escucharon gritos de los guardias para infundirse ánimos en la oscuridad. Después, reinó el silencio. Con las primeras luces del día aparecieron los cinco cadáveres de los muchachos agarrados a sus fusiles de coleccionista. Uno de ellos era de mecha. Como diría Carlos Fonseca, «el amanecer fue una tentación» para estos muchachos.

Las horas en el «Hotel Intercontinental» se convirieron en una farsa, en una tragicomedia. El presidente del Congreso, el pediatra y gallero Francisco Urcuyo, me preguntó una tarde por las corridas de San Isidro.

—Allí me gustaría estar como tantas otras veces —me decía el que fue el último presidente constitucional de Nicaragua—, con mi puro habano, mientras suena la orquesta y El Viti torea al natural.

Urcuyo me encargó las entradas para la feria de 1980. Su hermano, que tenía la casa en Rivas, rodeada por el FSLN, me contaba luego que había llamado por teléfono. «Cuál sería mi sorpresa cuando, al otro lado del hilo, respondió un guerrillero sandinista que se acababa de limpiar los dientes en mi cuarto de baño.» En la sala de télex recibíamos la visita de los parientes de Somoza y los ministros.

—¿Puede cambiarme dólares? Le ofreco la mejor cotización de córdobas por dólares.

Los orgullosos jerarcas se habían convertido en «coyotes». Pero en cuanto a extravagancia, el diputado liberal por León, Francisco Argeñal Papi, se llevaba la palma. El Comandante Cero, durante la ocupación del Palacio del Congreso, le había bautizado con el sobrenombre de *Diputado frijoles con tortilla.* Era gordezuelo y extrovertido. Una grotesca caricatura del régimen. Se me presentó como Argeñal Papi, «el termómetro de la clase trabajadora de León», y estaba orgulloso de haber interrumpido, en los años cincuenta, una rígida ceremonia con botafumeiros en El Escorial, «que presidía Francisco Franco, mi tocayo, al grito de ¡Viva Franco! ¡Arriba España!» En el hotel, la pérdida de la llave maestra sembró el pánico entre los jerarcas. Cuando el hombre más inteligente del somocismo, Julio Quintana, llamando *el Negro,* envió a sus secretarios para que le cambiásemos dólares, supimos que la gran escapada estaba próxima.

El 3 de julio apareció en la Embajada para pedir asilo uno de los pilares del régimen, el director del diario *Novedades* Edgar Solís, que se topó en el vestíbulo con su enemigo Danilo Aguirre, cuyo diario *La Prensa* fue destruido mientras tanto, por las tanquetas y los incendiarios de la Guardia Nacional.

—¡Hombre, tú por aquí! —dijo Solís a Danilo.

Los diplomáticos norteamericanos Bowdler y Pezzullo iban y venían de Managua para poner en práctica la vieja idea de un somocismo sin Somoza. El tono de la radio subía por momentos: «Lanzaremos —decía— lenguas de fuego sobre vosotros, para aniquilaros, para destruir vuestros huesos.» La frecuencia de Rivas sintonizada en el rastreador marca «Bearcat», recogía el patético llamamiento del coronel Alesio Gutiérrez, 3.9 MGH: «Mandad los papalotes —decía el coronel a *Búfalo,* contraseña del comandante de la Guardia, el hermanastro de Somoza, el general José Somoza—. Lanzad las píldoras, ¡carajo!, que los chapuceros van avanzando. ¿Qué queréis?, ¿que nos aplasten? Les estoy pidiendo refuerzos desde hace dos días. Tengo muchos muertos y me han herido de gravedad a mi segundo, Argüello. Por favor, *Búfalo,* la situación es desesperada. Mándame los zopilotes.»

En el 162 punto 265 megaherzios, el Cuartel General de la Guardia prometía «papalotes», pero las bombas de tornillos se acabaron, lo mismo que los aviones, averiados; los pilotos, fatigados; el carburante, agotado. En las zonas controladas por el Frente comenzaron a funcionar los tribunales populares. Las tropas de Somoza que habían combatido contra los muchachos en su repliegue hacia Masaya dirigidos por Hassán, descargaron durante dos días la tensión nerviosa. Los veía en los retenes, borrachos, drogados, abandonados en brazos de las soldaderas. *Si Adelita se fuera con otro...*, cantaba uno de ellos en el control de la Cuesta del Plomo. En la radio de la Policía escuché la voz del *Jefe*, que ordenaba: «A los alistados, soldados rasos, picados, borrachos, desarmarlos y hacerlos reos.» El Ejército de Tacho II estaba completamente mamado.

En su fortaleza de Tiscapa, Anastasio Somoza —dueño de un tercio de la economía nacional—, reunía a sus consejeros de finanzas Julio Fenu, excombatiente con los Flechas negras en la guerra civil española, y Fausto Amador, el padre del fundador del Frente Sandinista, Carlos Fonseca Amador, para echar cuentas. Estaba decidido a sacar hasta el último dólar. En los puertos, sus hombres cargaban contenedores de carne, de azúcar y de café con destino a Florida. Las arcas del tesoro nacional estaban ya vacías, y la deuda externa se elevaba, para un país de poco más de dos millones y medio de habitantes, a dos mil millones de dólares. La suma que a lo largo de cuatro décadas habían sacado los Somoza al extranjero se elevaba a cientos de millones de dólares. Cuando llegó a Miami, *el Jefe* afirmó que de los cien millones de dólares con que contaba, había perdido ochenta. Mientras llovía sobre la ciudad, los managuas, que así se llaman sus habitantes, escuchaban Radio Reloj de San José de Costa Rica («Han desembarcado los marines en Llano Grande») y seguían el *300 millones* de la Televisión Española, con canciones de Julio Iglesias, Elsa Baeza o Pablo Abraira. El tifón *Bob*, que soplaba sobre Florida, dejaba sentir sus efectos sobre la capital. El congresista por Iowa, George Hansen, se entrevistaba con Tacho para infundirle ánimos: «Es un hombre sonriente y amable que inspira simpatía, nos dijo a la salida, por lo que he terminado admirándole.»

A medida que los guerrilleros se acercaban a la capital, la clase media alta se preguntaba y nos preguntaba: «¿Creen que esto puede convertirse en una segunda Cuba?» En sus sofás del hotel, los diputados liberales afirmaban: «Tenemos un Ejército que no nos merecemos.» El diario *No Verdades* titulaba en primera página: «Suprimid las virtudes militares, y toda la sociedad civil se desmoronará.» La orden de Somoza apareció en el rastreador de frecuencias. El repliegue táctico, nombre con el que los estrategas difuminan una retirada, sonaba así en la voz del general-presidente: «Sacar los frijoles para plantarlos más lejos.» Fue su última orden. Poco después le abordé a la salida del Casino Militar. «No estoy renunciando», me dijo en su castellano americanizado. Luego nos mostró un mortero. «Así me han derrotado —dijo con rabia—; ésta es la prueba de que son los comunistas los que nos han derrotado. Vean este proyectil de mortero chino tomado a los sandinistas y vendido a ellos por Cuba.» Los mayordomos cargaban maletas. Orlando se había ido.

Orlando era el hijo del ministro del distrito (alcalde de Managua) Orlando Montenegro. Un señorito, el arquetipo del fascista tropical que, en la entrada al hotel, arengaba a los guardias para demostrar que era el soporte del régimen. Un mozuelo con bigote somocista y gomina en el pelo, disfrazado de francotirador con su fusil israelí, sus múltiples pistolas y cartucheras, su chaleco antibalas y su rosario de granadas. «Los que están dentro —decía de los ministros y diputados—, son unos cagones.» Él era Orlando el arrecho, el gallardo, dispuesto a matar y morir por sus ideas. A su padre, Radio Sandino le había acusado de ser el jefe de la organización terrorista de extrema derecha *La mano blanca.* Fue condenado a muerte por la guerrilla. Montenegro respondió que pretendían asesinarle por pertenecer al Partido Liberal de Somoza, «al que sería fiel hasta la muerte». «No temo a las amenazas —indicó—, pero rechazo la emboscada cobarde.» La cultura del heroísmo de boquilla.

Orlandito era digno hijo de Orlando. Miraba aviesamente a los corresponsales, ponía firmes a los guardias, elevaba la voz para que Somoza pudiera oírle desde el búnker. Un mediodía, al registrar mi bolso, descubrió una botella de whisky, y los ojos se le iluminaron.

—Ya era hora de descubrir algo pijudo —dijo, mientras ponía la botella en vertical sobre el gaznate.

A partir de entonces, yo tenía que pagar un peaje escocés y asistir a sus bravatas. Fusil en mano, Orlando se transfiguraba.

—He escuchado a Blas Piñar en Paraguay y me gusta —decía—. Tiene verbo, sabe hablar, enciende a las masas. Lo que no me gusta es que odie tanto a los liberales.

Orlando confundía el liberalismo de Stuart Mill con el de Tacho II. Aquella misma tarde se esfumó del escenario de su retórica y no le vimos más. A estas horas se tuesta en la playa de Miami entre «masas de sucio estuco algodonoso», que escribía Norman Mailer.

Así terminó la cuenta atrás de Somoza. Al abandonar su búnker, vestía guayabera blanca y pantalones oscuros. Varios camiones militares abrían paso al grito de «¡Viva Tacho!». El general despegó en su avión personal, un «Jet Lear», a las cinco y diez de la mañana del día 16 de agosto de 1979, en dirección a Miami. Había traspasado el poder al presidente de la Cámara de Diputados, Urcuyo Maliaños. Un avión de la compañía oficial cargó dos féretros de zinc que contenían los cuerpos de Tacho I y de Luis Somoza. Se vio también cómo subían a bordo a ocho papagayos de la colección del dictador. Los coches, que en dos hileras habían hecho la última guardia de honor, permanecieron todavía unos minutos en la cabecera de pista. El temor en la torre de control era que el avión que debía traer a la Junta de Reconstrucción Nacional pidiera pista de un momento a otro. La plana mayor del somocismo se despidió así de Nicaragua, a los doce años de la toma del poder por Tachito.

Las emisoras locales amanecieron con música. A las ocho de la mañana, tras conocerse la noticia por Radio Reloj, estallaron cohetes en algunos barrios de la capital. El nuevo hombre fuerte era Federico Mejía, de cuarenta y dos años, ascendido con urgencia de coronel a general de brigada. Durante toda la mañana se radiaron sus mensajes a los cuarteles de la Guardia Nacional: invitaba a redoblar los esfuerzos «para luchar contra el comunismo». En el orden del día se daba la lista de los nuevos altos mandos que sustituían a los huidos. Managua había permanecido atenta al televisor hasta el cierre de las emisiones, pero Anastasio Somoza se despidió a la francesa. En la tensa espera de acontecimientos, la entrada de los sandinistas y el aterrizaje del Gobierno provisional, una señora de unos cincuenta y cinco años, con ojos llorosos y el cansancio de la larga vigilia en el rostro, preguntaba en la barrera que da acceso al búnker si el general Somoza había abandonado de verdad el país. «Nunca en la Historia —proclamó con solemnidad y entre sollozos— encontrará Nicaragua un líder como él.»

El nuevo presidente, el pediatra y aficionado a los toros Francisco Urcuyo, era el trasunto de la felicidad. «El pintoresco diputado», como le llamó una vez Somoza, pasó de la habitación 423 del hotel de la pirámide truncada hasta la presidencia misma. Sólo tuvo que bajar en el ascensor hasta el vestíbulo. El traspaso de poderes se llevó a cabo a la una y cincuenta y dos minutos de la madrugada en el salón «Rubén Darío» del hotel. Entre abrazos y ovaciones, Luis Pallais Debayle le colocó la banda presidencial a

Urcuyo. «¡Viva el presidente!», gritaron los diputados liberales.

Mientras los managuas miraban por las carreteras para ver si los muchachos, después de 57 días de ofensiva, aparecían de una vez, Urcuyo creyó que era el nuevo Somoza. Repitió una frase del jefe cuando la Guardia, salvo el comandante Bravo, en el Sur, había tirado ya las armas: «Señores, es hora de apretar el gatillo.» Pero los gringos Pezzullo y Bowdler y los sandinistas habían pactado la dimisión de Somoza, la elección del hombre-puente, Urcuyo, el cese de las hostilidades y la entrega del poder a la Junta de Reconstrucción. Con su banda presidencial azul y blanca en el pecho, el pediatra-presidente estaba dispuesto a agotar el período para el que había sido «elegido» Somoza, el 1.º de mayo de 1981. Fueron cuarenta y tres horas chuscas como presidente en el búnker de Tiscapa de «Chico» Urcuyo, al que los managuas llamaron, *el Breve.*

La última recomendación de Somoza a su sucesor fue ésta: «Chico, no te olvides de que debes negociar con los gringos, con Pezzullo, hasta que consigas hacer desaparecer de su mente a la Junta de Gobierno sandinista. No te olvides de que esa Junta es una amenaza comunista para Nicaragua, y debes hacerle comprender a Pezzullo eso. ¡Él está equivocado!» El plan era que «Chico» depositara la banda presidencial en manos del arzobispo Obando y Bravo en una ceremonia en el «Hotel Camino Real». Había que cambiar de hotel. «De ninguna manera —replicó «Chico»—, estoy dispuesto a entregar el poder que me ha otorgado el pueblo a través de sus legítimos representantes.» Chico no se daba por enterado de los pactos.

Los sandinistas iniciaron una maniobra envolvente sobre la capital. La Guardia, sin municiones para la artillería de 105 ni para las unidades blindadas; sin gasolina y baja de moral, no atendió a la petición de reunir las fuerzas dispersas y concentrarlas en la defensa de Managua. A pesar de sus esfuerzos, «Chico» Urcuyo era el gallo perdedor, con un navajazo en la cresta. Somoza le telefoneó desde Miami: «Chico» —le dijo—, estoy perdido. Soy un prisionero del Departamento de Estado. Me acaban de llamar para decirme que si tú no le entregas el poder a la Junta de Reconstrucción, ellos me entregarán a mí al Frente Sandinista. Que, definitivamente, no debes contar con ninguna clase de ayuda del Gobierno norteamericano.»

Pocos minutos después sonó el teléfono del búnker.

—¿Está usted dispuesto a entregar hoy el Gobierno a la Junta de Reconstrucción? —preguntaba el embajador gringo Pezzullo.

—No —respondió, sin más, el pediatra.

—Entonces —continuó el embajador—, usted será el único responsable de lo que suceda en su país. Yo no tengo nada que hacer aquí, y me marcho con toda la Misión.

—Usted y el presidente Carter —respondió Chico según cuenta en sus «Memorias»— lo único que quieren es que yo les entregue Nicaragua a los marxistas, lo mismo que ustedes les entregaron Cuba en el pasado. Si usted dice que se va, sepa que ya está tardando en hacerlo. La única verdad importante ahora es que usted nunca debió haber venido.

«Sólo el clic del timbre rubricó mis últimas palabras —recuerda con orgullo el taurófilo Urcuyo—. Si Somoza se hubiera dirigido siempre a Pezzullo en la forma que yo lo hice, tal vez la historia de mi país hubiera seguido un rumbo distinto.»

El barco estaba hundido. El presidente de Guatemala, Lucas, envió a «Chico» un avión mientras el Estado Mayor redactaba el acta de entrega del poder. Pero, de pronto, el general Mejía extrajo enérgicamente el acta de la máquina, se puso en pie con todos los miembros del Estado Mayor, le miró fijamente a los ojos y pronunció estas *históricas* palabras:

«Presidente, no estoy de acuerdo con este procedimiento. Llévese al exilio la presidencia de Nicaragua. Algún día volveremos a nuestra patria con ella.»

El sol comenzaba a ocultarse cuando la caravana del último presidente se dirigió hacia el aeropuerto. «En el contraluz —escribe «Chico», ¿cómo no?, con ánimo poético, en su libro *Solos*— se perfilaba la triste silueta de la ciudad en ruinas, debido a la insidia de un seísmo telúrico y un terremoto político. Cuando llegamos al aeropuerto éste estaba siendo tiroteado por el Frente Sandinista. Tuve entonces una última satisfacción: el Ejército se batió para proteger mi salida de la patria. En el fragor y la confusión de la lucha tuve la pena de saber que habían desaparecido los títulos y diplomas que me acreditaban como médico y cirujano, graduado en la Universidad Nacional de México, al servicio de la Humanidad doliente. El eco apagado de los gritos de los comunistas se escuchaba a lo lejos, como un murmullo de lágrimas del imponente volcán Momotombo. La muerte, como la noche, ponía su trono sobre los muros de una ciudad en escombros.»

«Chico» Urcuyo no tuvo ánimos para venir, por San Isidro, a las corridas de Madrid, aunque tampoco le llegué a comprar las entradas de barrera. Soldados de la Guardia secuestraron a punta de pistola los aviones alquilados por la Cruz Roja para huir en ellos ante la mirada atónita de la nicaragüense Bianca Jagger. Las ciudades se rendían en cadena. La tortilla había dado la vuelta, y ahora los que se refugiaban en la Embajada de España eran los ministros de Somoza. El primero en llegar con su «Samsonite» en la mano fue el último ministro de Asuntos Exteriores, educado en la Escuela Diplomática de Madrid, Harry Bodan, joven, delgado y ambicioso. Entregó al embajador su fusil «Garand» y se dirigió al teléfono para negociar la rendición.

—Embajador —dijo a Arístegui en mi presencia—, hay que reunir al cuerpo diplomático para formar un Gobierno de unidad nacional. He hablado con monseñor Obando para reunir a los cancilleres de todos los países centroamericanos en Costa Rica.

—Lo siento, Harry —respondió Perico—, estás en el paleolítico superior.

Danilo Aguirre sonreía, sentado en una silla de tela, al borde de la piscina. Después aparecieron jerarcas y militares de Somoza. Aquella noche, la cena, presidida, como todas, por el embajador, en una mesa larga que servía, triste, Goyita, se convirtió en un psicodrama. A la izquierda, los sandinistas; a la derecha, los somocistas; entre ellos, el coronel Lagos, jefe de operaciones del Estado Mayor, casado con una española, y el coronel Manzano, director de la Academia militar, con su mujer e hijos, españoles, y el ingeniero Rugama. Al toparse con Danilo, el periodista más perseguido del país, el coronel Lagos no pudo evitar una sonrisa.

—Hombre, Danilo, ¿tú por aquí?; dos mil guardias te buscan para volarte vergas.

—Pues llevo dos meses aquí, ahora ya saben donde estoy.

La situación era aún fluida. Danilo, Luis Rocha, otro periodista, Manuel Eugarrios, cuya cabeza pedía aún la radio, permanecían, por prudencia, en la Embajada. A esa hora, avanzando en silencio como la noche, los guerrilleros sandinistas confluían en todas las direcciones hacia Managua. El 19 de julio amaneció con versos de Ernesto Cardenal, el inestable monje y revolucionario: *Cristo ya nació en Palacagüina*... El arzobispo Obando pedía calma y buen sentido, porque aún había bolsas de resistencia de la Guardia Nacional. Parte del Gobierno provisional llegó a León; el resto se aprestaba a entrar en vuelo desde Costa Rica a Managua, y la quinta columna coordinaba las primeras horas del sandinismo en la casa de Noel Rivas Gasteasoro. A mí me encargaron una misión especial: recoger al ministro de Reforma Agraria, Ricardo

Coronel, hijo del poeta Coronel Urtecho, en su refugio de las afueras de la capital, para llevarlo a la casa de Noel Rivas, sede provisional del Gobierno. En la ciudad, la confusión era absoluta; el desorden, total. Nadie sabía dónde estaban atrincherados guardias y guerrilleros. La radio declaraba zona neutral iglesias, Embajadas, hospitales. El arzobispo pedía a los guardias que no disparasen sobre la población civil. Algunos de ellos, desesperados, sin jefes, sin órdenes, con el terror a la represalia en los ojos, se hacían fuertes en sus cuarteles. Nadie había profetizado mejor aquella jornada que el programador del canal 16 de Televisión, que el día 18 emitió dos películas con estos títulos: *Antesala del infierno*, a las tres y media, y *Pesadilla de una noche de verano*, a las ocho.

21. EL ÚLTIMO GUARDIÁN DE LA DINASTÍA

Ramsés II, el conductor, con su flema habitual, se puso al volante del coche del embajador, un «Lincoln» color burdeos, con la bandera desplegada. Salimos hacia la ciudad en dirección a la carretera de León. Por la cuesta de Santo Domingo pasaba una muchacha en bikini con un enorme crucifijo al hombro. Puro Buñuel. Sonaban disparos de armas ligeras, aunque no un fuego nutrido. El rescate del ministro fue tarea fácil. Los guardias se abrían en los controles ante el coche diplomático, pero al regreso con Ricardo Coronel dentro, en la cuesta del Plomo, desde el centro de la carretera, un guardia con boina negra y fusil «M 16», nos daba el alto a distancia. Ramsés II no movió un músculo.

—Pase lo que pase, no hay que moverse del coche —indiqué mecánicamente.

Eran las nueve de la mañana de la hora H, Kilómetro 8. Se trataba de un sargento de la Guardia, balbuceante, asustado, sudoroso.

—Tengo a mi mando 400 hombres. Mi padre era español, de Valencia, me llamo Vilches —dijo—. Quiero entregarme con mis hombres y el armamento a la Embajada de España. En otro lado nos matan.

Me había tomado por el embajador.

—Las Embajadas están llenas, saturadas de gente. Llamaré a la Cruz Roja para que neutralicen su posición. No se preocupe. Creo que es mejor que tire las armas, ponga bandera blanca en el cuartel, y espere a la Cruz Roja con sus hombres.

—Gracias, señor embajador —dijo—, comprenda que nuestros jefes nos han abandonado y no sabemos qué hacer.

El amanecer iba a dejar de ser una tentación. La guerrilla era ya una marea humana hacia el rompeolas de la ciudad. Ramsés II apretó el acelerador, y pocos minutos después estábamos en la casa de Rivas Gasteasoro. Ricardo Coronel abrazó a sus compañeros. Edmundo Jarquín tenía una nueva misión para mí:

—Vete con unos compas y neutraliza Radio ABC, hazte cargo de la emisora y emite estas recomendaciones.

Me entregó un papel. Tuve que luchar para obtener una línea de teléfono. Marqué el número de la Cruz Roja y hablé con Ismael Reyes, su presidente.

—Ismael —le dije—, hay 400 hombres en el kilómetro ocho de la carretera a León. Están dispuestos a rendirse, pero no saben a quién.

Ismael despachó una ambulancia con socorristas de la Cruz Roja, con banderas. Sé que llegaron unos minutos antes que las columnas sandinistas procedentes de León.

Entré con otros compañeros en el búnker de Somoza. Las puertas estaban abiertas, y el interior, desierto. En el despacho de Tachito había papeles revueltos sobre la mesa y restos de bocadillos. Seguía en la pared el póster de Mafalda. Alguien se llevó el uniforme de general de Somoza para regalárselo al embajador Arístegui. En el umbral del búnker tan sólo quedaba, temblando de miedo por las detonaciones, un perro de raza *collie*, el último guardián de la dinastía. En torno al perímetro del Casino Militar y los barracones de la EEBI, soldados de la Guardia disfrazados de paisano, vagaban desconcertados, sin rumbo fijo. En las radios sonaba *La tumba del guerrillero*, de Ernesto Cardenal. Miré el papel que me había tendido Jarquín. Era el primer comunicado del Frente ese histórico día. Comenzaba así: «Hemos derribado a Somoza y sus secuaces, ahora comienza una nueva fase, la construcción de la nueva Nicaragua. Evitemos la anarquía, el vandalismo y la destrucción.» Las columnas sandinistas, «Patria libre o morir», con despliegue de banderas rojinegras y vivas a Sandino entraban, a pie y en camiones. Los guerrilleros disparaban al aire en señal de júbilo, mientras los managuas cumplían con el rito, la decapitación de las estatuas ecuestres somocistas. Durante toda la tarde, en furioso carnaval, golpearon con barras de hierro los trozos de la estatua de Somoza I desparramados por las calles. Fue un año de caída de estatuas, la de Somoza, en Managua; la del sha, en Teherán; la de Idi Amin, en Kampala; la de Macías, en Malabo, y, poco después, la de Bokassa, en Bangui. Un mal año también para el español Juan de Ávalos, el escultor del sha y de Somoza.

Kung Fu se quedó suspendido en el aire en el momento en que lanzaba uno de sus tremendos golpes con la planta del pie derecho. Sin más avisos, a las ocho y cuatro se interrumpió el telefilme que protagonizaba David Carradine para dar paso a una filmación del último discurso del periodista asesinado por Somoza, Pedro Joaquín Chamorro. Se ponía en práctica la depuración cultural. Los cubanos desembarcaron en el aeropuerto los primeros ejemplares del diario *Granma*. A la puerta, una guitarra tocaba la vieja melodía:

Esperando a los gringuitos,
nos los vamos a comer fritos.

El Gobierno provisional, la Junta, comenzó a lanzar un aluvión de decretos, leyes, himnos y consignas de un romanticismo garibaldino. Decía Cohn-Bendit que, desde el momento que te trazas un plan, dejas de ser revolucionario. Implacables en la lucha y generosos en la victoria. El aeropuerto se llamaba Sandino; las calles, Sandino; la Radio, Sandino. Los boletines daban la hora Sandino. Los guardias fueron a parar a los campos de reeducación. En las puertas de la cárcel Modelo, Eli Altamirano, revolucionario de unos cuarenta y cinco años recién liberado, me decía: «Este Gobierno tiene ribetes burgueses. No hemos dejado la piel para esto. Pronto habrá complicaciones.» No era, empero, el momento del análisis, sino de la cultura de las emociones. Como en Cuba en 1959, donde, después de algunas dudas, Fidel Castro y Camilo Cienfuegos reorganizaron, finalmente, el Ejército «con hombres leales a la revolución y sin cómplices de la tiranía», Tomás Borge hizo tabla rasa de las primeras decisiones, la incorporación de guardias «de conducta honesta y patriótica». Pero vivíamos el momento de lo que Hugh Thomas llamó en Cuba «la ilusión lírica». La entrada guerrillera en Managua había tenido mucha más luz y sonido que la entrada de Fidel y sus barbudos en La Habana. Pero Nicaragua compartía fronteras hostiles, Cuba, al fin y al cabo era una isla. Borge afirma «no copiamos la revolución cubana, pero Cuba es nuestro amor clandestino. No se puede ser revolucionario en América sin ser marxista-leninista».

Los niños salían a jugar a los descampados, sin temor al acoso de los guardias. Hacer *jogging* no era ya una invitación al disparo de los guardias, según el axioma de «todo el que corre, huye, todo el que huye, es enemigo». Acompañé al ministro de Transportes, Dionisio Marenco, hasta el Ministerio y le ayudé a limpiar los ceniceros de su despacho, rebosantes de colillas de su antecesor en el cargo. Con su pistola al cinto, pasó sin transición de la manigua al Ministerio. Marenco había estudiado en el Colegio Centroamericano, de los jesuitas, como tantos otros dirigentes del FSLN. Pero tampoco eran buenas sus relaciones con el arzobispo Obando. Algunos somocistas llamaban al arzobispo Miguel Obando, el *comandante Miguel.* Según los editorialistas del régimen, «su prédica fue corrosiva y, mediante el estribillo *Paz y Justicia,* alentó a las turbas "liberacionistas" estudiantiles». «En realidad —añadían los somocistas—, cada homilía suya fue una invitación a la guerra civil.» El gesto del ministro cuando llamó por teléfono el arzobispo presagiaba los nubarrones que se cernirían sobre la relación entre la Iglesia oficial y el régimen.

—No estoy —dijo Marenco—. Dile que no estoy.

Los sandinistas tenían sus sacerdotes propios: D'Escoto, el ministro de Exteriores; Fernando Cardenal, jesuita, y su hermano Ernesto. Yo tuve una mala experiencia con Ernesto Cardenal. Le conocí en la República Dominicana, con aquella presencia suya de boina guevarista tan sospechosa en un místico y discípulo de Tomas Merton. Aunque se enfrentó con valentía al somocismo, había algo en Ernesto que sonaba a hueco. Un *Che* de imitación con guayabera blanca y pantalones oscuros. Su hermano Fernando, el jesuita, que dio cursillos de cristiandad a media Managua —dirigía la campaña de alfabetización—, me pareció siempre más sólido y sincero.

Ernesto Cardenal, de familia muy conocida —Managua es un pueblo donde todos son medio parientes o, al menos, se conocen—, era el blanco favorito de los jerarcas del somocismo. Orlando Montenegro, por ejemplo, me lo presentaba como un sacrílego que daba de comulgar en su monástico falansterio de Solentiname, en el Gran Lago de Nicaragua, con «LSD en las hostias benditas». Pero con su llamativo atuendo de guerrillero de Dios y de Sandino,

Ernesto recorrió el mundo como altavoz de los muchachos. Una noche, en Santo Domingo, el trapense de Getsemaní arrojó de su presencia a Francisco Umbral, a un joven diplomático español y su esposa, ardientes admiradores de su obra, como Cristo a los mercaderes del templo. El poeta que José María Valverde define —en contradicción con otras opiniones autorizadas— como de voz «estremecedora y delicada», era un tipo muy especial. En aquella hora 0, Ernesto me hizo alguna vez *autostop* en la sede del Gobierno. Charlamos sobre sus proyectos, la cultura, la compatibilidad del marxismo y cristianismo, la teología de la liberación, los curas guerrilleros, su vocación religiosa, «contemplativa y profética, la necesidad, en ocasiones, de la violencia armada, la soledad». Cuando termina el trabajo, ha dicho, «los demás van a casa, tienen a su familia, a su mujer. Yo voy a casa para estar solo. El celibato forma parte de mi fidelidad a Dios y de mi servicio al pueblo». Ernesto Cardenal, el rebelde, recibió de rodillas frente a la catedral de Managua la amonestación del Papa Wojtyla. El fenómeno era un hecho, los curas-ministros, hijos, algunos de ellos, de la burguesía somocista, como D'Escoto, de una especie de teocracia revolucionaria. Ernesto Cardenal no se mostraba nada dispuesto a volver a la sacristía para enseñar el catecismo o hablar de Aristóteles. «Sería una traición —decía—, cuando pueden atacarnos los *marines* de Reagan.»

En el barrio de Altamira, en el verano de 1979, los niños volvían a colocar los adoquines arrancados para formar barricadas. Los adoquines y el código negro (la censura) fueron los aliados del Frente en su lucha contra Somoza. Ahora había que construir una patria fuerte. Nicaragua se militarizaba a ojos vistas. Al día siguiente de su entrada en Managua, asistía en el barrio de Altamira a la formación de los comités de Defensa según el modelo cubano. «Estos comités de Defensa —escribía— van a ser las columnas de la organización, administración y adoctrinamiento de los barrios. Los ojos y oídos de la pureza revolucionaria. Las tareas de vigilancia serán obligatorias para los dos sexos y los jóvenes que no hayan combatido recibirán una rápida instrucción militar.»

Las cenas en la Embajada se hicieron tensas, difíciles de sostener, con la llegada de la novia del exministro Harry Bodan. Ni siquiera se podía hablar del tiempo —«hoy ha cambiado el tiempo», «sí, parece que va a llover, el cielo se está nublando»—, porque la meteorología en Nicaragua es de piñón fijo. O sea, que unos y otros deseábamos que llegase el postre y, sin tomar el café, volver al ala de los sandinistas, unos, y a la de los somocistas, otros. Las noches llenas de buen humor para elevar la moral y las dificultades de parvas cenas y horripilantes bombardeos, pasaron a la historia. Hasta el guardia Julito había tomado parte en aquellas ceremonias. Cuando venían los héroes de fin de semana, amantes de emociones fuertes, para vivir unas horas el agobio de la ciudad sitiada y volverse en seguida, Julio amenizaba las cenas con disparos al aire —«garrafas» por ráfagas— en el jardín, a la hora de la cena. El invitado de turno palidecía; nosotros, como veteranos de mil batallas de Managua, comíamos el menú de Goyita como si tal cosa. Pero de un margen a otro de la mesa nos separaban cincuenta mil muertos y cien mil heridos.

Danilo recuperó la alegría y la confianza. El nudo de la garganta desapareció: la guerra había terminado. Sin embargo, la noticia que temió en noches de pesadilla y días de angustia le llegó, nos llegó, cuando menos lo esperábamos. Su hijo Danilo, combatiente de las escuadras sandinistas en Masaya, había muerto en las últimas horas de la guerra. Danilo hijo cometió la imprudencia de acercarse a una tanqueta de la Guardia Nacional después de haber disparado con su lanzagranadas contra ella. Un francotirador acabó con su vida. El entierro del comandante Danilo Aguirre, muerto, a los veintipocos años, se hizo con la guardia de sus compañeros de armas. Se cantaron los himnos sandinistas.

—¡Comandante Danilo Aguirre! —gritó un compañero de escuadra.

—¡Presente! —respondió el resto.

Una tarde acompañé a Danilo padre a la inauguración de una calle a la memoria de su hijo. Yo recordaba con nitidez la descripción que en las noches de insomnio me había hecho mi amigo de cada uno de sus tres hijos, enrolados con la guerrilla. El mayor era el más radicalizado políticamente. «Es natural —me explicaba Danilo—, nació cuando vivíamos en medio de grandes dificultades económicas. El otro nació en circunstancias relativamente más favorables, era algo menos izquierdista; el último, cuando Danilo era ya un periodista famoso en el diario *La Prensa*, tuvo una infancia más desahogada: era un socialdemócrata.»

Los soldados disparaban todavía al aire. Las críticas eran muy severas: «No atemoricen al pueblo como hizo Somoza», aconsejaban las emisoras de la nueva Nicaragua, «libre, revolucionaria y justa». Radio Sandino anunció misas y funerales por los comandantes muertos. Se registraban ligeros tiroteos en algunos barrios. El primer decreto del nuevo Gobierno fue el de la expropiación de los bienes de Somoza. Los ministros llegaron al aeropuerto de Managua a bordo de un avión de las Fuerzas Armadas mexicanas. Con ellos, William Bowdler, embajador extraordinario de los Estados Unidos, que se topó con la guerrilla sandinista formada en las pistas. También venía el enviado del PSOE y de la Internacional socialista, el diputado manchego Miguel Ángel Martínez. Desde la escalerilla, el diputado preguntó por mí. Traía desde Madrid un regalo, del que quería desprenderse cuanto antes: cinco kilos de bacalao.

—Hemos apestado todo el avión, los ministros están mareados del *pachuli* a bacalao —me comentó Martínez, mientras lanzaba el fardo hacia la pista.

En paz y en guerra, el bacalao era un manjar de lujo; en Nicaragua un bocado para cardenales. Tantas semanas de privaciones gastronómicas me llevaron a hacer el pedido mágico, el pez de los mares árticos. Ángel Luis de la Calle lo preparó con la ayuda de Joaquín Tagar en la cocina de Juan Gortari, el secretario de Embajada, pero como la «mordida» somocista dominaba aún en los refectorios y entre los marmitones, cuando el plato llegó a la mesa había «adelgazado» notablemente, según comentó el *chef*.

Cuando el avión tomó tierra, nos esperaban minutos de sorpresa y algún temor. Los guerrilleros, puestos de acuerdo, dispararon sus armas al aire de la noche, espasmódicamente. El tiroteo fue de tal calibre, que hasta los ministros hicieron ademán de echarse al suelo. El concierto de los «Galil», «Fal» o «Garand» duró minuto y medio, hasta que se agotó la munición. También las ametralladoras emplazadas junto a la torre de control abrieron fuego al aire, como homenaje al Gobierno. Bajo la lluvia, se abrazaron ministros, guerrilleros y exiliados. El decano Edelberto Torres, setenta y siete años, abrazó al benjamín de los guerrilleros, Francisco Zavala, de trece años. El primero en pisar tierra fue el ministro de Asuntos Exteriores y sacerdote Maryknoll (una Orden norteamericana para evangelizar el Sur) Miguel d'Escoto. Cuando todos ellos se reunieron en la sala de autoridades, hubo problemas para despegar de la pared el retrato oficial de Somoza. Estaba soldado con cemento. Una mano inocente colocó un lienzo sobre la fotografía de Tachito.

Camino hacia Managua, pasamos la noche en el «Hotel Camino Real». Bandas de forajidos, saqueadores y Guardias nacionales paqueaban en los alrededores. Podrían asaltar la comitiva. Por prudencia, pasamos la noche en el «Camino Real» bajo la mirada atenta de su director, el español Fragua. En la plana mayor de los comandantes sandinistas había, aquella primera noche, ojos irritados por el sueño, rostros de fatiga, algunas barbas y abultadas cartucheras recién vaciadas. Olían a pólvora. Quedaba por saber, aunque cabían pocas dudas, quién cortaría el bacalao en aquella tribu heterogénea de la revolución, Tomás Borge, el radical, o Edén Pastora, el socialdemócrata, el empresario Robelo o el intelectual Sergio Ramírez, Violeta o Bayardo Arce. A la una y media de la madrugada llegaron, por fin, los tres de la Junta procedentes de León; Violeta Chamorro, camisa y pantalón verde Olivo, viuda del director de *La Prensa,* el matemático Moisés Hassán, el estratega de la retirada a Masaya de los 170 guerrilleros de la capital, y Sergio Ramírez, el profesor, novelista y estudioso de Sandino.

Los guerrilleros dejaron sus fusiles sobre la moqueta. Se bebió poco alcohol. Todo tenía un perfume tercerista. Las muchachas de la burguesía, con el seguro puesto en la metralleta, departían con sus comandantes. En la crema de la crema revolucionaria. En el bar «Tropical Oasis», todos se conocían. Los coches de la burguesía llevaban banderas sandinistas y hacían sonar sus bocinas. Julio Cortázar recoge la frase que Fidel Castro le dijo al Che al día siguiente de entrar en La Habana: «Ya verás cómo esos gallardetes se caen antes de un mes.» El pronóstico se cumplió también en Managua cuando la llamada burguesía progresista partió las peras con los nueve comandantes. La revolución, según Kempton, requiere de sus líderes «el récord de la infalibilidad, y si no la tienen, deben inventarla».

Las primeras divergencias estaban a la vista. El coronel Bernardino Larios me hablaba de un Ejército selectivo, profesional, y Moisés Hassán, de un gran Ejército nacional. «Esto no va a ser una nueva Cuba —me decía Hassán—. Somoza lanzó la mentira de que íbamos a construir una sociedad comunista. Aquí se va a respetar la voluntad soberana del pueblo. Yo creo que Nicaragua deberá adaptarse a las condiciones objetivas y subjetivas de un tipo de socialismo. ¿Divergencias entre nosotros o entre la Junta y los guerrilleros? Nosotros ya no pensamos en función de las ideologías. Hay que reconstruir el país, que está arruinado. Tenemos bastante con pensar en eso. Son malintencionadas las noticias de que vamos a instaurar una dictadura represiva de izquierda. Ya lo verá con el tiempo.»

Sergio Ramírez, reflexivo, pausado, me desmentía las noticias sobre fusilamientos masivos de guardias somocistas, de los que no habían logrado escapar a Honduras con el comandante Bravo: «Hemos redoblado los esfuerzos para evitar abusos. Yo he visitado las cárceles donde están los responsables somocistas y los guardias. Invito a las comisiones de Derechos Humanos a que las visiten como yo he hecho. No pueden ser tratados de manera más humanitaria.»

Cuando Miguel d'Escoto llegó para hacerse cargo del Ministerio, sólo un conserje acudía al trabajo. Los Ministerios estaban desguazados; el mobiliario, roto; los archivos, vacíos o quemados; los laboratorios y las bibliotecas de la Universidad, destruidos por el odio a la inteligencia del régimen derribado. El ministro de Educación, Carlos Tunnerman, me decía: «El 75 % de la población es analfabeta. Todo Nicaragua se va a convertir en una gran escuela.» El ministro de Planificación, Roberto Mayorga, insistía: «Vamos a una economía mixta, no a un capitalismo de Estado.» Se limpiaban las calles, se quemaba menos pólvora en salvas de alegría. Bajó el precio de los taxis interlocales, llamados «intermortales» por su alto índice de bajas en la carretera. Las familias, dispersadas por la guerra, se buscaban a través de llamamientos por radio y televisión y anuncios en los diarios, el último de ellos, *Barricada.* El ministro del Interior, Tomás Borge, dio la baja al gerente del «Hotel Intercontinental». Se celebraban juicios populares, alguno de ellos, retransmitidos por radio. Un sandinista trataba, en un mercado, de dar rápidas nociones de Derecho Penal mientras el tribunal popular discutía con acaloramiento. Se juzgaba a cuatro delincuentes. De forma improvisada, ingenua y generosa, se absolvió a tres de los delincuentes, y el cuarto fue enviado a la cárcel.

Las calles y plazas de Managua comenzaban a cambiar de nombres; comandantes caídos por somocistas muertos o huidos. En la Plaza de la Revolución, entre repiques de campanas de la catedral, se cantó como en Santiago de Chile y luego en Lisboa: *El pueblo unido, jamás será vencido.* Las milicias persiguieron durante todo el día a los saqueadores. «¡No disparen, no disparen, no disparen!», coreaban las masas de la Plaza de la Revolución en la primera concentración popular a los soldados de gatillo fácil. En medio de la jarana se dieron cita comandantes barbudos y obispos preconciliares, burgueses y milicianos. El dirigente de la línea proletaria del Frente, Jaime Weelock, recordó el asesinato de Sandino. Monseñor Salazar, obispo de León, gritó: «¡Viva Dios!» Tomás Borge, en un discurso de tono fidelista, lanzó aquel 20 de julio la primera advertencia a una intervención norteamericana, la de «zancada de botas de siete leguas» que le había llamado Gabriela Mistral: «Nos encontrarán con los puños en alto y los fusiles cargados», afirmó Borge. Fue un día de premoniciones. Edén Pastora, que fue el más aplaudido, dijo con su voz potente: «Os prometo por mi honor que esta revolución no será traicionada.»

El médico y poeta Fernando Silva regresó a su casa desde la clandestinidad. Hacía semanas que no había tomado ni un trago. Mi regalo para el amigo fue una botella de guaro «Flor de Caña», pagada a precio de oro. Cuando entramos, Fernando descubrió que la Guardia había disparado desde el jardín contra un enorme póster de Charlot que tenía en una de las habitaciones.

—Me confundieron con Charlot —comentó—, una noche sin luna, y dispararon contra Silva-Chaplin.

Fernando burló durante años a la inteligencia somocista. Hasta que, por fin, lo descubrieron en el hospital y lo llevaron preso.

—Los guardias me golpearon en la cabeza, y caí al suelo sin sentido. Desde entonces veo en mis pesadillas el hoyito del fusil. Cuando me bebo una botella de «Flor de caña» para ahuyentar a los fantasmas, la escena se pone al revés. Ahora soy yo el que pone el hoyito de un fusil en el ojo de los guardias.

El doctor y poeta, que es arquetipo de esa ternura del guerrillero de que habla el Che, se salvó durante la guerra cuando iba a ser pasado por las armas. El oficial le reconoció en Granada, cuando el pelotón se disponía a abrir fuego. Fernando había curado a un hijo suyo.

Como todos los nicaragüenses, Fernando es poeta y escribe cuentos. Su especialidad es la pediatría, y algunos de sus poemas están llenos de biberones, pañales, alfileres, gasillas y chupetes:

Que le den su leche temprano
(2 1/2 medidas × 2 1/2 onzas de agua hervida).
Es mejor preparar c/biberón,
o, si los preparan todos a la vez,
dejarlos en la refrigeradora cubiertos con algo,
cuidando que no haya en la refrigeradora
cebollas ni comidas
que se le puede pegar ese olor a la mamadera.
Cuando le dan el pecho,
el niño está más tranquilo,
y es porque la leche de la madre es dulce y más

tibia y el niño la traga, se llena y se duerme
del gusto,
y después quiere más.
No es cierto que haya pechos pequeños
o pezones duros
ni leche rala,
cada gota de leche está saliendo del pecho
como de una fuente.

Fernando es un poeta puerperal e hispanófilo. Ante el afrancesamiento de algunos de sus colegas de Universidad y estudios, Fernando se reconocía en la madre patria.

—Cuando yo llegué desde París a la frontera española por primera vez, descubrí tres cosas que eran mías, nuestras, que no pertenecían a Francia, sino a nosotros, a nuestra cultura: un perro ordinario, un chucho lleno de polvo y sin esos abrigos que les colocan las damas de París; un camino, pero un camino vivido, pisado, recorrido, y una taza de café desportillada. Me sentí en casa. «Esto es lo mío», me dije.

Cinco años más tarde, Fernando Silva visitaba, con su jeep japonés, las casas de sus enfermos. Su humor era el mismo, pero las circunstancias del país habían cambiado. Los buenos médicos se habían ido a Miami. Nicaragua luchaba en dos frentes, contra la escasez y contra los somocistas y los decepcionados del régimen.

—Hay tristeza —me decía ahora Fernando—. Éste es un pueblo alegre, al que le ha llegado la tristeza. Muere mucha gente.

La saga de los tres Chamorros resumía las encrucijadas del sandinismo. El tío Javier Chamorro, al frente del periódico *Nuevo Diario*; uno de los sobrinos, Carlos, en el órgano del Ejército popular sandinista, *Barricada,* y el otro, con la herencia familiar de *La Prensa.* Los dos primeros, con el régimen, y el otro, desgajado del tronco común, sometido a censura, la «pesadilla» de los nueve comandantes. Mientras tanto, Anastasio Somoza Debayle fue asesinado en su refugio del Paraguay, adonde llegó con la fiel Dinorah Sampson desde Miami, vía Bahamas. El general Stroessner le ofreció el exilio dorado hasta que, en setiembre de 1980, su coche resultó alcanzado por dos granadas y fuego de ametralladora. La Junta sandinista afirmó desde Managua que no tenía nada que ver «directamente» con el atentado, pero Sandino fue vengado por segunda vez. Los autores del atentado fueron, según se supo meses después, dos revolucionarios argentinos. Uno de ellos, Hugo Alfredo Irurzun, conocido como *capitán Santiago*, había combatido al lado de los sandinistas.

Managua pidió en vano la extradición y la devolución de los bienes que trasladó al extranjero. «No tengo remordimientos —aseguró Somoza en su última entrevista—. El terrorismo usó de la Constitución de la República para sus propios fines subversivos. Tendríamos que haber puesto a cientos de ellos en la cárcel.» Tachito no pudo terminar sus memorias, *Al servicio del Estado*, su respuesta, como la del sha a la Historia, y dedicadas a su admirado Roosevelt. No hubo odas a la muerte del dictador. Un año después de la muerte de su padre, Tacho I, a disparos de Rigoberto López Pérez, en León, el diario propiedad de los Somoza, *Novedades*, convocó a un concurso de poesía en homenaje de aniversario al primer Somoza. El soneto premiado se publicó en la primera página del periódico, pero el jurado no advirtió que se trataba de un acróstico: las primeras letras formaban el nombre del ajusticiador, Rigoberto López Pérez:

R*eposa ya, reposa gran soldado,*
I*nsigne paladín y caballero;*
G*loria de América, triunfal y austero*
O*rfebre de tu suelo bienamado.*
B*ase y cimiento fue tu denodado*
E*sfuerzo, alto, patriótico y sincero*
R*eservado a tu don de caballero,*
T*emerario en un alma de soldado*
O*ra descansa ya, mientras te digo...*

El capitán Santiago, que murió en el atentado en Paraguay contra el último de los Somoza, tiene ahora una calle a su nombre en Managua. Aquel día fue de fiesta en Nicaragua, aunque el atentado dividió a los comandantes sandinistas. Para Tomás Borge, la alegría del pueblo era discutible:

«Yo me encontré —afirmaba— en el Ministerio del Interior a uno de los que participaron en el atentado, y le dije que no me había gustado nada. No me gusta, en un asunto de ésos, saber que la muerte de cualquier hombre pueda hacer a un pueblo tan alegre, tan feliz.» Por su parte, Sergio Ramírez opinaba que se trataba de una alegría legítima: «Yo no me siento mal por haber experimentado esa alegría.»

Las visitas de Tomás Borge al «Intercontinental», nacionalizado, como todos los intereses extranjeros, eran frecuentes. Alguna vez he compartido el ascensor con el ministro. Borge tiene bien ganada fama de don Juan. «Un revolucionario —respondió a la revista *Playboy*— tiene que ser un don Juan, un seductor, porque tenemos que seducir hasta a los pájaros para colocarlos al servicio de la revolución.» La luna de miel pluralista duró poco. Violeta Chamorro y Alfonso Robelo desaparecieron de la Junta tras haber perdido la partida. La «nomenklatura» de los revolucionarios se había impuesto, según la oposición, en la lucha por el poder en Managua. Hasta entonces, los comandantes controlaban 13 de los 33 puestos del Consejo de Estado; ahora, sólo 11 de los 47. Borge reconocía que se cometieron excesos con los misquitos, siempre marginados, y Amnistía Internacional detectó algunas violaciones a los derechos humanos. 6.310 personas pasaron ante los tribunales, 4.331 recibieron condenas de uno a treinta años de prisión. La tendencia tercerista del Frente, partidaria de reformas graduales, cedió poco a poco a la presión del Ejército, de más de 50.000 hombres, y a las organizaciones de masas. En la Junta coexistían varias tendencias: la más pragmática, de Daniel Ortega, y la de los ideólogos, encabezada por Tomás Borge. Daniel fue elegido presidente en las elecciones de noviembre de 1984.

La aparente armonía de los primeros meses se rompió en seguida. La fractura, el desgarrón, se produjo entre los moderados y los radicales. El comienzo había sido estimulante; Estados Unidos votó en el Congreso una ayuda de 40 millones de dólares, México vendió el petróleo con un descuento del 30 %, Libia mandó 100 millones de dólares, España envió médicos y maestros; Europa abrió una generosa línea de crédito, pero, poco a poco, la presencia de Cuba se hizo más visible, con el envío de 1.500 maestros, médicos, instructores militares, 200 según Managua, 2.000 según Washington. Los contrarrevolucionarios bullían en las fronteras con la ayuda de la CIA. Se vivía la atmósfera de la crisis de los misiles. Reagan no quería a los guerrilleros en el jardín de su casa. «El Salvador —dijo— está más cerca de Texas que Texas de Massachusetts. Nicaragua está más cerca de Miami, San Antonio, San Diego y Tucson, que esas ciudades en relación con Washington.» Para el presidente norteamericano, los sandinistas habían transformado Nicaragua en una base militar cubano-soviética. Su promesa fue ésta, y a ella se atuvo en el futuro: «No podemos y no vamos a proteger al Gobierno de Nicaragua contra la ira de su propio pueblo.»

A partir de ahí, con el FDN al Norte, en Honduras, y la ARDE de Pastora y Robelo al Sur, con exguardias y mercenarios, comenzó el acoso y derribo. La CIA elaboró un manual con destino a los contras. Mientras tanto, la oposición moderada pedía a la Junta y a la Dirección del Frente que cumpliera con su promesa de convocar unas elecciones libres, ya que todo el poder se había concentrado en manos de los nueve comandantes. La ayuda de los Estados Unidos dejó de llegar con la Administración Reagan, «hasta que Nicaragua dejara de ayudar a los rebeldes salvadoreños». La oposición hablaba, tras la dimisión de Arturo Cruz de su puesto en la Junta, de «corregir el proceso». En julio de 1981, Edén Pastora dimitió de su cargo de viceministro de Defensa para instalarse en Panamá. Según el Comandante Cero, la influencia de cubanos y rusos era cada vez mayor. Las turbas ocupaban granjas y quemaban coches de los moderados. El sector privado se encastilló en el diario *La Prensa* para hablar de la preparación de un «nuevo genocidio» en Nicaragua. «Los que ustedes llaman reaccionarios —decía la nota de la patronal, la COSEP— no están contra el pueblo de Nicaragua, están contra el proyecto marxista leninista que ustedes preparan a espaldas del pueblo.» Las elecciones dieron la victoria al sandinismo, con la ausencia de la oposición. Después comenzó a hablarse de diálogo, flexibilidad, reconciliación.

La CIA presentó mapas trucados y fotografías aéreas sobre la militarización de los nicas; nuevos campamentos, armas, aeropuertos, con el Ejército más poderoso de América Central, unos 30.000 soldados y 50.000 milicianos. Por añadidura, el arzobispo Obando y Bravo prohibió a los ministros-sacerdotes que oficiaran la misa. Debían elegir entre el Gobierno y la Iglesia, pero se quedaron con las dos opciones. Según Cardenal, el discurso del arzobispo Obando durante la visita del Papa fue político: «Los pasajes escogidos de las Escrituras insinuaban cosas contra la revolución. También el Papa utilizó un pasaje de la Biblia que se refiere a la construcción de la Torre de Babel, para insinuar que nuestro Gobierno era tan arrogante, que quería sustituir a Dios. Pero no hubo ninguna oración para los que murieron en la insurrección contra Somoza o para los que hoy mueren en la frontera. Al encontrarme en el aeropuerto, el Papa me dijo: "Usted necesita mejorar su situación." No sé a qué podía referirse, porque mi situación era ya óptima, inmejorable.»

El autobús de la Tica salió hacia la frontera de Costa Rica a las seis en punto de la mañana. Dejaba así la Nicaragua descrita por Cortázar «tan violentamente dulce como sus bruscos atardeceres cuando del rosa y del naranja se vira a un terciopelo verde y la noche cae llena de ojos de tigre, oliente y espesa». Al Este quedaba Granada, incendiada por el filibustero y presidente William Walker, en 1856. Una ciudad tórrida, con su capilla de María Auxiliadora, donde predicó el padre Las Casas, el defensor de los indios. La tercera ciudad del país está situada junto al lago de Nicaragua, el Gran Lago, donde se pueden ver tiburones aclimatados al agua dulce. «Guardan como un tesoro —escribe el poeta— su antigua ferocidad. Y, a menudo, han convertido en hueso las caderas de alguna lavandera entre los manglares y las isletas.» Al pie de Granada, el volcán Mombacho está quieto, dormido. Ni siquiera respira azufre.

22. LAS LEJANAS PROMESAS DE MIS FRUTOS

El lago guarda el sueño imposible del canal transoceánico, y en la carretera Vanderbilt, a la altura de Rivas, el camino de la fiebre del oro hacia el Pacífico, la ruta de los buscadores hacia California. Aún no existía el canal de Panamá. Rivas, que queda a la izquierda, es la ciudad que no pudo tomar Edén Pastora. Por esta misma carretera venía una madrugada de julio de 1979. Faltaban quince días para que terminara la guerra. Rivas se hallaba rodeada por las fuerzas de la guerrilla. El embajador Arístegui quería rescatar a una familia de españoles atrapados en el fuego. Se necesitaban dos voluntarios. El coruñés Mario Perdomo dio un paso al frente, y el embajador puso a nuestra disposición el microbús del Centro Hispano Nicaragüense. La idea que teníamos en la capital del progreso de la guerrilla era aún borrosa. Aquel viaje a Rivas, al atravesar las líneas guerrilleras y somocistas a lo largo de 115 km, entrecruzadas, confusas y sin posiciones fijas, me permitió conocer el grado de la penetración militar del Frente. Los muchachos estaban a las puertas de la capital. Con un salvoconducto del general José R. Somoza, *Papá Chepe*, hermanastro de Somoza y jefe de la Guardia Nacional, pudimos sortear todos los controles del Ejército en el corazón mismo de la guerra. Era una misión humanitaria: el rescate de una familia española que tenía una fábrica de chorizos en Rivas. Al margen de la filantropía —pensé—, era una oportunidad para abastecernos de algunas ristras de chorizos, un manjar desconocido en nuestros platos.

Las orillas de la carretera estaban cubiertas de refugiados. La guerrilla había derribado árboles gruesos, cenízaros, para cortar la carretera al Sur. Abrió zanjas en todos los pasos y senderos. La marcha fue lenta y dificultosa, por caminos secundarios, y un terreno, resbaladizo por las lluvias caídas. Tan pronto nos detenían las partidas de la guerrilla como las barreras del Ejército. En más de una barricada, a través de la cual el paso era imposible, los muchachos cargaron a pulso con el microbús, hasta hacerlo pasar por un arriate.

El último obstáculo era el puente de Ochomogo, bajo control de la Guardia Nacional. El centinela nos dio el alto. Estaba prohibido el paso.

—No hay pasada, tienen que volver atrás —nos indicó el mayor Machado, encachimbado. (Cabreado.)

La discusión duró casi una hora. En el barracón, junto al puente, los guardias limpiaban sus armas. El mayor pidió instrucciones por radio. Revisaron el microbús. Sólo encontraron mantas y un botiquín de primeros auxilios.

—Si el salvoconducto está firmado por el general Somoza —repliqué—, debe usted llamarle a él. Ésta es una misión humanitaria.

Se advertía el cansancio en los soldados, la baja moral de combate. Apenas quedaban una treintena, desaliñados, con barba de varios días, irritados por el aguijoneo de la guerrilla, carne de cañón. Al fin, el mayor Machado nos dio paso franco:

—A partir de ahora es responsabilidad suya.

—¿Sigue Rivas en poder de la Guardia? —pregunté.

Se encogió de hombros. Con esfuerzo, retiramos los troncos y piedras que cerraban el camino y cruzamos el puente hacia la tierra de nadie. De mala gana, los centinelas volvieron a colocar los obstáculos sobre la ruta. Era una sensación rara volver a posiciones de la guerrilla, que nos recibió con extrañeza.

—¡Chocho! ¿Cómo han podido pasar? —preguntó el comandante.

Le mostré el *laissez passer*. Los muchachos sacrificaban una res junto al campamento. A lo lejos, los aviones de Somoza picaban hacia la ciudad de Rivas. El comandante preguntó por el número y la disposición de los soldados del puente de Ochomogo. Después dijo:

—Pueden seguir, pero no entrarán en Rivas, es imposible. Preséntense en el Cuartel General.

La información de la guerrilla era poca y a veces errónea. Preguntaban si los compas seguían luchando dentro de Managua y si León se había tomado. A veces advertían sobre el peligro de seguir adelante: la aldea estaba ocupada por la Guardia. No era así. En realidad, todo el sur de Managua estaba inundado por la marea guerrillera. Tan sólo resistían en bolsas como la de Ochomogo, con soldados de ojos irritados por la fatiga y el desánimo en el alma. Ganar la guerra contra Somoza era ya tan fácil como derribar de un puñetazo a un paralítico.

En el pueblo de Belén, caído en manos de los sandinistas —y con los guardias huidos en desbandada—, los guerrilleros subieron a un camión a un prisionero. Sus tres hijas lloraban y se agarraban con desesperación a sus pantalones cuando el camión arrancó en dirección al puesto de mando. En los próximos kilómetros, el comandante Heliodoro nos guió hacia el Cuartel General a través de caminos potreros, de rutas a cubierto de la aviación de reconocimiento, de campos de yuca y platanales. En las aldeas era constante el reclutamiento de los niños-soldados. Los «Push Pull» de Somoza bombardeaban Rivas, cegada por los incendios. En el camino ocurrió algo inesperado: el comandante que llevaba al prisionero perdió su pistola al saltar el camión en uno de los badenes. Quedó oculta en el polvazal. Pasamos sobre ella. Las señales que hicimos con la luz y la bocina no fueron escuchadas por el camión. Estábamos sobre la vertical de los aviones.

En el Cuartel General nos recibieron con sorpresa, con desconfianza.

—¿Cómo han podido cruzar el puente de Ochomogo?

Mostré de nuevo mis documentos. El Cuartel General estaba situado en un promontorio sobre la carretera. Nos hallábamos a un kilómetro de Tola, el pueblo en el que fue párroco el cura asturiano Gaspar García Laviana, muerto en combate cerca de la frontera de Costa Rica. En la carretera hacían fila docenas de muchachos de trece, catorce años, ansiosos por subir a las camionetas que les llevarían a los campamentos de instrucción. No había armas para todos, pero pedían machetes o, como escuché a uno de ellos, «pistolas de Cristóbal Colón». La comandante Patricia trató de calmarlos cuando llegó la camioneta. «No queráis subir todos de una vez.

Seguro que a la vuelta tenéis menos prisas.»

Nuestra situación era algo ambigua. No estábamos detenidos, pero tampoco se nos permitía la libertad de movimientos. Se me ocurrió mentar el caso de la pistola caída. El comandante Heliodoro, un tipo cenceño, tocado con gorra de béisbol, no había echado en falta su arma.

—Me parece que has perdido la pistola, comandante —dije.

Heliodoro se llevó la mano a la funda y me miró con asombro.

—¿Y dónde está? —preguntó.

—Si no me equivoco, en un camino potrero; vi brillar algo sobre el carril.

Una pistola era una pistola. Después de un breve conciliábulo entre los jefes, apareció a mi lado un motorista a bordo de una potente «Kawasaki».

—Sube atrás, compañero —pidió—, vamos a recuperar la pistola. Agárrate fuerte.

Debía de ser el compa encargado de recuperar las pistolas perdidas por los comandantes en los caminos potreros. El consejo que el motorista me dio era oportuno y necesario. En pocos segundos superábamos los cien por hora. ¿Sabría reconocer el terreno? ¿Y si la pistola no aparecía? Al cabo de unos veinte kilómetros, le indiqué que tomara la vereda de la izquierda, llena de cráteres. Saltábamos como Steve MacQueen en *La gran evasión*, hasta que distinguí un objeto que brillaba junto al bananal. Allí estaba la pistola del comandante.

—Recógela y vámonos —dijo el motorista—. Gracias. Has recuperado una pistola para el Frente.

Las revoluciones son siempre más divertidas que las evoluciones.

Era una «Smith & Wesson». La metí entre el cinturón y el estómago, y el motorista arrancó veloz de regreso al cuartel. Los aviones de Somoza habían sembrado la confusión y el terror entre los habitantes de los caseríos vecinos de Rivas. Los campesinos corrían de un lado para otro con sus familias; algunos tiraban de pesados carretones, hasta buscar un refugio a cubierto de los aviones de Somoza. Una vez en el Cuartel General, entregué la «Smith & Wesson» al comandante Heliodoro. Aquel episodio nos permitió recuperar la libertad de movimientos. Sonaban ráfagas de ametralladora: «Estamos "volando" a algunos sapos (somocistas), los más represivos», me explicó la comandante Patricia, baja y regordeta, vestida de verde olivo, mientras señalaba al otro lado de la loma.

Fue entonces cuando salió el prisionero, en total libertad. Le habían hecho un rápido juicio en la escuela. «Yo era superintendente del hospital de Rivas, y han debido confundirme con algún oreja (confidente) —explicó sin aprensión, liberado del susto—. Sólo tengo preocupación por mis hijas, que deben estar en llanto.» Se llamaba Max Ugarte Novoa. La comandante Tania llegó de la cocina con un pocillo de café humeante. Sobre la banqueta de madera había un libro de equitación. Lo abrí con curiosidad. Un sello azul en la primera página descubría su procedencia: la biblioteca particular de Cornelio Hueck, uno de los hombres más influyentes del somocismo. La guerrilla, la escuadra del Comandante Ezequiel, lo cercó en la hacienda «San Martín», situada a pocos kilómetros de allí. Hueck, que fue presidente de la Cámara, caído en desgracia, resistió al ataque. Según unas versiones, fue fusilado *in situ* cuando trataba de huir; según otras, se le hizo un juicio popular en Tola y fue pasado por las armas y enterrado en el cementerio del pueblo.

El comandante Justo, que luchó a las órdenes de García Laviana, estaba sentado sobre una piedra plana, en la postura del *Pensador* de Rodin, como ausente de este mundo. Era el guerrillero curtido en años de combates, pánfilo, absorto, ajeno al miedo, ensimismado. Me tendió los prismáticos.

—Seguimos a cincuenta metros del cuartel del coronel Gutiérrez —me informó—. Nuestros muchachos están en el Banco, y más atrás, en la Escuela de Agricultura. Los guardias han incendiado y destruido con morteros el hospital, y nos hemos visto obligados a retirar a los heridos.

Llegó un médico en un camión procedente de las afueras de la ciudad.

—Necesitamos camas, colchones; ¡rápido, hay muchos heridos!

Desde el campanario de la iglesia de San José, los francotiradores de la Guardia mantenían a raya a la guerrilla en las proximidades del cuartel. El comandante Justo, *el Abuelo,* como le llamaban, nos acompañó hasta Rivas. Al fin y al cabo, nuestra misión de rescate estaba aún sin cumplir, pero penetrar en la ciudad era misión imposible. Junto a la gasolinera de la «Shell» estaba el improvisado hospital de campaña. Los camilleros retiraban a los combatientes muertos. Los heridos yacían en el suelo sobre jergones.

—Mira —me decía Justo—, son adolescentes, niños. Apenas hay heridos de bala. Todos son de metralla de mortero y quemados por el nápalm. Nos están friendo con los morteros.

En Rivas se combatía en los tejados, de portal en portal y de ventana en ventana. Entre los combatientes sandinistas, regulares o milicianos venidos de Tola y otros pueblos, se comentaba el heroísmo de un guerrillero costarricense de quince años. Se lanzó —decían—, sobre una tanqueta y le prendió fuego. Los «T 33» volvían sobre sus objetivos. No lejos de nosotros rebotaban las balas de fusiles de todos los tipos y calibres, el tiro silbante, rápido, incisivo, del «Galil» israelita, y el más opaco del «Fal». No pudimos entrar. Después de unas horas, la situación era la misma. Evacuamos a tres heridos hasta el hospital, con ayuda de Justo. En mitad de la carretera, una muchacha de unos veinte años, de cuyas faldas tiraban dos niños de corta edad, detuvo el microbús.

—Me han informado de que han herido de gravedad a mi marido —indicó entrecortadamente—. Otros dicen que ha muerto. Por el amor de Dios, llévenme hasta el hospital. —La dejamos allí y comenzó a recorrer las tiendas de campaña.

Después llegamos a Tola. La aldea del sacerdote asturiano del Sagrado Corazón, Gaspar García Laviana, que llegó aquí antes de cumplir los treinta, «soldado del Señor y soldado del FSLN», estaba vacía. El ganado vagaba por la calle central y la iglesia estaba abierta.

—Yo conocí sus charlas eclesiásticas —me dijo Justo—. Trabajé con él en 1976. Cuando vino de España, en 1970, se puso a predicar el Evangelio, pero ya no le bastó al ver tanta miseria y tanta represión. Dejó la Biblia y tomó el fusil en la Navidad de 1977, tras enviar una carta a sus feligreses, «hermanos en Cristo el día del nacimiento de nuestro Señor he decidido pasar a la clandestinidad». Lo emboscaron en una quebrada. Se pasaba de bueno, porque le traicionó una mujer que vivía con un «oreja» (confidente) de la Guardia. Habían preparado nuestras escuadras un hostigamiento en un lugar cercano a Costa Rica llamado «El Infierno». Eran tres escuadras de diez hombres, divididas, al mando del *comandante Martín,* nombre de guerra de Gaspar. Nos apostamos en unas lomas peladas. Se destacó el padre con los suyos y cerca del camino lo emboscaron. Quedó desenfilado y cayó. Lo enterraron allí mismo, pero pudimos exhumar su cadáver para traerlo aquí. Murió junto a un muchacho de Esteli. Gaspar era un buen guerrero, con espíritu, todos lo querían.

Gaspar, que buscó en la guerra «el consuelo de la acción», escribió en su casa de adobe de aquel pueblo, Tola, sus *Cantos de amor y guerra*, copiados a mano por sus discípulos y repartidos entre el maquis:

En mi futuro concreto,
los hombres vivirán
como los geranios
de perfume fuerte
y umbelas rojas,
y las mujeres
como amapolas
fecundas.
Amapolas y geranios
darán su fruto
donde el viento común
quiera llevarlos.

El diario *Novedades* tituló a su muerte: «Sacerdote comunista muere en el infierno.»

Desde Tola pasamos a la manigua con la partida del comandante Migdonio, un grupo de muchachos que parecían surgidos de las páginas de Pancho Villa. En el sector apenas se registraba actividad militar:

—Ahora la situación ha cambiado; nosotros estamos en las ciudades —decía Migdonio—, y ellos enmontañados.

A pesar de los aviones, el comandante se vio con la suficiente seguridad como para encender fuego bajo árboles de ramas impenetrables, y cenamos tasajo, una escudilla de arroz y agua contaminada, que trastornó pronto mi estómago. La idea fija de Migdonio, un estudiante de piel cetrina, ojos grandes y acogedores, bíceps poderosos, pecho de toro y piernas de marchista mexicano, era la revolución traicionada.

—Los gringos nos quieren fregar una vez más, pero no aceptaremos juegos de manos. Lo que pasa aquí es muy gordo. Los gringos tomarán todas las medidas posibles para evitar el incendio revolucionario de América Central. Nos quieren repetir aquí lo que hicieron en México. Si de algo hemos aprendido, es del giro de otras revoluciones, pero ésta es la nuestra y no nos la robarán. Hemos corrido a los guardias y Somoza deberá rendir cuentas ante los tribunales. No nos robarán la revolución.

La leña chisporroteaba en la hoguera. Por primera vez en un frente relativamente en calma, las cuestiones políticas desplazaban a las militares. Migdonio llevaba el tiempo suficiente en la guerrilla —muertos y heridos, privaciones, epidemias, insectos, bombas de los «T 33»— como para desear una revolución tranquila, del modelo Costa Rica. El temor a la revolución traicionada y la inquina a los gringos componían los ejes de su disertación ante el fuego. Los más jóvenes de la partida, catorce, quince años, escuchaban en silencio y no se atrevían a penetrar en la maraña de las ideologías. Cuando me tendí en la hamaca, buscaron en la radio la emisión de Radio Habana Cuba, lo mismo que al despertar, mientras desayunábamos con plátanos y piña. El comandante Migdonio pertenecía a la GPP (Guerra Popular Prolongada), próxima al castrismo.

El cuadro estaba a la vista. La guerrilla patrullaba en los cafetales y los caminos, tenía cortado el acceso por tierra desde Managua, al Sur, por la Panamericana. En San Marcos, defendido por zanjas y barricadas, ardían los neumáticos. El paso estaba lleno de cristales de botella para impedir el tráfico de vehículos. En la caja de un camión, atados con bramante, doce guardias y paramilitares de Somoza nos miraban con ansiedad. Iban camino de los tribunales populares. En el pueblo, las mujeres distribuían plátanos y café entre los muchachos de rostro cubierto por pañuelos rojinegros. «Fusilamos a los más represivos», me explicó el comandante Alí al firmar, desde su jeep, el salvoconducto para regresar a Managua: *Tranques, barricadas, brigadas y Comandos (CRP), dejen pasar al corresponsal Manuel. Fraternalmente. Alí.* Al regreso, el secretario de información, Rafael Oliverio Cano, me llamó en nombre de Somoza y me convocó al búnker. Tenía ejemplares de *Fuerza Nueva* sobre la mesa y preguntó si conocía al periodista Alfonso Rojo, quien después de ser detenido por la Guardia Nacional, pudo saltar del camión donde le llevaban preso y salvar así la piel.

—El Presidente quiere saber si ha presenciado usted los fusilamientos de los que habla en su crónica.

Después planteó una oferta para que hiciera una declaración por Televisión y Radio en torno a los fusilamientos.

—He visto un libro de equitación propiedad de Cornelio Hueck —dije, y así terminó el diálogo.

El autobús corría hacia la frontera y bordeaba el lago invadido por miles de vencejos en las orillas. En la frontera de Sapoa-Peñas Blancas, los campesinos recordaban la visita de Fidel Castro.

—Vino hasta aquí con el Comandante Cero. Pastora le contó cómo había estado a punto de morir en un ataque de la Guardia.

Cerca de aquí murió, con las botas puestas, el cura García Laviana. Tuvo tiempo para escribir unos versos de la Nicaragua con la que soñaba:

Ahora:
¡Qué negras las noches de mis días!
¡Qué oscuras las sombras de mis sueños!
¡Qué lejanas las promesas de mis frutos!
Después:
¡Qué radiante tu futuro!
¡Qué igualdad entre la gente!
¡Qué mundo tan diferente!

De ese mundo había huido para «marchar tras el olor de la pólvora» Edén Pastora —el revolucionario devorado—, que ahora, no lejos de aquí, escuché cómo bramaba histéricamente desde su Radio Sandino contra los «totalitarios marxista-leninistas que declaran la guerra al libre pensamiento», a «esos nueve sirvientes que regalaron la patria a los comunistas soviéticos». «Los voy a sacar a balazos de sus mansiones y de sus Mercedes Benz.» Pastora sufría del síndrome del guerrillero desmovilizado de que nos habla el Che Guevara. Su problema era de adaptación. Es el héroe solitario incapaz de tomar parte en la construcción del Estado. «Tomás Borge, uy, uy, uy, estás indignado, y que se enojen los nueve y que se enojen los cincuenta de la camarilla corrupta. Hoy estoy triste, pero a la vez estoy indignado, y todos los nicaragüenses que sufrimos la represión estamos indignados.» Edén Pastora, valiente, contradictorio, confuso, apasionado, padre de una veintena de hijos de varias mujeres, errático y mercurial, como le llamaban los periodistas gringos, «tan difícil de controlar como una bala perdida», conquistaba San Juan del Norte por unas horas. Quería ser el Che Guevara de la tercera vía, de una vaporosa revolución socialdemócrata. Pero los rebeldes son malos revolucionarios. Según Albert Camus, el revolucionario termina por convertirse en un opresor o en un hereje. Si eso es verdad, Pastora es el hereje capaz de matar a los suyos para salvarlos.

Tardamos horas en cruzar la frontera. Había nuevas disposiciones sobre la urbanidad y la limpieza de aduaneros y milicianos. Un oficio en el pizarrón pedía la «erradicación de todos los vicios heredados de la corrupción burguesa. Con un saludo fraterno». Un viajero, Daniel, gordo, diabético e hipertenso, me cuenta las miserias de la revolución con criterio estadístico, y en voz queda, 20 galones de gasolina por mes, una libra de azúcar y otras de arroz, semanales, un par de trozos de jabón y una cuarta de aceite. «Os vigilamos», pone en las casas, dice: Faltan los repuestos, el pueblo está descontento, cansado de tantos años de penalidades. La revolución no puede darle la felicidad que prometía, aunque hay lo suficiente para comer. En San José de Costa Rica, el kilo de arroz está a 60 céntimos; en Managua, a 15. Pero de Costa Rica tengo que llevarme la pasta de dientes y el papel higiénico.

En esas estábamos cuando el autobús llegó a la frontera de Peñas Blancas. El diabético procedió a cerrar con apresuramiento todas las ventanas.

—Nos fumigan —explicó.

En efecto, sulfataron el vehículo durante unos minutos, hasta que el líquido desinfectante impidió que viéramos a través de los cristales. En su carrito rojo de los helados, Francisco observó la llegada del bus sin demasiada atención. Los granizados del día estaban vendidos; el jornal, cobrado, y la protección de Dios, asegurada.

—Aquí me tiene —decía—, a la espera de la ley de Dios. Sólo he tenido un percance en mi vida: alguien que me calumnió, dijo que yo era racionero de los sandinistas, y pedí a Dios con todas mis fuerzas que lo castigara por su maledicencia, hasta que por razón ajena dio con sus huesos en la cárcel. Ahora —añadió—, salvo que me atornillen, soy un hombre feliz.

23. ¿ME PERDONAS SI TE MATO?

El autobús volaba ya en territorio costarricense hacia San José, con algún alto en el camino para reponer fuerzas. Costa Rica, que había sido sandinista porque Somoza amenazó con bombardear San José, estaba ahora al lado de Pastora. En los cafés, las señoras de crucifijo en el pecho, secretamente enamoradas del Comandante Cero, nos regalaban a los viajeros el boletín de ARDE *hacia el rescate de la libertad,* con las bravatas del Comandante; «ARDE: 10.000 campesinos armados, en la lucha. Nicaragua está en guerra civil. Elecciones: un engaño al pueblo.» La temporada de la Liga de fútbol había comenzado, y los transistores nos traían una ruidosa retransmisión de los principales partidos. Nicaragua es tierra de béisbol; Costa Rica, del fútbol europeo. En Nicaragua, los ticos son objeto de mil chascarrillos sobre su presunta hipocresía, gazmoñería, fingimiento, exceso de educación y tacañería. Los nicas son malhablados, arrechos, directos, vocingleros, burlones, autocríticos («Este país de mierda»), sobrios, ingeniosos, fanfarrones, comunicativos, vagabundos y, como diría Cuadra, «tan exagerados como los andaluces», que fueron los que en mayoría colonizaron su tierra.

Dicen los nicas que el costarricense invita a casa, pero nunca da la dirección. En una encuesta que en 1964 publicó una revista de Managua, Roberto Gutiérrez Silva respondía: «Cuando el nica conversador, elocuente, de maneras libres y confianzudo, intenta penetrar en el mundo íntimo del tico, recibe una amanerada cortesía, una atención académica y mucha retórica de cumplimiento. El nica es provinciano en su trato social. A los cinco minutos de conocerlo, lleva al amigo a la cocina, lo palmotea, lo abraza y le cuenta su vida y milagros. El tico es muy distinto en su vida social, no permite que el visitante entre en su casa sin tocar el timbre y mantiene su puerta cerrada. Y dice cortesías que, traducidas, no significan nada. Y expone muy poco de sí mismo. A un nica lo conoce todo el mundo en un cuarto de hora; a un tico no lo conoce nadie nunca.» El nicaragüense, bajo el Momotombo, es «pasión volcánica», fragua de Vulcano; el tico, comedimiento, educado ejercicio de salón. Al amor le llama «tontolear».

Costa Rica se ha mecanizado. Ya no veo aquellas carretas policromadas que son el emblema nacional, con sus ruedas que al girar mueven todos sus colores vivos, «sus adornos de estrellas, rombos, flores plateadas». Ahora el jeep japonés es el rey de la carretera. Costa Rica es clara, limpia, domesticada. Dicen que «un oasis en una región turbulenta», pero ahora también sumida en nuevas preocupaciones, nuevas y desconocidas corrientes en la región a las que deben hacer frente. Pienso en la Camboya que conocí a finales de los años sesenta, donde las guerras y conflictos vecinos se escuchan con despreocupación. No tardó el país de Angkor Wat en verse arrastrado a la vorágine por los perros de la guerra.

El autobús se detiene ante un restaurante chino. Aquí los chinos hablan como en la novela de Carlos Luis Fallas *Mamita Yunai* (la Yunai es la «United Fruit»):

«Hombre mu entelegente. Látima, calajo, pelo sin plata etá jolilo.» A lo que el poeta nacional Aquileo J. Echevarría, que murió en un sanatorio de Barcelona a los cuarenta y tres años, en 1909, le hubiera respondido.

Ningún cristiano está zafo
de cualesquier contingencia.

Aquí la densidad de poetas y héroes por kilómetro cuadrado es inferior a la de Nicaragua. La independencia de España se logró sin un solo tiro. «Costa Rica no ganó su independencia, ésta le cayó en el regazo», dice un historiador. El héroe nacional hubo que pedirlo prestado a la lucha contra William Walker, el pirata nacido en Tennessee, que estudió Medicina en Edimburgo y Heidelberg y más tarde se graduó en leyes. Walker fundó una República independiente en Sonora y la Baja California; luego, con 56 hombres y un rifle último grito, invadió Nicaragua, conquistó Granada y fue elegido presidente de los nicas en 1855. En la batalla del filibustero por Rivas, un patriota costarricense llamado Juan Santamaría, *el Erizo,* el tambor del Bruch, atacó él solo un edificio en el que se habían atrincherado los piratas, le prendió fuego y murió en la hazaña. Juan tiene monumentos en todo el país, y ha dado su nombre al cercano aeropuerto de San José. Los ticos, independientes «a pesar suyo», tienen en Juan su espejo de valor y virtudes. Por lo demás, abolido en 1948 el Ejército por un catalán que lee a Jacinto Verdaguer en su lengua, Pepe Figueres, el valor, como en nuestra mili, se les supone.

Al pasar por Alajuela, que es la ciudad de origen del héroe, museos, monumentos, recuerdo al poeta Echevarría, el autor de un romancero, *Concherías* (de concho, campesino), que es como el Martín Fierro local. En uno de los romances, dos mozos fornidos y de alma templada, *no hay diferencia en edades / ni en la guapeza y el brío* salen a darse cuatro filazos *por la bella Marcelina / la nieta del señor Jacinto.* Como los hombres valientes no suelen ser reflexivos, los dos mozos van a batirse en duelo. Pero como son ticos y lo cortés no quita lo valiente, se piden perdón mutuamente antes de que la pelea comience:

¿Me perdonas si te mato?
—Está claro, ¿y vos?
—Lo mismo.
—Pos si querés, empezamos.
—Empecemos, Secundino.
A un tiempo de la ancha vaina
sacan ambos los cuchillos,
que a los rayos de la luna
despiden siniestro brillo.
Si uno avanza, el otro ceja;
ya están distantes, ya unidos;
saltan, gritan, vuelven, zafan,
fueros, resueltos, bravíos...
Rueda el pobre Juan de Dios
sin exhalar un gemido...

Piensa un instante en sus padres,
en su adorada y en Cristo,
y entra al reino de la Muerte
tan sereno, tan tranquilo...

El sol de la mañanita alumbra su cuerpo frío. Ésta es la Costa Rica campesina, de la Meseta central, de un eco todavía colonial, sin jubilados norteamericanos, ciudades satélites, invasión de telefilmes, hijos que van a estudiar a Harvard:

Le noticio que la yegua
tuvo un potrillo melao,
con un lucero en la frente
y otro debajo del rabo.

Han recibido el apodo de ticos porque, como los aragoneses, convierten un momento en un *momentico,* un rato en un *ratico* o un poco en un *poquico.*

De la Guatemala de los indios tristes y los blancos nostálgicos he pasado a los ticos ilustrados, sin indios y con los negros reducidos a la costa, aunque hay quien dice, como el expresidente Ricardo Jiménez, que «punce a un costarricense y le brinca la sangre del indio». Pero son blanquitos, con poca mezcla. La homogeneidad le ha evitado, como en Guatemala, el problema indígena. Cuando Cristóbal Colón echó anclas en Cariary (hoy, Puerto Limón) el 18 de setiembre de 1502, vio que los indios «portaban ornamentos de oro y le parecieron inteligentes». Entusiasmado por la que llamó Costa Rica, escribió a los Reyes Católicos: *Este puerto y señorío son de mayor importancia que todos los otros obtenidos en las Indias. Vi en esta rica costa de Veragua mayor evidencia de oro en los primeros dos días que en La Española (Haití) en cuatro años.*

Luego se demostró que la Costa no era tan rica. Allí, los conquistadores se vieron obligados a cultivar la tierra, al perder de vista la utopía de Eldorado. Desde entonces, éstos son los tópicos nacionales: Suiza de América, quedar bien, convivencia, nuestra debilidad militar es nuestra fuerza, el mejor café del mundo, suelo variado y fértil, raza industriosa, paz y democracia, Arcadia, corazón de las Américas, nación muy unida y abierta a las influencias extranjeras, justo medio, somos una de las naciones más blancas; hemos progresado porque no nos molestan razas inferiores, tolerancia, familias bien, sólo 10 por ciento de analfabetos, más maestros que soldados, buenos católicos, pero no fanáticos, maridos infieles, machos celosos, los ricos no son tan ricos, y los pobres, no tan pobres, *high life,* ¿qué va a decir la gente?, hombre fuerte, mujer delicada, pero los dos cultos, cultura, educación formal, buenas maneras, cortesía, nivel social. «¿Es un Jiménez Volio o un Jiménez Sánchez?», como se preguntan John y Mavis Biesanz en su libro *La vida en Costa Rica.* Y, por supuesto, presidentes demócratas, tanto, que presumen de que a uno de ellos que cruzaba una calle, de paseo, lo atropelló un coche. «Nuestros presidentes —recogen en su libro los Biesanz— lo son por cuatro años. En este momento tenemos cuatro expresidentes vivos; algunas veces hemos tenido hasta siete u ocho.»

En efecto, en la que Adalberto Torres ha llamado la República Aristocrática, tiene la marca de traspaso de poderes democráticos. Costa Rica no es una infamante República bananera. De la cincuentena de presidentes con que cuenta el país desde 1821, la independencia de España hasta hoy, sólo tres eran militares, y únicamente seis se podían considerar como dictadores. Es el paraíso de pensionistas y jubilados, unos 11.000 son gringos que gozan de exenciones fiscales. Algunos de ellos buscan novia en esta Suiza centroamericana, donde dicen que los deportes nacionales son hacer el amor, comer y beber. Aquí, la autoridad parece la autoridad. La Policía de tráfico es severa, multa al conductor de nuestro autobús cuando abandonamos la zona fronteriza con sus guerrilleros de Pastora, no lejos de donde pusieron la bomba al disparatado Comandante Cero. Casita con jardín cuidado, coche a la puerta del garaje, como en un telefilme californiano.

Pero no todo el monte es cafetal, oro verde y menos aún oro-oro, como le hubiera gustado a Colón. Algunos intelectuales ticos, que se cuentan entre los mejores críticos de sí mismos, recuerdan sin rubor lo que opinaba el viajero Anthony Trollope cuando los visitó en 1859: «Los costarricenses son una raza lerda, resignada, tranquila, ordenada y amiga del dinero, pero en ningún caso de arriesgarlo.» Los sociólogos de San José, como Eugenio Rodríguez Vega, hacen de abogados del diablo cuando apuntan que el tico no es audaz en sus ideas, piensa en pequeño y a corto plazo, traslada a la vida pública su «psicología de pulpería», le obsesionan lo seguro y lo estable, un pueblo chato sin grandes pasiones ni grandes odios, sin espectaculares conmociones históricas, sin tradiciones, sin consistencia, color o carácter, que, a pesar de sus virtudes externas, esconde vicios esenciales: es tímido y no se aventura en grandes inversiones agrícolas o industriales, es un individualista feroz, se defiende por medio del "choteo", no acaba de creer que la política nacional debe ser una lucha de ideas y no una pugna de caudillos, es melancólico, se mueve por emociones. Es socarrón, pero incapaz de alegrarse.» Para Rodríguez Vega, un desfile de carrozas es un rito fúnebre. «Pretender alegrar a los demás —dice en un ejercicio de autoflagelación— frente a la autocomplacencia y el obliguismo general, casi está tipificado en el Código Penal.» El tico es huraño y aislacionista, robinsoniano. Cada uno en su casa y Dios en la de todos. Este individualismo, la desconfianza, la falta de espontaneidad, se explican por la gran pobreza del tan mal bautizado país.

Los historiadores recogen la dimensión de esta pobreza: «En 1632, al disponer la Corona el cobro de la alcabala, se levantó una información para hacer constar que "en Costa Rica no había explotaciones de minas de ningún metal, ni lavaderos de oro, ni obrajes de añil, ni trapiches de azúcar; que los vecinos sólo cultivaban maíz y trigo, que no había moneda...".» Los vecinos de Cartago describen al rey de España la gran pobreza que padecen, «originada en los muchos españoles que tiene y lo aniquilada que está de yndios, pues en toda su jurisdizión no ay cuatrosientos...». Cada vecino siembra y cría lo que ha de gastar. Don Juan Manuel del Corral, cura de Heredia, escribía a su obispo: *No se encuentra en este valle casa ni familia que tenga mantillas para las mugeres, capas para los hombres ni ropa decente con que cubrir su desnudez.* En resumen, que la provincia de Costa Rica era «la más pobre y la más miserable de toda la América». Por milagros de la sociología y la economía política, esta pobreza igualitaria puso las bases del sistema democrático.

Cuando llegué a San José, a una hora punta de esquizofrénica circulación, descubrí que el gran debate del día era la autorización de las peleas de gallos, prohibidas, al menos sobre el papel, en 1922. Costa Rica, dicen los enemigos de los palenques, es una democracia civilizada, incompatible con bárbaras costumbres importadas de Cuba y España «para satisfacer las aberraciones de los galleros cuando por dinero disfrutan del grotesco espectáculo bajo los efectos del alcohol, cuando dos gallos se atacan, sienten y sufren». Al lado, en Nicaragua, estallan minas marinas, atacan los *contras* con gringos y mercenarios, todo el país es un guirigay de convoyes de guerra, parafernalia militar y eslóganes de mística y martirio; aquí, en San José, la ciudad recoleta, habitable y provinciana, en las páginas del prestigioso y conservador diario *La Nación*, la guerra se llama pelea de gallos, el rechazo budista a la sangre de los animales. Aquí, la Constitución prohíbe que se haga trabajar a un caballo, un asno o un buey más de cuarenta y ocho horas semanales, y la aguijada le está prohibida al boyero.

San José, en lo musical, es un compromiso entre Michael Jackson y Julio Iglesias. Las dos culturas libran una batalla de influencias, aunque hay que admitir otras. El Teatro Nacional, con sus mármoles de Carrara, es un calco de la Ópera de París pagado por los cafetaleros cuando llegó a la costa, con los primeros arbustos del oro verde y de la mano de don Tomás de Acosta, en 1808, el café desde Cuba, y empezó a ser algo más rica. El cariz de las plazas, incluida la Central, donde fusilaron al caudillo unionista Mozarán, es español; por lo demás, «Playboy Club», pollo «Kentucky», «Mc Donalds», «Pizza Huts». Más o menos como Madrid o Barcelona. Pero el humor de los ticos ha variado desde mi última visita. Esa tendencia al choteo y al quejido del carácter nacional se decanta hacia el segundo. La melancolía y el fatalismo han dado paso a la irritación e incluso, como compruebo al bajar, a la agitación social. El Papá Estado está también en crisis. Llueve, *porco governo*. La controversia sobre las peleas de gallos oculta males nacionales mayores. El precio del café ha bajado, y el de la gasolina ha subido. Los precios de los artículos de consumo están, como el dólar, por las nubes. Es el Coca-colapso. ¿Va a correr Costa Rica la misma suerte que el Uruguay o el Líbano, la antigua Suiza del Oriente Medio? La población, homogéneamente blanca, sentimental y anticomunista, tiembla ante la vecindad turbulenta y convierte a Edén Pastora en una especie de San Jorge y Robert Redford. Hay nostalgia por los años de las vacas gordas. El tico está inquieto, quejoso por los precios altos, la carestía de vida, la gasolina y los coches caros, la falta de vivienda, la caída de la moneda. Es la crisis del Estado benefactor, de lo que Poulantzas llamaba «la burguesía de Estado», el Estado moderno que levantó Pepe Figueres.

El año-eje de la crisis fue 1980. La renta *per capita* desciende de 2.110 a unos 1.700 dólares, y coloca a dos tercios de la población, dos millones trescientas mil personas, bajo la *poverty line*, el listón de la pobreza, con el 100 % de inflación, fuerte deuda externa (más de 3 billones de dólares), caída de las exportaciones, alto índice de paro, retracción de las inversiones, todo lo cual muerde a la clase media, el factor decisivo del equilibrio social. En el paisaje de la capital aparece lo nunca visto; mendigos, limpiabotas, delincuentes. Por añadidura, agentes secretos. El jefe de la Policía Judicial llama a San José «el centro internacional de espionaje»; otros, «el nuevo Beirut».

El *diktat* del Fondo Monetario Internacional sobre el cinturón de la austeridad lo pagan, sobre todo, los pobres y los conchos, los campesinos de Aquileo Echevarría.

Al descender del autobús, un cómitre me arrebató el macuto, se lo echó al hombro y apretó a correr.

—«Pension Bristol» —me dijo—. Zona segura, junto a los bomberos.

No pude detenerle, por lo que no me quedó otro remedio que seguirle. En la pensión no habían quitado el polvo desde que Pepe Figueres entró en San José con su pintoresco ejército de funcionarios e intelectuales para devolver la democracia al país. El recepcionista me entregó una pastilla de jabón y una toalla y conectó el lujo inesperado, la televisión, que, en sus cinco canales, emitía anuncios y seriales gringos a todo motor. Un excelente somnífero hasta que llegara la hora de tomar el «tren de la jungla» hacia Puerto Limón.

La estación del Atlántico, estilo *liberty*, es pulcra y coquetona; el tren —por sus vagones lo conoceréis—, fregoteado, relimpio, casi suizo. Busco un asiento para enfrascarme en algunos de los libros que he comprado en la calle Central. Los asientos tienen respaldo de gutapercha, todo un lujo en la singladura centroamericana. A mi lado, un viajero saca del maletín una larga tira de participaciones de lotería. La afición al azar sube de manera proporcional a la intensidad de la crisis. Entre pitidos de la locomotora, el hombre se dirige a mí:

—¿Me da la hora, por favor?

—Las 11 y 7 minutos.

—Correcto, por ahora funciona.

El lotero se acaba de comprar una ganga de reloj japonés por un puñado de colones. Su temor es el desvarío cronológico cuando, después de cinco o seis horas de travesía de la jungla, lleguemos a Puerto Limón.

—¿Vende la suerte? —pregunto, al comprobar la longitud de la tira.

—No, es todo para mí, juego yo todos los números a cinco colones la participación.

Viaja para vender sus últimos chanchos.

—Alimentarlos cuesta una grosería, los voy a liquidar con una cruceta.

Traza el signo del degüello. El tico es un «agonías». Cada una de sus palabras es un lamento, a pesar de que un afortunado golpe en la muñeca izquierda lo jubiló a los cincuenta y ocho años. Según me confiesa, vota al partido en el poder, el de Luis Alberto Monge, pero está lejos de aplaudir su gestión.

—Tenemos —dice— un Gobierno alcahuete, y el tal Monge nos ha salido comunista; todo lo demás son vainas. Un Gobierno que alimenta a mucho sinvergüenza. He prohibido a mis hijos que voten más a esos cuellones que sólo saben engordar la bolsa. Es un sancocho la política. Nosotros somos muy demócratas, pero hemos sabido derrocar a cuello a un presidente de la República cuando ha hecho falta. Eso le pasó a Calderón Guardia. La libertad ahora sólo significa boca para ofender. Para colmo la United Fruit liquida su imperio bananero.

Me muestra el carné del Partido de Liberación Nacional.

—Pero va listo don Luis Alberto, va para la calle por muchos años. Le digo que es un chollao. Los diputados pidieron en Navidad un receso de veinte días, luego otros 20, y ahora, para Semana Santa, otros 20, y encima se suben el sueldo, que ya es de 46.000 colones por mes, más 300 litros de gasolina, y se lo pondrán en 60.000, y si no, al tiempo. Todo eso sale de la costilla de los trabajadores. A nosotros nos dejan las carajadillas. Este país se ha convertido en una madriguera de oro para los extranjeros, para esos carajos.

La indignación de Ramiro iba *in crescendo.*

—¿Y qué me dice de los precios? Hace seis años, unos anteojos me costaban 12 colones, y ahora he pagado 1.400 por ellos en la Caja del Seguro. Un quintal de arroz, que me valía a diez, ahora está a mil y resto de colones. ¿Y sabe a cómo está la vaca lechera?

—Ni noción, Ramiro.

—Estaba a 1.500 y ahora vale 25.000.

Luego dicen que el tico no tiene un sentido trágico de la existencia, que es un pueblo que sufre de una pueril satisfacción de sí mismo. El zigzag de los vendedores ambulantes, jugos, copos, gelatinas, guayabos, melcochas, miel —«¿qué me dijo, miel?»— nos interrumpe. El vagón ya no es el comedero desordenado y menestral del resto de la Centroamérica vívida. Aquí se venden incluso cestillos de fresas.

Desde la plataforma, el viajero se sumerge en la visión de la jungla, con sus 2.000 clases de árboles. Un vecino de unos treinta años va a bajarse en Turrialba. Es pelirrojo y algo zambo, con un bigote como el de Cantinflas. De buenas a primeras, me hace una confesión que de seguro no le contará al cura párroco.

—Hoy, día diez, me toca Turrialba —dice—, y para el 20 iré a Limón. Los días 10 y 20 entrego la pensión a mis dos hijos, que los he tenido con una turrialbeña y una limonera. Mi hijo de Turrialba cumple mañana cuatro añicos...

Se baja. Sube un cafetero, tan experto que de un solo golpe de vista me distingue entre los cafetales los terrenos de tres abonadas de los de dos y una.

—Aquí, por fortuna, no ha llegado la peste de la roya. Mire los cafetales de aquí, se advierte más cuido, más abonadas.

24. DON PEPE

A medida que el tren rueda hacia la costa atlántica en un suave bamboleo, con una morbidez costarricense, el calor húmedo se acentúa. Ésta fue la primera línea de ferrocarril construida en América Central, obra de un tal Henry Meiggs. No alcanza a los 150 kms de longitud, pero el terreno es muy accidentado, atraviesa montañas, cascadas y torrenteras. La línea fue inaugurada tarde, en 1890. Como el tren había que llenarlo de algo, los sobrinos de Mr. Meiggs plantaron bananas jamaicanas a lo largo del recorrido. Resultó un negocio redondo para la «Tropical Trading», que envió los plátanos por barco hacia Nueva Orleáns. Es un viaje sobre miles de tumbas a lo largo del río eventazón, Tumbas de chinos anónimos, que fueron elegidos para la construcción de la línea por su resistencia y frugalidad. Murieron en la faena, por el insalubre clima y las inhumanas condiciones de trabajo, más de 10.000 chinos; por eso a cada traviesa la llaman «muerto». Un muerto por traviesa.

Un campesino rechoncho, un chapaneco, que le llaman aquí, solicita permiso para sentarse a mi lado.

—Lo que como, lo cosecho —explica lacónicamente, y añade—: La vida pide cada vez más requisitos.

No se puede ser más claro con mayor economía de palabras. Es el concho costarricense, insular y robinsoniano. El revisor tiene una línea de siete bolígrafos en el bolsillo superior. Como en Tailandia o Laos, el bolígrafo es signo de distinción, un *touch of class*. El color de la gente que sube se tuesta a medida que descendemos hacia el mar. Se habla inglés jamaicano o el pichinglis, un castellano bailón y casi irreconocible. Carlos Luis Fallas los ha visto así: «Huyeron de la jungla africana de los cazadores de esclavos; tiñeron con su sangre las argollas en las profundas bodegas de los barcos negreros; gimieron y se internaron en la manigua tropical como alzados, perseguidos por los perros del patrón. Pareciera que para los negros se ha detenido la rueda de la Historia: para ellos no floreció la Revolución francesa ni existió Lincoln, ni combatió Bolívar, ni se cubrió de gloria el negro Maceo. Y ahora, los pobres negros costarricenses, después de haber enriquecido con su sangre a los potentados del banano, tenían que huir de noche a través de las montañas, arrastrando su prole y sus bártulos.»

El sonido y la sintaxis del moreno en los morelanes de Puerto Limón se aprecian en el diálogo que mantienen More y Jerónimo:

—¡Oh, Míster Jerrónima! Míster Juait pregunta si usté puede arreglar su teléfono que estar malo. Y usté dice: «¡Oh yes! yes ser...!» Y Míster Juait dice: «Yo necesita hablar con el Gerente, ¡pronto, muy pronto! ¿Puede arreglar ya?» Y usted dice: «Ol rait, ol rait...!» Oh, may dier Jerrónima!, ¿qué decir usté ora a Míster Juait?

Un viajero peripatético pide limosna para reconstruir un templo derruido en Puerto Limón. Tiene un papel prensado, el plástico manoseado y pinta de sacristán. Un niño vendedor de fruta, enloquecido, ametralla como un autómata las palabras según viene y va sudoroso, «manzanas, guayabos, manzanas».

Suben colegialas café con leche con uniforme azul y medias rojas, con cuadernos del Pato Donald y de Robert Redford. Al fondo suena una guitarra inesperada, lánguida, susurros de negro espiritual. El vagón se ha convertido en una sauna, chapada de madera. El mar se ve ya en Copal, entre hileras de palmerales. Al cruzar por el puente metálico dan ganas de zambullirse *ipso facto*. Huele a salitre y putrefacción de manglar. Contenedores de «Piña Dole Brand» antes de alcanzar la estación.

Puerto Limón es una ciudad sincrética donde se habla el dialecto negro jamaicano, y entre los morenos resulta una traición casarse con las blancas. Las playas de arena blanca, bajo las palmeras, están desiertas, pero la ciudad es puerto de carga de tres millones de racimos de plátanos; huele a plátano podrido, revenido, un olor dulzaino que se cuela con ruidos por las ventanas del «Hotel Hong Kong». Es una ciudad platanal. Caribe duro con aires del *Songoro Cosongo,* de Nicolás Guillén, una versión rústica de plátano derretido.de Nueva Orleáns. Historias del negro Smith, caído en la cárcel porque un día encontró a su mujer con otro y, sin pensarlo mucho, «le rebañó la cabeza como si fuera de mantequilla», o del negro Carey de *La Isla de los hombres solos,* de José Sánchez León, ya en el asilo, que fue a parar ante el juez por matar a un hombre blanco que le quiso robar sus ahorros: «Yo ser inocente. Pero mí ser negrito. Testigos míos, negritos todos. Juez ser blanco, periódico ser blanco, radio ser blanca y mundo entero ser blanco. Mí ser negrito. Y Dios no querer a los negritos. Ser tiempos en que negritos no poder ir a San José y no pasar de Turrialba.»

Vivían a punta de cangrejos y plátanos. Los blancos tienen la *chance* del Pacífico. Los negritos de Puerto Limón son bulliciosos. Su ruido es liberación y algo también de venganza sobre los oídos del blanquito que, tendido sobre una cama, lucha contra el sueño imposible bañado en sudor.

Puerto Limón, donde ya no viven los indios de Cristóbal Colón, con sus prometedores abalorios de oro macizo, sino los negros jamaicanos, que cargan banastas de plátanos en los vagones de los gringos. Las playas de arena blanca son una promesa demasiado lejana. Después de la inmersión en la negritud, música afrocaribeña en las venas, dulzura de vivir el regreso a San José del WASP jubilado —blanco anglosajón y protestante— y el BEC —blanco español y católico—. Cuentan Carlos Meléndez y Quince Duncan, en *El negro en Costa Rica,* que una pareja de negros se presenta en San José en una pulpería para realizar sus compras con su hija a cuestas. La niña es de pigmentación clara, casi blanca. «Tiene suerte la chiquita de haber salido tan blanca», es el comentario del pulpero. O el consejo de otra madre: «Hacéle caso al negro, hija, te conviene. Vas a tener un hombre fiel toda la vida. Él sabe que no es así, no más que se puede casar con una blanca.»

San José: fotografías en relieve del Papa Wojtyla, el tico *kitsch,* restaurantes chinos, de los que salvaron la piel en la línea férrea a Puerto Limón, cafetines con pianista, como el «Ludwig *Bar* Beethoven», librerías surtidas, el choque de la inflación: los cinco países de América Central son más pobres que hace unos años. C. R. es, a pesar de los pesares, una mesa-camilla en las faldas de los volcanes, el Poas o el Irañú. Como dice el himno nacional, para desmentir la supuesta pusilanimidad de los ticos:

Cuando alguno pretenda tu gloria mancar,
verás a tu pueblo valiente y viril
la tosca herramienta en arma trocar.

Los himnos nacionales de América Central son belicosos, o amenazantes, o defensivos. El Salvador dice que *le protege una férrea barrera / contra el choque de ruin deslealtad.* El de Guatemala, *si mañana tu suelo sagrado / lo amenaza invasión extranjera, / libre al viento tu hermosa bandera / a vencer o a morir llamará... / Que tu pueblo con ánima fiera / antes muerto que esclavo será.* El de Honduras, *Defendiendo tu santa bandera / y en sus pliegues gloriosos cubiertos, / serán muchos, Honduras, tus muertos, / pero todos caerán con honor.* El himno de Nicaragua es más optimista —demasiado optimista—: *En tu suelo ya no ruge la voz del cañón / ni se tiñe con sangre de hermanos / tu glorioso pendón bicolor,* lo mismo que el de Panamá: *...es preciso cubrir con un velo / del pasado el calvario y la cruz.*

Bajo el límpido azul de tu cielo —dice el himno tico—, *blanca y pura descansa la paz.* ¿Está amenazada esa paz? Con su bola de cristal entre las manos, José Figueres Ferrer, *don Pepe,* tiene respuestas y adivinaciones. Es un expresidente con *seny* catalán. *Don Pepe* es el obligado alto en el camino para el viajero, pero el teléfono de su casa no responde. Son frecuentes sus viajes a Estados Unidos para dar conferencias en las Universidades. Para algunos, el héroe de la revolución de 1948 duda, como el asno de Buridán, entre la alfalfa de Moscú y la alfalfa de Washington. Philip Agee, en su libro *Diario de la CIA,* le acusa de pertenecer al Servicio de Inteligencia norteamericano, mientras que el diario local, *La Nación,* le tacha de peligroso comunista. *Don Pepe,* que había leído numerosos libros, entre ellos los de Trotsky, sabía que la insurrección es un arte. Con su pintoresca legión del Caribe, el exiliado Figueres invadió Costa Rica, la primera manifestación bélica desde la guerra contra los filibusteros en 1856, para derribar al presidente Calderón Guardia, porque anuló las elecciones de 1948.

Don Pepe es hijo de emigrantes catalanes. Su padre era médico y profesor en la Universidad de Barcelona, y decidió ir a probar fortuna en Puerto Rico. Debió de confundirse de barco y de nombre, porque apareció con su esposa, embarazada de siete meses, en Costa Rica. Una confusión, por otra parte, bastante común, aunque no tanto como la que llevó a un gobernador de Luisiana, con el que me entrevisté hace unos años en Nueva Orleáns, a confundir España con una de las Repúblicas centroamericanas. Es una delicia escuchar de labios de este diminuto catalán de setenta y siete años, al que su enemigo Somoza llamaba *el Enano*, las historias de su juventud y egolatría. Estudios de Ingeniería, Filosofía, Economía, nacido para la conspiración, algo así como socialista utópico, lector de Hegel y H. G. Wells. Este último le transmitió, según me contó un día, su vocación antimilitarista. En cuanto pudo —1948— *don Pepe* abolió el Ejército.

José Figueres no estaba muy de acuerdo con el presidente Calderón Guardia, y así se lo hizo saber en un improvisado programa de radio en el que leyó unas incendiarias cuartillas. La Policía lo detuvo en el estudio y lo envió al exilio, donde escribió su libro *Palabras gastadas*. De regreso, en 1944, aureolado por el exilio y los ejemplares de su libro distribuidos por sus amigos, *don Pepe* comprueba que las elecciones, ganadas por su candidato, Otilio Ulate, quedan anuladas por el legislativo controlado por el partido de Calderón Guardia. Se fue a México a comprar armas, pero con tan mala fortuna, que los mismos que se las vendieron para alzarse contra Calderón, le denunciaron a la Policía. Por fin recibió armas de Guatemala, cuando Arévalo era el presidente, y comenzó la guerra civil, que duró seis semanas. «Éramos 600 contra 6.000 —me decía una vez *don Pepe*—, dotados con fusiles de la Primera Guerra Mundial.» La entrada en Puerto Limón fue apoteótica; *don Pepe* besaba a los niños negros y les hablaba en inglés a las madres. No fue una guerra de opereta, porque murieron en combate 2.000 seguidores de Calderón —que huyó del país para refugiarse en Managua—, muchos de ellos, según me confesaba Figueres, «jóvenes comunistas bienintencionados y campesinos iletrados que recibieron un viejo rifle y una botella de ron. Fue una tragedia. Nosotros perdimos 60 hombres».

Lo que ocurrió después pertenece a la leyenda personal e intransferible de *don Pepe*. Entró en San José, ocupó de forma provisional la presidencia de la República, redactó 800 decretos y, al cabo de dieciocho meses, entregó el poder a su legítimo dueño por el veredicto de las urnas: el editor de Prensa y político conservador Otilio Ulate. Mientras tanto, había abolido el Ejército, por otra parte casi inexistente (300 hombres mal armados), creó la Seguridad Social, dio el voto a la mujer, organizó un Tribunal

Supremo electoral para evitar los fraudes, puso fuera de la ley al Partido Comunista y nacionalizó los Bancos. En 1953, *don Pepe* se presentó a las elecciones con su Partido Socialdemócrata, el de Liberación Nacional, y las ganó. Lo mismo ocurrió en las de 1970.

Las relaciones entre Figueres y Somoza fueron siempre tormentosas. *El Enano* era la contrafigura del «caudillo número uno» de América Central. Somoza llegó a retarle a duelo, y la respuesta de *don Pepe* fue muy juiciosa: «No acepto; si usted muere, nadie derramará una lágrima; pero, ¡qué gran pérdida sufrirá el mundo si es usted el que me mata a mí!» El catalán prestó ayuda a los antisomocistas, envió armas a Fidel Castro en Sierra Maestra, subió los impuestos a la «United Fruit», aconsejó a Arbenz que «civilizara» a la «Frutera», atrajo a los jubilados norteamericanos y les regaló una matrícula para sus coches, que dice PEN (pensionado). No todo lo que llegó fue oro de ley. En 1972 apareció en el escenario de San José el financiero gringo Robert Vesco con un inmenso tesoro robado: 224 millones de dólares. Los enemigos de *don Pepe* dicen que un pellizco de esa fortuna fue a parar a algunos miembros de su familia. A pesar de todo, el partido de Figueres sigue hoy en el poder.

Don Pepe es un maestro en el arte de nadar y guardar la ropa. Uno de sus hijos combatió en las Brigadas Internacionales con los sandinistas. Abraza a su viejo amigo Fidel Castro, pero se permite darle consejos para liberalizar el régimen; es amigo de Edén Pastora, pero también del comandante Daniel Ortega. Este catalán, casado cuatro veces, la última, con una belleza de veinticinco años, simpatizante republicano que hablaba en catalán a los ministros de Franco, tiene consejos para todos, a izquierda y derecha del espectro, hacia el Pacífico y hacia el Atlántico. De su revolución de 1948, cuando el 84 % de los ticos iban descalzos, queda esta «admirada democracia», sometida a las tensiones y contradicciones de una nueva época. *Don Pepe* guiña un ojo y dice: «No estaría de más que Costa Rica contara con algunos comunistas más, a ver si los norteamericanos se animan a incrementar su ayuda económica.» Me viene a la memoria una frase de Kafka: «Todas las revoluciones se evaporan, dejando sólo el lodo de una nueva burocracia.» *Don Pepe,* vivaracho, malicioso, zumbón, regala consejos. Su modelo es la socialdemocracia con música de sardana, y su pasión, la agricultura, en su finca «la Lucha», y el cultivo de las orquídeas en su jardín. «Yo sólo soy —me dijo en cierta ocasión—, un campesino que ha leído un poco.»

25. LA AMÉRICA INGENUA

Por una vez es un autobús laico, que no cree en Dios y no se inspira en la Biblia. Se llama *La Sultana.* Ha anochecido en San José cuando arranca en dirección a la frontera panameña. El largo viaje toca a su fin. Panamá, ¿es tierra de América central? El *Informe Kissinger* no la incluye porque «surgió de una circunstancia histórica diferente». Tampoco es ya Colombia. A mediados del siglo XIX Justo Arosemena cree en «El Estado Federal de Panamá», que nada señala en el istmo una vinculación con Colombia: «La Naturaleza dice que allí comienza otro país, otro pueblo, otra entidad, y la política no debe contrariar sus poderosas e inescrutables manifestaciones.» El Canal le trajo la independencia de la República de la Gran Colombia que proclamó Bolivia en 1819, y la dependencia del gringo. Es un trayecto en el último tramo, de dieciséis horas, vulgar y agotador, que un viajero vestido como Sammy Davis el joven, botas damasquinadas y sombrero de ala ancha con lentejuelas, aprovechará para contar chistes verdes. Era una máquina de contar malos chistes verdes. El primero saltó cuando no habíamos acometido el camino real, la Panamericana. «Entra un cliente en una farmacia y pide: «¿Me da preservativos, por favor?» El dependiente le sirve y le aconseja: «En otra ocasión, cuando haya clientes en la farmacia, utilice, digamos, otra fórmula para pedir los preservativos.» «¿Cuál?», pregunta el tipo. «Diga, por ejemplo, déme billetes para el Metro.» Poco después llega una monja y compra aspirinas. Sale para tomar el Metro, pero en la ventanilla hay una larga cola de gente. La monja, que tiene prisa, vuelve a la farmacia y pregunta: «¿Vende usted billetes para el Metro?» El farmacéutico responde, etc.

La velocidad del autobús era lenta, y cuando llegamos al Paso Canosa ya estaba amaneciendo. La frontera con Panamá se abría a las siete de la mañana y era, como todas las de la América Central, una frontera hosca, de ésas en las que te dejan pasar de muy mala gana. El peaje, el impuesto de entrada, es abusivo; la actitud de los aduaneros, inamistosa y desconfiada. «Sólo los salvajes destruyen lo que es útil», decía una inscripción, y más abajo, el antigrafiti: «No raye las paredes. ¿Qué es usted?» No hay fronteras felices en América Central. Recuerdo al campesino tico con su rostro de esfinge que me decía en el tren a Puerto Limón: «La vida está cada vez más cargada de requisitos.» En la Aduana panameña pedían, junto al impuesto de entrada, un billete de salida de país bajo un retrato del difunto general Torrijos y la leyenda: «Omar con nosotros.» La peor secuencia llegó en la revisión de los equipajes, que resultó premiosa, inacabable. A los soldados encargados de hacerla les tenían sin cuidado los rostros abotagados por el cansancio del viaje. En 1970, Panamá declaró fuera de la ley los pelos largos. Viajeros y marinos fueron obligados a pasar por la peluquería.

El soldado aduanero era poco menos que analfabeto. Su pesadilla eran los libros subversivos y las drogas, a juzgar por los numerosos bandos que contra el contrabando de estupefacientes colgaban de las casetas. El mazo de libros, cosecha del viaje desde la frontera mexicana, despertó de inmediato la alarma del aduanero. El libro es subversión en Paso Canoas. La fila se interrumpió al llegar a mí porque, con las cejas enarcadas y la expresión adusta, el aduanero panameño decidió revisar libro por libro. El primero fue *Cantos de vida y esperanza,* de Rubén Darío, que le pareció, al primer golpe de vista, un himno a la revolución. Lo abrió por la oda *A Roosevelt,* allí donde dice:

Eres los Estados Unidos,
eres el futuro invasor

de la América Ingenua que tiene sangre indígena
que aún reza a Jesucristo y aún habla en español.

Se lo había tomado con parsimonia. Entre los que esperaban, nadie parecía sorprendido por aquella inspección, que duraría unas tres horas, al cabo de las cuales, algunos compañeros de viaje me miraban con recelo. Pero, como dicen los ticos, en el istmo hay dos clases de horas: la inglesa y la latina. El autobús saldría a una hora latina, sobre todo porque el aduanero, con sus maneras de cabo furriel, seguía atascado en Rubén:

Yo no estoy en un lecho de rosas; esa América
que tiembla de huracanes y que vive de Amor;
hombres de ojos sajones y alma bárbara, vive.
Y sueña. Y ama y vibra; y es la hija del Sol.
Tened cuidado. ¡Vive la América española!
Hay mil cachorros sueltos del León Español.
Se necesitaría, Roosevelt, ser por Dios mismo,
el Riflero terrible y el fuerte cazador,
para poder tenernos en vuestras férreas garras.
Y pues contáis con todo, falta una cosa: ¡Dios!

No sabía Rubén Darío que, con el paso del tiempo y la llegada de Ronald Reagan, tendrían las dos cosas: el rifle y Dios. Los libros me fueron confiscados en el despacho del oficial, y trasladados por el soldado aduanero, apilados, entre las manos y el mentón. «¡Cuánto pesa la cultura!», podía haberme dicho como aquel colega suyo, creo que del Brasil, que al pasar yo con las maletas llenas de libros, anunció con esa frase, sin saberlo, el ocaso de la galaxia Gutenberg. El regateo con el oficial empezó entonces mismo con el espíritu, por mi parte, de los últimos versos del poema de Rubén:

Poned ante ese mal y ese recelo
una soberbia insinuación de brisa
y una tranquilidad de mar y cielo.

Fue consultado el oficial superior, al que recordé antiguas y compartidas sesiones de whisky con el general Torrijos, «Omar con nosotros». Los libros me fueron devueltos, ante la mirada consternada del aduanero. Tres horas para nada. Al entrar en mi autobús pedí disculpas, pero el pasaje estaba embebido en los chistes del Sammy Davis de sombrero con lentejuelas y botas damasquinadas.

—¿Qué quieres ser de mayor? —le preguntaron a un cipote (niño) en la Arabia Saudita—, contaba.

—¿De mayor? Eunuco, como papá.

Camino de la ciudad de Panamá, al encuentro del Canal, la zanja entre dos océanos, pensaba, al pasar entre las casas de chapa ondulada, herrumbrosa, invadidas por la manigua, sobre la que flotan los buitres, en la cadena de volcanes, lagos y selvas silueteadas sobre el mar en Mesoamérica, en las llanuras del Atlántico y en el altiplano del centro, con las colinas que descienden suavemente hacia el Pacífico, las plantaciones, las epidemias, los terremotos y las erupciones volcánicas. En el mosaico de regímenes, del blanco al negro o el gris, que al pasar en su barco Malcolm Lowry —*delirium tremens* y botella de «Martell»— describía como «malditas Repúblicas, con su corrupción, su belleza, sus dictadores, sus mordidas, sus turistas, sus revoluciones tontas, sus volcanes, su historia y su calor». También sus mitos, estados de sitio, poetas, magia y violencias. El alto índice de natalidad: 250.000 jóvenes entran cada año en el mercado de trabajo. La mitad de la población es menor de 20 años. La América Central pertenece a las altas culturas del hemisferio, con elementos comunes a muchos pueblos cultivadores superiores e inferiores de Norte y Sudamérica, como el complejo maíz-frijol-calabaza, el cultivo de la piña y de la yuca, el riego, las construcciones de piedra y barro, algunos tipos de cerámica, la cerbatana, los sellos para imprimir dibujos sobre el cuerpo, los textiles, los sacrificios humanos y el canibalismo, la confesión de los pecados, los puentes colgantes y las balsas de calabaza.

Los elementos comunes, según Kirchhoff, a la región andina y a la amazónica son, entre otros, el cultivo del chile, jitomate, zapote, ciruela, aguacate, cebar perros para comerlos, la metalurgia, los sellos cilíndricos, las picas o lanzas. Los elementos compartidos con Sudamérica y las Antillas, el comal para cocer las tortillas, el tambor, el juego de pelota de hule que no se toca con las manos, la caza con flechas de pluma, el baño de vapor ritual, el horno subterráneo. Y los elementos propia y exclusivamente mesoamericanos, el cultivo del cacao y el magüey, la coca, las chinampas, el complejo nixtamal-tortilla, la espada de hojas de obsidiana y la camisa protectora de algodón, las pirámides escalonadas, la escritura jeroglífica, los códices y mapas, el calendario de 18 meses de 20 días, la semana ritual de 13 días, el calendario ritual de 260 días, el ciclo de 52 años, la existencia de fiestas fijas y movibles, los días fastos y nefastos, los nombres del calendario dados a las personas, las órdenes militares: «Tigres» y «Águilas», la guerra para hacer prisioneros destinados al sacrificio, los mercados especializados y la clase social de los comerciantes, el uso ritual del papel, hule y flores, los sacrificios arrancando el corazón o quemando a vivos, el uso ritual de la piel del sacrificado, el juego de pelota con anillo, la existencia de varios mundos inferiores y de un viaje con numerosas pruebas después de la muerte, el autosacrificio, los números rituales 9 y 13, las deidades de la lluvia, etc... Después, el reino español de Guatemala, tres siglos de dominio semifeudal de España, de 1520 a 1820, que el *Informe Kissinger* define como un sistema político autoritario, «la economía explotadora y mercantilista; la sociedad, elitista, jerarquizada y compuesta esencialmente de sólo dos clases muy diferenciadas; y tanto la Iglesia como el sistema educativo reforzaban los patrones del autoritarismo. El período colonial tampoco facilitó las posibilidades para una experiencia autónoma de gobierno, y la nutrida población indígena nunca se integró en la vida política de las colonias».

Más tarde, las Provincias Unidas de Centroamérica fracasaron como un proyecto común; caudillos, años caóticos, Gobierno de la oligarquía, liberales y conservadores. El *Informe Kissinger* olvida a la «United Fruit», al pirata Walker, el rooseveltiano *big stick, speak softy and carry a big stick* (habla con suavidad y lleva contigo un garrote), a Somoza, la CIA, Fort Gullick, el destino manifiesto, los *marines*, 180 intervenciones militares entre 1800 y 1934. La relación entre los Estados Unidos y la América Central, escribió el expresidente de Guatemala Arévalo, es la misma que existe entre el tiburón y las sardinas. Estoy ahora en el corazón del mundo, que dicen los panameños, el Canal en el justo medio, donde el istmo se adelgaza, se aprieta la cintura como una bailarina, una frágil membrana de tierra. Dicen los pesimistas que no puede haber espíritu nacional porque, como en México, no existe nación.

Panamá, «lugar de muchos peces», según el idioma de los indios, lo tiene todo para ser Gomorra: el *caravanserail,* un alto en la ruta de las caravanas, la ciudad de paso, algo así como el purgatorio, la ciudad provisional en un universo que tiembla, un alto en el mar, oleaginoso, de los marinos tatuados. Los marinos, las putas junto a faroles mortecinos, callejas iluminadas con luces rojas, las reliquias de un templo español o una fortaleza, las fachadas lavadas, orín, oxidación de la estación de las lluvias y huracanes, Balboa, el pelirrojo que se santigua con agua del Pacífico, las recuas de mulas que transportan fabulosos tesoros de las minas peruanas en la ruta del oro, «18 leguas de miseria y maldiciones» hasta Portobello, los bucaneros, Morgan el incendiario, que de los escombros humeantes se llevó 175 mulas cargadas de oro y plata, el Caribe convulso y apetecido. Cuarenta y cinco Presidentes de la República en menos de 70 años.

Hemos llegado a la ciudad pecadora, la primera fundada por los españoles en el continente, de todos y de nadie, de Colombia, de América Central, del Canal que es, para Panamá, algo más decisivo y esencial que los plátanos para Honduras. Calor, putrefacción de algas frente a la batería de rascacielos como los de Beirut, transistores, computadoras, coches y máquinas japonesas baratas, orgía mercantil, alegrías de un puerto franco, mil compañías ficticias al amparo de su política fiscal. El calor era tan intenso, según el sacerdote católico —luego pastor protestante y quién sabe si agente británico en las colonias españolas—, Thomas Gage, que el vestido común de los habitantes no era sino «un jubón de tela a tiras, con calzado de tafetán o de otra tela ligera». La bebida fresca de coco era la más estimada de las mujeres de Panamá, aunque también lo eran el chocolate y los vinos del Perú. El reverendo se escandaliza, en su libro *Viajes en la Nueva España,* de la vida licenciosa de la colonia española. «Es que Panamá corrompe mientras los galeones del oro de Perú zarpan en dirección a la metrópoli.» «Los españoles que viven en esta ciudad, escribe Gage (1648), se dan mucho a los placeres, y particularmente a las mujeres; las negras, de que abunda mucho, son ricas y galantes, y los principales objetos de sus desarreglados amores.» El reverendo Gage temía el calor y el sexto mandamiento, por lo que hizo «todo lo posible para salir lo más pronto de allí». Cuando se iniciaron los trabajos del Canal de Lesseps, la señorita Sarah Bernhardt «sumó su brillo viajando desde París para ofrecer representaciones en un teatro de Panamá». Los viajeros recién llegados se escandalizan, como Gage, porque «sería difícil encontrar en cualquier parte de la superficie de la Tierra, según escribe un inglés, un lugar en el que tanta villanía, tanta enfermedad y tanta abominación física y moral estuvieran tan concentradas».

El Canal es la mayor libertad que el hombre se tomó nunca con la Naturaleza. Y la revancha de ésta con sus decenas de miles de muertos españoles, muchos de ellos por la malaria, el vómito negro, la fiebre amarilla, caídos como chinches a razón de 40 por día, junto al sueño interoceánico, o los chinos traídos para trabajar y que, privados del opio por razones morales, se ahorcaron con sus propias trenzas o se sentaban en la playa para esperar la marea. La idea de cercenar el continente estaba en Colón, en Felipe II o en Bolívar. Se haría por Tehuantepec, por Nicaragua o el Darien. En 1878, Fernando de Lesseps y Bonaparte Wise forman la «Compañía Universal» y reciben la concesión por parte del Gobierno colombiano, al que Panamá pertenecía por entonces. Los trabajos del Canal, que según el proyecto debería tener 70 km de largo, 22 m de ancho y 8 m de profundidad al nivel del mar, comenzaron el 10 de enero de 1880.

Aquella historia me la contaron un día en las esclusas de Miraflores los guías bilingües, con su progresión dramática de los acontecimientos: «La Naturaleza iba a oponer toda suerte de obstáculos al intento de comunicar los dos mares. Era necesario cortar grandes montañas, luchar contra un clima mortífero, con terrenos que no ofrecían seguridad alguna, con inundaciones, con pantanos que eran focos de fiebre amarilla, el dengue y la malaria. En el término de pocos años, Panamá se convirtió en un enorme cementerio, con más de 22.000 tumbas.»

Pronto se vio que el canal a nivel del mar era irrealizable, que habría que construir esclusas, según lo exigieran las diferencias de nivel, «como se sube una escalera para alcanzar un piso más alto o se baja para llegar a uno inferior». En el relato oral de los guías entraba luego en tromba, con énfasis, el escándalo y bancarrota de la Compañía del Canal, el fracaso de la empresa francesa de Lesseps, la paralización de los trabajos, la organización de la «Compañía Nueva del Canal», su venta a los Estados Unidos por 40.000.000 de dólares, una ganga, la separación de Panamá de Colombia con la ayuda de Teodoro Roosevelt, la cesión a Washington, por Panamá, de la Zona del Canal, la concesión perpetua del monopolio de las comunicaciones.

La ocupación de la Zona tuvo lugar el 4 de mayo de 1904. El

10 de octubre de 1913, el presidente Wilson, en plena guerra europea, pulsó un timbre eléctrico instalado en su despacho de la Casa Blanca, que hizo saltar el dique de Gamboa: el Atlántico y el Pacífico quedaban unidos. Un barco entra al Canal por la bahía de Limón, en el Atlántico, navega a nivel del mar 11 km, al llegar a Gatún se levanta 26 m por medio de esclusas, navega por el lago a toda máquina por espacio de 37 km, hasta llegar a la boca del Corte de Culebra, alcanza las esclusas de Pedro Miguel, baja 9 m hasta el nivel del lago de Miraflores, cuyas esclusas hacen bajar el barco 17 m más, y así alcanza el nivel del Pacífico, del que todavía le separa la distancia de 13 km.

El sueño, la maravilla, el milagro sobre las tumbas de los peones y los empleados es hoy, con el calado de los buques modernos, casi un anacronismo. Después de los tratados Torrijos-Carter, el Canal será propiedad de Panamá el año 2000, pero sólo el 13 por ciento de los cargueros que salen o entran en puertos de los Estados Unidos utilizan el canal. «Es posible que para entonces no haya ni barcos», como me decía un amigo panameño, o como le explicaba *Chuchu,* el guardaespaldas, lugarteniente de Torrijos, a su amigo Graham Greene: «Si la mierda fuese oro, los pobres no tendrían culo.» Con el bárbaro adelanto de las ciencias, la obra del Canal será una cantinela estadística de cicerones: con la tierra extraída para las obras, se podría construir una torre siete veces más alta que el Everest, levantar sesenta y tres pirámides tan grandes como la de Kéops. Si esa tierra se cargara en un vagón, daría cuatro veces la vuelta al mundo, y si se colocasen uno después de otro los cartuchos de dinamita utilizados para abrir el canal, llegarían hasta el diámetro del planeta Tierra.

Dicen que hay que tener algunas nociones claras sobre la disposición y la topografía. Panamá City está sobre el Pacífico, el canal no se orienta de Este a Oeste, sino de Nordeste a Sudoeste. La esquizofrenia panameña no se detiene ahí, sino en la fractura de las dos ciudades, separadas por una verja, el bullicio, el color local, los puestos de venta en la calle, las putas y marinos de este lado, y al otro, el silencio, el césped bien cortado, la higiene garantizada, 45 iglesias, el confort del aire acondicionado. La colina de Ancón, ocupada en 1904 por los gringos, no guarda ya la huella de los pasos en el poema de Denys de Icaza:

¿Qué has hecho de tus árboles,
de tus flores, de tu belleza agreste?

El coronel Omar Torrijos —que no era poeta—, comandante de la Guardia Nacional y hombre fuerte después del golpe de Estado contra la familia Arias, en 1968, le dijo un día a su amigo Graham Greene: «Yo no quiero entrar en la Historia, quiero entrar en la Zona del Canal.» El panameño, según Greene, no es un ser romántico, sino más bien cínico, que entona canciones como éstas: *Tu amor es como un periódico de ayer.* Omar era hospitalario, te enviaba su coche oficial para llevarte en su helicóptero, para compartir la cantimplora de whisky, viajar hacia los indios, que viven como hace diez siglos en sus chozas de bambú, entre playas inmaculadas y volcanes dormidos, o a los pueblos campesinos situados a la orilla del camino real, la carretera Panamericana, que enlazó Costa Rica con Panamá en 1964. Omar, hijo de maestros, había nacido, en 1929, en el centro, en Santiago, Las Veraguas. El presidente dijo a los Estados Unidos: «Quiero que todo el mundo se entere de lo siguiente: no somos y nunca seremos un Estado asociado, una colonia o un protectorado, y nunca enriqueceremos con una nueva estrella la bandera de los Estados Unidos.» Omar subió el impuesto de Aduanas a la «United Brands» (la Frutera, con otro nombre) de cuarenta céntimos a un dólar por caja. La «U. B.» controlaba el 83 % de las exportaciones de plátanos, la mayor riqueza del país. En el zoco panameño mandaba el «amo fule» mientras tanto como diría Rubén «Cristo va por las calles flaco y enclenque».

Después de unas duras negociaciones y la oposición feroz de Ronald Reagan, el general Torrijos y el presidente Carter firmaron el 7 de setiembre de 1977, en Washington, en presencia de diecinueve jefes de Estado de América, el acuerdo según el cual Estados Unidos entregaría la soberanía del canal y las doce instalaciones militares al Gobierno panameño, a las 11,59,59 hora local del 31 de diciembre de 1999. Sin embargo, los Estados Unidos se reservaron una cláusula según la cual podrán intervenir militarmente en la Zona del Canal después del año 2000, en caso de amenaza de agresión por parte de un tercer país. En su discurso, al que Graham Greene añadió algunas palabras y que viajó a Washington al lado de Torrijos provisto de un pasaporte panameño, dijo que había aceptado el tratado para salvar la vida de 40.000 jóvenes panameños que, de otra manera, podrían haber muerto en la lucha armada por el Canal.

Omar Torrijos, populista, bebedor, tenorio, filósofo autodidacta, hombre de buen humor, el *tinhorn dictator* de Ronald Reagan y aficionado a los golpes de efecto, se fumaba un habano con Fidel Castro o seducía a los banqueros gringos o europeos para que invirtieran en Panamá. Aceptó recibir al sha del Irán por indicación de Carter y Rockefeller, y lo alojó en la isla de Contadora. Allí mismo, en enero de 1983, Panamá, Colombia, Venezuela y México lanzaron su iniciativa de Paz en Centroamérica, elecciones libres en Nicaragua, reducción de su potencia militar, *stop* al envío de ayuda a la guerrilla salvadoreña, salida de todos los consejeros militares en la región, cubanos, soviéticos y norteamericanos. Demagogo para unos, realista para otros, rechazado por la izquierda y la derecha, Omar Torrijos, inquieto de aviones ligeros y helicópteros, baños de multitud entre sus campesinos, para los que cambió la legislación social y construyó hospitales y escuelas, tuvo una muerte anunciada al estrellarse su avión en medio de una tormenta de arena en julio de 1981, después de doce años en el poder. Su familia cree que fue la CIA. Su amigo Gabriel García Márquez puso también una interrogación en la tesis del accidente. Graham Greene dijo, en un libro sobre el general, que había visto la premonición de la muerte en sus ojos. Greene le llamó en frase de Tennyson «el piloto de la oscuridad y el sueño».

Después, Panamá ha vuelto donde solía, a los rifirrafes y fraudes electorales, a lo que llaman «la urna mágica», a la búsqueda de un nuevo Torrijos providencial, al arrebato y exasperación de los viejos políticos profesionales, como Arnulfo Arias, una «pieza arqueológica» según Omar, a los escándalos y escandalillos de corrupción, a la instalación de Bancos extranjeros, más de cincuenta, a los actos de afirmación de la todopoderosa Guardia Nacional, que quita y pone presidentes, a unas elecciones de opereta, manejadas, que dieron la victoria por 1.713 votos a un tecnócrata torrijista educado en Chicago, Nicolás Ardito Barletta, al que llamaban *Fraudito* Barletta. La Escuela de las Américas, la Escuela de los Dictadores, en la que se sentaron, entre otros, el general Stroessner, el propio Torrijos, o el guatemalteco Lucas García, Hugo Bánzer, Galtieri y otras 170 personalidades políticas y militares de América, clases de contrainsurgencia, de represión o de geopolítica con profesores gringos, se cerró con salvas de cañón. El infamante tratado que, en 1903, negoció con los panameños el francés Philippe Brunau-Varilla, es historia, lo mismo que el *eslogan* (palabra que, en escandinavo, significa grito de guerra) «todos para uno, uno para todos» de los mosqueteros de la Escuela de las Américas, Fort Gullick, creado por el Pentágono en 1949, lo mismo que la guerra de las banderas entre los estudiantes *zonians* y los panameños, que en 1964 costó la vida a veinticuatro personas y tres soldados gringos. Habrá que esperar a las doce de la noche del 31 de diciembre de 1999 para que la felicidad panameña sea completa. Graham Greene, el Goya de las dictaduras americanas, fascinado por la gracia, la lealtad y espontaneidad en noches de barbacoa y aguardiente en las playas en compañía de José de Jesús Martínez, *Chuchu,* el revolucionario, matemático, poeta, guardaespaldas y atleta sexual, no estará allí para verlo.

Es nuestro el canal
no somos ni seremos
de ninguna otra nación...

Omar Torrijos —«no soy ni un intelectual, ni un marxista, ni un seguidor de Lincoln»— sacaba los estudiantes a las calles, ponía en libertad a los comunistas, se vestía el uniforme verde olivo, el sombrero de alas dobladas, para recorrer los países del Tercer Mundo y asustar a los gringos, pero le hubiera gustado ser Gamal Abdel Nasser. El Canal, «el Partenón de Panamá», con sus mulas mecánicas que mueven las esclusas, como en un encajonamiento de toros, con su zona gringa, que huele a clínica, es la visión obsesiva, monográfica, monomaníaca. Los gringos hicieron desaparecer los mosquitos, y Panamá va a vivir del Canal —el 15 por ciento de la economía— 630.000 buques en sus 70 años de funcionamiento, a 38 pasos diarios con un peaje promedio de 22.000 dólares por barco, de las banderas de conveniencia concedidas a buques de otros países con sus paraísos fiscales y tránsito del Canal a mitad de precio, y los plátanos y los gnomos bancarios. «Si vas a Gibraltar, no dejes de ver el Peñón», le decía, en un chiste de la época victoriana, una señora inglesa a otra. El humor británico tiene su aplicación aquí —no se puede dejar de ver el Canal— entre esclusas, banderas, compuertas, barcos de quilla ocre y marineros de torsos desnudos. El resto, bajo los balcones de madera, vibración en las calles, enjambres de niños que saltan y gritan, pulular de galleros, «camellos» que ofrecen la droga, jugadores de ventaja, vendedores de lotería, el *Deus ex machina* nacional y noches de zafarrancho. Las ciudades, como los gatos, se revelan por las noches.

Panamá City tiene una increíble vitalidad entre gallotes, que picotean sobre montañas de desperdicios. Un calor viscoso, tabernas con el mejor whisky, un olor a bacalao podrido, a salitre mezclado con queroseno, comerciantes chinos, o sirios, o griegos, o judíos. Una ciudad nacida para vender y venderse con una zona de asepsia, de campos de golf, césped recién cortado, la C. Z. de los gringos, «un islote de lujo en un océano de pobreza». Los panameños no han perdido el humor. Están vivos, entre el Canal y las ruinas españolas, los chistes sobre los políticos, rumores de corrupción, un nuevo sobresalto del dólar, la moneda nacional, ya que el balboa no existe; noticias frescas procedentes de El Chorrillo, la fortaleza de la Guardia Nacional, el último tumulto protagonizado por un boina verde en un burdel.

El aeropuerto de Tocumen (Omar Torrijos) «uno de los más bonitos del mundo», como dicen los libros de texto de las escuelas panameñas, con sus tiendas libres de impuestos, me devuelve a la cruda realidad. El viaje sobre el volcán ha terminado. Los altavoces reclaman a los viajeros en varios idiomas hacia todas las direcciones del mundo. En las tiendas se venden los últimos artefactos, con luces poderosas, espacios limpios, con la asepsia de la Zona gringa del Canal. Es el aeropuerto-encrucijada de las Américas. Dicen que un viajero es alguien que busca un poco de conversación en la otra punta del mundo. Aquí, la conversación está en los cambios de divisas, en los vuelos atestados, en las compras apresuradas, como me ocurrió una vez, de una caña de pescar que tenía la punta rota; lo descubrí en el avión. El viajero espera de los aeropuertos seducción y romanticismo, encuentros felices, y lo que descubre, por lo general, es egoísmo y apresuramiento, frustración y malas caras. Los aviones modernos son estupendos, te regalan algunas horas más para buscar las maletas y hora y media para llegar hasta la ciudad desde el aeropuerto.

Espero en un sofá la llamada a mi avión con destino a Madrid. Hay en torno al aeropuerto una ficción de lujo, que se disuelve en colas, nervios, zancadillas, retrasos. ¿Cuántas horas de su vida habrá invertido el viajero en los aeropuertos, en los aviones? Hay, junto a la rutina, los instantes geniales, comandantes tan virtuosos al timón como Yehuda Menuhin al violín, azafatas cálidas y a prueba de *jetlag.* Aquel comandante que en las primeras horas de la guerra del Kippur me llevaba al teatro de operaciones con esta frase: «Soy un veterano de la Guerra Mundial y de Corea. Estén tranquilos. De esto lo sé todo. Les voy a cantar *Lilí Marlen.*» Una tempestad de arena sobre Afganistán, con un milagroso compañero al lado, un guru indio que me exhortaba a reconocer los valores de la vida eterna. Unos combatientes chipriotas que desde Atenas trataban de emborrachar al comandante con *ouzo,* antes de un infernal aterrizaje. La detención de un avión marroquí en Agadir, en pleno vuelo, con regreso al aeropuerto e interrogatorio en regla al enviado especial.

Junto a la psicosis del miedo a volar —sudores en las manos e inquietud existencial—, grandes jaranas corales y éxtasis alcohólicos, como en el helicóptero de Omar Torrijos. El «Tupolev» de Saigón, que echaba lastre; la azafata que exigía «abróchense el cinturón», pero es que no había cinturón, y que aterrizó de lado. Angustias, vómitos, premoniciones, alegrías de la tierra firme, gritos contenidos por temor al ridículo, rezos del rosario, claustrofobias, aterrizajes imprevistos. El rito de volar. Despegar y aterrizar. Desde el avión hemos visto de todo, OVNIS, la corte del rey Arturo, el descubrimiento de América, el Canal de Panamá como serpiente enroscada, el crack de la Bolsa en 1930, la Tercera Guerra Mundial. El aeropuerto es más prosaico, «mordidas» en México para salir, anotación del alvéolo de los dientes de oro en Rangún y algunos, pocos, episodios de *Emmanuelle.* Aviones perdidos y hallados, tomados a la carrerilla por la pista, guirnaldas de flores en el cuello, *alloha,* o detenciones al instante, como en Mauritania.

Dulzuras del *duty free shop,* compramos una amatista en Buenos Aires, un elefante de cerámica en Río de Janeiro *(made in Hong Kong),* un loro en Dakar. Perdemos o nos pierden las maletas en el Kennedy de Nueva York, y nos pesan en el aeropuerto liliputiense de Great Barrier, pasajero por pasajero. Cuando uno pesa demasiado, como es el caso, le piden que espere al próximo avioncito: hay exceso de carga. El aeropuerto es nuestro túnel de feria, nuestro espejo deformante, nuestra noria imparable o nuestra barca de Caronte. Hamburguesas envenenadas en Heathrow, el centro de mayor índice de criminalidad en la Gran Bretaña, según las estadísticas, maletas volcadas en Bogotá y saqueadas en Abidján. Colas en Caracas, filas de viajeros tumbados y durmidos, desmayos en la Paz, por el soroche, el mal de altura, pistas confundidas en Bombay, toallitas calientes, peleas por un quítame allá esa tasa de aeropuerto en el Cono Sur. Taxistas de aeropuerto, héroes o villanos, comunicativos o psicópatas, circunvalaciones mientras el contador corre, tesis doctorales a viva voz sobre el arte mogol o la vida sexual del sha de Persia. Aviones parados en pista días enteros. Restos de colillas, baños atascados y malolientes, *souvenirs* de pacotilla, megafonías enloquecedoras, en las que el viajero puede escuchar: *TWA announces le depart of their flight número drei under und twenty to Tegucigalpa. Will signore passageri please aller a la uscita número treinta y uno tout de suite...* Sobornos para salir de Lagos (Nigeria), o un encuentro con Kafka en Berlín Oriental antes de volar hacia Camboya, aviones atacados, aeropuertos bombardeados en Bien Hoa (Vietnam), felicidad en la «Singapore Airlines», malos ratos al llegar a Rodas, Ankara o Palermo.

Bajo el sonido del altavoz que llama, anula, retrasa, convoca, amenaza, reclama, uno se siente como un niño, como un zombie o como el Winston Smith de la novela de George Orwell. El aeropuerto es el lugar en el que sale a la superficie todo el *agnst* de un mundo inseguro. Los pacíficos se trastocan aquí en furias, mientras, a tu lado, un musulmán saca la brújula, despliega su alfombra y reza con la frente dirigida hacia La Meca. En Asmara (Etiopía), el café era gratis. En Guatemala te desvían porque «el golpe de Estado está servido». En algunos aeropuertos del Extremo Oriente, los moribundos se acercan a las instalaciones como si fuera un *ghatt* de Benarés: las autoridades se encargan de enterrarlos sin cobrar. Corridas por pasillos, urgencias de tienda libre de impuestos, pertrechos caídos sobre la pista, excesos de equipaje, temores de un secuestro. En Kaitak, de Hong Kong, se pasa tan cerca de las terrazas de los rascacielos, que ves a la señorita Muy Lin colgar sus braguitas en el bramante. Son rojas, tipo tanga, con puntillas. En Lalibela (Etiopía), un león era el jefe de relaciones públicas del aeropuerto, como el león del Emperador. Aeropuerto Kennedy, Nueva York, donde llegó un vasco y, como hablaba sólo en euskera, lo trasladaron a un psiquiátrico; decepción en Honolulú, donde la flor *leiss* es de plástico. Melopeas en los aviones al salir de Teherán después de semanas de abstinencia bajo la ley seca de Jomeini con viajeros que guardaban sus dólares en alfombras de Tabriz. Trayecto a Sudán con el harén de un jeque de los emiratos. San Salvador, donde te fumigan por la roya. Shanghai, donde la azafata persigue a la última mosca a palmetazos. Broncas entre fumadores y no fumadores, espadas de Toledo fabricadas en Birmingham o viceversa, papiros del Nilo *made in Taiwan.* Aviones y aeropuertos, una peripecia distinta, el regreso a lo vulgar.

El altavoz llama a mi vuelo en medio de estas reflexiones y recuerdos, el último de ellos, el viaje sobre el volcán, que iba de doña Lupe al cuentista con pinta a lo Sammy Davis. De pronto me siento dominado por la nostalgia, la «fragancia de la melancolía» de Rubén. No hay peor cosa para la felicidad que el recuerdo de la felicidad. O sea, que cruzo el túnel hacia el avión con una sonrisa, más o menos la misma con la que comencé el viaje al descubrir sobre una pared de la estación de Tecun Uman, que la vida es una enfermedad hereditaria.

Este libro se imprimió en los talleres
de Printer Industria Gráfica, sa
Sant Vicenç dels Horts
Barcelona